Engenharia e poder

Engenharia e poder

construtores da nova ordem em São Paulo
(1890-1940)

Cláudio Hiro Arasawa

Copyright 2008 © Cláudio Hiro Arasawa

Edição: Joana Monteleone
Assistente Editorial: Marília Chaves
Projeto gráfico e diagramação: Guilherme Kroll Domingues e Pedro Henrique de Oliveira
Capa: Pedro Henrique de Oliveira
Preparação: Luciana Santoni
Revisão: Maurício Katayama

Dados Internacionais de Catalogação na Publicação (CIP)
(Sindicato Nacional dos Editores de Livros, RJ, Brasil)

A685e

Arasawa, Cláudio Hiro
    Engenharia e poder : construtores da nova ordem em São Paulo (1890-1940) / Cláudio Hiro Arasawa. - São Paulo : Alameda, 2008.
    264p. : il.

    Inclui bibliografia
    ISBN 978-85-98325-73-6

    1. Engenheiros - São Paulo (SP) - História. 2. Engenharia civil - São Paulo (SP) - História. 3. Planejamento urbano - São Paulo (SP) - História. 4. Engenharia - Brasil - História. I. Título.

08-2352.   CDD: 624.0981611
                    CDU: 624(815.61)(09)

10.06.08   12.06.08   007110

ALAMEDA CASA EDITORIAL
Rua Iperoig, 351 – Perdizes
CEP 05016-000 – São Paulo - SP
Tel. (11) 3862-0850
www.alamedaeditorial.com.br

Sumário

Prefácio — 7

História da engenharia: autoridade, poder e ajustamento — 11

1. A formação de uma capital da engenharia — 23

2. Engenharia, exemplos estrangeiros e *real politik* — 69

3. Engenheiros e a construção social da crença — 105

4. A gênese do urbanismo a partir da engenharia — 157

Notas — 197

Fontes — 239

Bibliografia — 241

Imagens — 251

Agradecimentos — 259

Prefácio

A produção de café provocou um rápido crescimento da então província de São Paulo com profundos reflexos no Império. Esse impacto se consubstanciou numa tardia, e nem sempre lembrada, ocupação de mais da metade do território paulista e, particularmente, em sua tacanha sede na borda dos campos de Piratininga. Este livro vai observar aí a delicada germinação de novas profissões de cunho científico e técnico, em especial a engenharia. Suas entidades de representação, em que se destacou o Instituto de Engenharia, além das duas únicas escolas, a do Mackenzie College, em seguida a Politécnica.

A necessidade imperiosa de engenheiros habilitados se apresentou em vários ramos das atividades privadas. No âmbito público, logo se fez sentir não somente no plano viário e da produção, como diante de tantas fundações urbanas recentes, além das mais antigas. Entre elas, a capital agora estadual onde se colocaram os desafios de sua expansão para uma sociedade desarmada e para os engenheiros que se afirmavam. As primeiras repartições de cunho técnico do tempo da monarquia, as disputas pelo mercado e as querelas por melhorias urbanísticas despontaram e convergiram no município paulistano.

No movimento que levou à república, expressiva a Convenção de Itu em 1870 e a aspiração de conformar-se aos moldes recentes de mundo industrial. Grandes oligarcas do café se convenceram a encarar o manejo de suas plantations, em fulminante avanço pelas terras roxas, bem como o transporte competitivo de seu produto às nações européias. Partícipes dessa preocupação um Instituto Agronômico de Campinas e, na mesma área, a também prestigiosa escola de Piracicaba, além de instituições pioneiras em outros campos da ciência e da tecnologia. Nesse quadro, nasceram nossas escolas de engenharia.

Pois é no plano das idéias, que aqui se desvenda a absorção pela sociedade e pelo mercado desses ofícios agora liberais e de cunho eminentemente técnico. A estratégia de afirmação profissional ocupou os engenheiros em sua incipiente aglutinação que culminará no Instituto de Engenharia. A formação desse oficial mecânico, que os progressos na física, química e do cálculo recomendavam em diferentes práticas no mundo europeu ou mesmo alhures, deveria por nós ser cuidada. Alhures significava então não apenas considerar o viés francês ou inglês, porém igualmente os ensaios nas recém constituídas Itália e Alemanha, no Japão e nos Estados Unidos da América. Este o problema que nos coloca o autor com finura, acuidade e segurança. Problematização rigorosa, da escolha das fontes que utiliza muito bem, à associação dessas questões de ordem aparentemente acadêmica com a então nova realidade para serviços prestados. Historiador, Cláudio Hiro Arasawa atua no ensino superior sempre consciente dos dilemas e da evolução de sua disciplina. Aqui, erudição, serenidade e sensibilidade muito próprias nos envolvem com seu alvo e nos devolvem a oportunidade, tão fugaz em nossos dias, de pensar.

Erudição para alcançar sempre a mais abrangente visão; serenidade para ponderar seus levantamentos, suas análises comparativas, suas interpretações; sensibilidade para captar o surgimento de novos reptos num meio social abalado pela riqueza súbita. Perspicácia para focalizar em fins dos oitocentos a aceitação de uma nova categoria profissional. Outra gente a prestar inéditos serviços em ambiente predominantemente rural, com herdado verniz de bacharéis. Deveu o engenheiro se impor, conquistar espaço junto às tulhas, trilhos e trapiches. E se reproduzir pela melhor formação.

Voltou-se o autor, já em seu mestrado, para uma área complexa que nascia no mundo, para um expoente seu entre nós e sua contribuição teórica, prática, ativista e institucional. Voltou-se, com o privilégio da orientação de Elias Thomé Saliba, a Luiz Ignácio Romero de Anhaia Mello e sua "árvore do urbanismo", que dá nome à dissertação. Agora, este seu *Engenharia e poder: construtores da nova ordem em São Paulo*, consubstancia um doutorado e desvenda os primórdios das ações urbanísticas entre nós (a expressão apenas se ensaiava) e seus principais protagonistas, os engenheiros.

O estudioso espalma a consideração desse urbanismo nascente para detectar o papel introdutor e proselitista dos engenheiros na batalha não apenas por sua oportunidade possível e devida de trabalho, como por um ramo amplo na escala de intervenção e complexidade dos problemas. O ramo do urbanismo, ainda mais difícil e urgente pela explosão demográfica e imigratória muito recente, quanto mais a urbanizadora em mundo por tanto tempo agrário e, no máximo então, com ímpeto também desbravador e pioneiro.

Essa presença da cana de açúcar, do tabaco, depois do desarticulador café, em nossa "economia de sobremesa", assim como de sua base escravagista e de seu topo oligárquico preponderava. Nas edilidades como junto aos presidentes delegados nas províncias, no entorno fluminense como no distante centro-oeste. Presença, ao contrário, esparsa por quase todo o território brasileiro da pecuária com o charque, o leite e o ranger de eixos do carro de boi. Presenças econômico-sociais, localizadas ou não, institucionalizadas cultural e politicamente pelo domínio das letras e o exercício do direito. Já não mais suficientes. Necessária gente com outros saberes, além dos estrangeiros. Despontavam uns poucos mas decisivos cursos de formação em nível técnico e superior no Pará, Bahia e no Rio, artes e ofícios, medicina, um ou outro instituto de pesquisa ou museu. Mais antigos os de engenharia militar antecederam os próprios cursos jurídicos. Entretanto, surgiam as primeiras escolas com outras racionalidades pretendidas e atitude perante a nova era. Ingresso árduo e corajoso dos engenheiros na esfera educacional e do trabalho, em direção ao reconhecimento, regulamentação e recompensa.

A conquista de espaço na sociedade e no mercado exigiu acomodação com as elites pensantes. Conceber nova formação profissional impôs considerar o que vinha de fora; mergulhar nas principais correntes de pensamento e experiências estrangeiras; ponderar distintas propostas corporativas e de ensino na França, na Inglaterra, a alemã que emergia, a norteamericana. E ainda, como faz este estudo, localizar nossas peculiaridades regionais e, na própria São Paulo, os perfis do ensino pioneiro de engenharia em instituição presbiteriana e o que lhe seguiu de caráter público.

Tal amplidão de olhar e acuidade de interpretação, aqui exibidas, têm toda atualidade. Não somente quanto à origem da atuação e da formação de nossos engenheiros, como a esse urbanismo que ensaiaram. O intenso processo de urbanização, que se espraia hoje por todo o planeta, essa inédita relação entre o mundo e o lugar, a diluição das fronteiras milenares entre o campo e a cidade merecem atenção. Atenção redobrada, já não apenas dos engenheiros, dos arquitetos que se afirmaram mais tarde, mas de tantos outros saberes e de toda nossa criatividade.

Outubro de 2007
Murillo Marx

História da engenharia:
autoridade, poder e ajustamento

Basta um ligeiro retrospecto destes últimos cinqüenta anos da nossa vida como nação, para nos convencer que a marcha do Brasil para a maturidade se faz *pari-passu* com o desenvolvimento dos estudos de engenheiro e com o crescente prestígio do engenheiro em nossa vida social. A diferença entre o Brasil de hoje e o de há meio século é a mesma que se mede entre a posição social do mestre de obras ou agrimensor do segundo reinado e a correspondente atual do engenheiro diplomado pelas nossas escolas superiores. Façamos votos para que essa distância se alargue cada vez mais, para o bem do Brasil e na razão direta do seu progresso, pois abundam almas cândidas em cujo conceito o engenheiro continua sendo ainda e apenas o homem que faz casas e que mede terras, definição ingênua, mas perigosa porque nela ressurge dois fantasmas arcaicos de um Brasil obsoleto.

J. M. de Toledo Malta. *Discurso em comemoração do cinqüentenário da Escola Politécnica de São Paulo* (1943).

De certo modo, este é um estudo sobre o senso comum, a autoridade e a verdade, ou melhor, sobre algumas de suas formas de gestação histórica no Brasil, em geral, e no estado de São Paulo, em particular. Todavia, ao dizer respeito também e principalmente à existência social de agentes definidos por um trabalho que se quer altamente especializado, dependente de treinamento árduo e complexo em escola de nível superior – com tudo o que isso supõe em termos de aquisição de conhecimentos abstratos e avançados –, de alguma forma, ele, o estudo, possivelmente acaba por tocar em certas características da maioria das ocupações intelectuais no Brasil, seus dilemas, limites e possibilidades. Porque o modo como determinada categoria de agentes enraíza-se no senso comum quase sempre indica a posição relativa do grupo no espaço social, o seu "valor social" e o valor relativo dos "seus valores particulares". E, por aí, as bases sociais do seu poder sobre as coisas (todo grupo social tem ou reivindica um poder sobre algo). No caso dos grupos definidos por ofícios, tende-se a destacar uma região das práticas sociais e/ou dos saberes, declarando-se um monopólio sobre isso). Todas essas questões repercutem de modo profundo no sentido das práticas sociais de caráter intelectual: desajustes, por exemplo, entre as expectativas de reconhecimento social de um grupo e o valor que os demais estão dispostos a lhe atribuir freqüentemente tendem a deslocar o sentido das suas ações dos objetivos formalmente declinados para outros que se restringem à busca de efeitos no interior do grupo, quase nunca se espraiando para fora dele.

O ponto de partida deste trabalho refere-se aos processos por meio dos quais engenheiros e, posteriormente, urbanistas estabelecidos na capital paulista, mais ou menos entre os anos de 1890 e 1940, constituíram-se em um grupo social diferenciado, com interesses e valores específicos, além de se situarem em um espaço social próprio (um microcosmo social), definido por relações que marcavam as distâncias e as proximidades de cada agente para com os demais participantes do grupo, mas também do grupo para com os demais grupos sociais.

Desse modo, tomando como objeto primeiro uma certa população caracterizada pela formação e/ou ocupação ligadas aos conhecimentos técnico-científicos, estabelecida em um espaço geográfico dado (a região cujo centro era a capital paulista) e em um período delimitado de tempo (1870-1940), propõe-se compreender e explicar as modalidades de ajuste desses novos agentes às principais determinações presentes no espaço social paulista e brasileiro de então (e, inversamente, os efeitos prováveis da presença deles nesse espaço, marcado por traços daquilo que se costumava chamar de sociedade oligárquica e patriarcal), assim como os fenômenos, neste caso específico, correlatos de transformação dessa "população" em grupo social e de fundação de uma autoridade técnica, que passava pela obtenção tanto de reconhecimento quanto de legitimidade social para as práticas de engenharia.

Talvez se possa dizer, então, que o objeto central deste trabalho seja o conjunto das práticas dos agentes mencionados, pelas quais se tentou posicionar a engenharia no espaço social paulista e paulistano, maximizando, por um lado, a sua capacidade de converter as palavras proferidas pelos "técnicos" em ação eficaz (autoridade) e, por outro, a de captar e/ou de dispor sobre os recursos socialmente produzidos (reconhecimento, legitimidade, poder).

A princípio, qualquer problema, ao ser formulado, pressupõe um estágio antecedente, em geral não declarado, que forma algo como uma espécie de inconsciente epistemológico do pesquisador, uma prefiguração imaginária do objeto que tem precedência sobre as hipóteses, problemas e, mesmo, sobre a constituição formal do objeto, condicionando fortemente as modalidades de questões e respostas que podem ser formuladas e atingidas pela pesquisa. Começa-se, portanto, com isso.

É sabido que o número de engenheiros, arquitetos e agentes com formação técnica variada cresce em proporção no último quartel do século XIX, na província (depois estado), em geral, e na capital paulista, em particular. Ao mesmo tempo, aumenta a densidade dos saberes técnico-científicos nas estruturas urbanas, econômicas e sociais paulistas, em razão de intercorrências e externalidades geradas pelos efeitos tanto dos processos de financeirização dos capitais, no centro orgânico do capitalismo, quanto dos desdobramentos da segunda revolução tecnológica. Essa dupla intensificação da presença da técnica e da ciência positiva aparece assinalada tanto pelo surgimento de instituições estatais cuja razão de ser era o oferecimento de serviços com esse perfil, quanto pela interiorização do ensino de engenharia no estado de São Paulo, na década de 1890, ou ainda pela multiplicação de postos de trabalho de engenharia na província e, depois, estado de São Paulo.

Tal configuração comportava um potencial crítico intrínseco, ao fazer convergir um processo de surgimento de um grupo social cujo traço distintivo era a "posse de" e o "domínio sobre" credenciais, saberes e procedimentos técnico-científicos com um outro marcado pelas intensas transformações dos fundamentos sociais, políticos e econômicos não apenas do estado de São Paulo, mas do país como um todo, que se estenderia de finais do XIX à década de 1940. Embora demograficamente insignificantes em relação ao conjunto da sociedade, os engenheiros de São Paulo parecem ter atingido uma consistência numérica respeitável quando situados no interior da diminuta elite letrada de então, passando assim a serem referidos como uma "classe" (a classe dos engenheiros), ou seja, como um grupo social distinto, mesmo que pelo senso comum.

A prefiguração do objeto parte, portanto, de uma asserção do senso comum, pelo qual se assegura que, "naturalmente", algo como "a classe dos engenheiros", ou "a engenharia", ou "os engenheiros" (entendidos aqui como um coletivo, um grupo de indivíduos com características e interesses em comum, socialmente necessários e valiosos), existe objetivamente no real. No entanto, essa categoria que se inscreve no real, a engenharia, e que tem nos "engenheiros" os seus operadores práticos, não se constitui na história respondendo à pura solicitação da necessidade (econômica, sobretudo). Os seus atributos técnicos, seu prestígio social, a sua capacidade de convencer, de "passar como verdade" suas proposições etc. não lhe são traços imanentes. Da mesma forma, a existência social dos engenheiros (sujeita a idas e vindas determinadas pelas diversas conjunturas econômicas) não deriva obviamente de um conceito preexistente de engenheiro ou de engenharia, como muitas vezes se crê. De fato, tanto os atributos quanto a existência concreta da engenharia e dos engenheiros constituíram-se no processo de estruturação de todo um conjunto de instituições de suporte, produzidas e definidas em meio a intensas lutas sociais. Longe de existir "naturalmente", a engenharia é um produto histórico.

Dito isso, impõe-se a questão de se saber quais condições sociais, arranjos institucionais etc. foram necessários para que proferimentos, atitudes, reivindicações de poder e autoridade etc., provindos de agentes associados a saberes técnico-científicos, pudessem obter o reconhecimento de sua verdade e se transformar em ação. Acredita-se que o modo como ocorreu a estruturação desse espaço social da engenharia (campo da engenharia) em São Paulo – isto é, do espaço constituído pelas relações objetivas entre as posições ocupadas pelos quadros técnicos, que definia um jogo social cujo sentido passava pela acumulação de capital "técnico-científico" (reconhecimento pela competência técnico-científica) e estabelecimento de uma "hierarquia de posições", baseada na quantidade desse capital específico da engenharia acumulado por cada agente – permita compreender e explicar, um pouco, a posição social dos engenheiros no espaço social global, bem como alguns de seus dilemas e contradições.

A chave interpretativa utilizada para analisar e descrever os fenômenos enunciados (agrupamento dos quadros técnicos, luta social por autoridade, legitimidade e reconhecimento) parte de uma certa compreensão do mundo social, como um espaço de lutas dentro do qual agentes que ocupam posições definidas pelas relações que entretecem umas com as outras (isto é, que não têm substância própria, mas uma existência puramente relacional) tentam fazer valer, valorizar, maximizar as propriedades características de suas respectivas posições em relação às propriedades características das demais posições. Ora, na medida em que havia agentes instalados em posições, que compartilham propriedades assemelhadas (uma estrutura semelhante de capitais econômicos, de sociabilidades, culturais, escolares etc.), e que, por isso, apresentam relações de proximidade no espaço social, aparecem condições objetivas para que, por meio de um golpe simbólico executado por um *soi-disant* "porta-voz", essa população seja agrupada (por exemplo, por um ato de nominação, ou de um "efeito de teoria"), fazendo-a existir socialmente como uma espécie de região social à parte e com fronteiras mais ou menos claras, que a separam das demais[1].

É possível então o aparecimento de sistemas classificatórios particulares, categorias que permitem a hierarquização no interior do grupo e situam-no em relação aos demais, ou mesmo que fazem convergir os gostos e aspirações supostamente individuais dos agentes que compõem o grupo e as possibilidades objetivas de apropriação dos bens socialmente produzidos. O que leva os agentes a terem aspirações condizentes com suas possibilidades, além de dotarem o valor dos bens desejados de um conteúdo fortemente relacional (o que quer dizer, via de regra, que os bens desejados pelas camadas superiores, por exemplo, definem-se pela impossibilidade de serem adquiridos pelos das camadas inferiores, e os destes, pela rejeição que despertam entre aqueles)[2]. No caso em questão, apontam-se certos componentes da ideologia "profissional" dos engenheiros paulistas – desde o culto da ciência positiva até a valorização de modalidades comportamentais quase ascéticas, sóbrias, a ênfase na modéstia, honestidade e abnegação como traços do caráter desejados – como indícios da definição das melhores estratégias nas situações sociais encontradas no período.

É provável que era algo semelhante a tal "região" destacada no espaço social que o sociólogo Pierre Bourdieu chamava de "campo", enquanto que as estruturas cognitivas e categorias de apreciação responsáveis por situar os agentes no espaço social (e no campo, se for o caso) e regular suas estratégias disponíveis em cada ocasião, pelas possibilidades objetivas inerentes à posição que ocupa, *habitus*. Embora ambos os conceitos estruturem o tempo todo as hipóteses que norteiam este trabalho, tomou-se o partido de utilizar as palavras em um sentido "fraco", evitando o comprometimento desnecessário com disputas em torno do "verdadeiro" ou do "correto uso" dos conceitos (sendo que a palavra *habitus* nem sequer foi utilizada).

Em Bourdieu, sendo o produto da interiorização das estruturas objetivas, o *habitus* permite que se evitem as falsas oposições entre indivíduo e sociedade, ou o objetivo e o subjetivo, já que a exposição dos agentes às estruturas objetivas se dá a partir das respectivas posições relativas ocupadas por cada agente. Ou seja, os agentes não são entendidos como algo em si, mas como algo que se define nas relações com os outros agentes. Ao longo das fases de aprendizado, da trajetória particular de cada agente, o modo como ocorre a recepção e produzem-se os efeitos de suas ações (o modo como agentes de variadas posições reagem ao que ele faz) acaba por constituir um sistema de expectativas que, para cada situação que se oferece ao agente, faz abrir um conjunto de possibilidades estratégicas, hierarquizadas, como se elas trouxessem em si uma avaliação probabilística das possibilidades de êxito ou risco[3]. Nada disso passa necessariamente pelo crivo da consciência calculadora ou raciocinante, mas pelos efeitos das experiências passadas que, por analogia, levam a uma avaliação da situação presente, selecionam as estratégias viáveis e geram expectativas de êxito ou fracasso. Desse modo, as experiências passadas acabam por constituir ao mesmo tempo sistemas de expectativas e de geração de práticas, por assim dizer, pelo método de tentativa e erro, que levam em consideração "o que nós somos em relação aos outros", a estrutura de nossos capitais (que funcionam ao mesmo tempo como patrimônio e habilidade) e as reações prováveis (inferidas em meio a jogos repetitivos) dos demais agentes às nossas ações[4]. O resultado, nesse caso, talvez seja o de dar racionalidade (sem ser o produto da atividade raciocinante) às práticas analisadas, tornando-as compreensíveis em sua lógica.

As trajetórias dos engenheiros de São Paulo foram assim descritas como uma seqüência de jogos repetitivos que tendiam a gerar situações de equilíbrio, ou seja, soluções de ajustamento das demandas e aspirações sociais dos engenheiros aos limites da sociedade oligárquica paulista de fins do XIX e início do XX, e, em menor escala, desta última aos primeiros, compreendendo por esse meio o advento de dissidências como um alargamento das possibilidades estratégicas oferecidas ao campo da engenharia. O problema então é sempre, em cada situação, discernir qual jogo está sendo jogado e qual é o *payoff*, isto é, quais as recompensas esperadas pelos agentes (ou qual o "sentido objetivo" das práticas, o que elas visam de fato), o que, vez por outra, colocam as próprias regras do jogo em disputa, especialmente no caso de jogos que visam mudar as condições em que o jogo é jogado (por exemplo, quando Anhaia Mello tenta fundar o urbanismo como uma posição de poder, retirando legitimidade dos demais agentes interessados no espaço urbano, utilizando, como arma principal, o seu reconhecimento como professor da Escola Politécnica).

É que, na medida em que o Estado e certas frações dos grupos dominantes passavam a reconhecer a verdade dos enunciados proferidos pelos engenheiros (efeito de sua autoridade), devendo eles assim proceder, já que legitimavam suas próprias ações através da ciência, abrem espaço para que ocupantes de posições no interior do campo da engenharia, afirmando a autonomia da ciência e da técnica em relação ao poder, constituíssem outras posições, as quais podiam eventualmente negar os interesses desses grupos dominantes. Levado a um certo grau de autonomia e tornando-se um espaço regido pela confiança nos saberes técnico-científicos, o campo da engenharia podia tornar-se um espaço para a contradição. A hipótese é a de que um desses processos de contradição tenha sido aberto com a constituição da posição do urbanismo/planejamento, que se define nitidamente após 1930. Por outro lado, procurar pelo jogo que está sendo jogado, procedimento pelo qual se quer determinar o sentido das ações como lance do jogo, permite que se capte aquela sutil deriva das práticas de Anhaia Mello, que funda um jogo marcado pela disputa entre idéias de urbanismo, deixando de referir-se às situações concretas de aplicação das idéias urbanísticas (estabelecido pelo ajustamento entre Estado, proprietários e pela presença das massas populares pobres no espaço da cidade).

Esse tipo de abordagem levou tanto à identificação das principais estratégias de mudança das regras do jogo, de interferência nas próprias possibilidades de ação e racionalidade, por parte dos engenheiros paulistas, quanto à tentativa de construção do que se nomeou, inspirando-se em William James, de circuitos de validação da verdade técnica, isto é, de montagem de instituições que se encarregariam de investir os conhecimentos e soluções técnicas com a chancela coletiva do campo, após passarem por procedimentos de verificação e de correção pelos pares (por exemplo, a Escola Politécnica e o Instituto de Engenharia). Daqui se desprende um caminho para a interpretação da história social dos engenheiros de São Paulo: aumento do peso demográfico (no interior das elites) => agrupamento => reivindicação de um monopólio sobre as questões técnico-científicas/estabelecimento de fronteiras (poder discricionário) => constituição de circuitos de validação das soluções técnicas (criação de autoridade do grupo, transferível para os agentes, na forma de capitais de reconhecimento) => conversão dos capitais específicos do campo em aumento da capacidade de dispor sobre os recursos socialmente produzidos, ou de apropriar-se deles. Desse esquema básico, derivam todas as narrativas que têm sido escritas.

Dos capítulos

No primeiro capítulo, "A formação de uma capital da engenharia", tentou-se reconstruir as estruturas materiais que possibilitaram o surgimento de um campo da engenharia sediado na cidade de São Paulo. A partir dos anos de 1890, inicia-se um processo pelo qual a engenharia e os engenheiros de São Paulo, pensados tanto como sistema de formação quanto como mercado de trabalho, tendem a afirmar a sua autonomia em relação ao restante do país, especialmente à capital federal, o Rio de Janeiro, por meio da criação de instituições (Escola Politécnica, Instituto de Engenharia etc.) capazes de agruparem os engenheiros, hierarquizá-los e estabelecer formas de autocontrole sobre seus procedimentos e conduta, validando-os socialmente. Argumenta-se que tal processo de estruturação de um campo da engenharia em São Paulo estava estritamente relacionado a dois fenômenos: em primeiro lugar, o que dizia respeito à desarticulação existente entre as diversas regiões produtoras nacionais (com seus respectivos mercados consumidores), na medida em que se dava preferência às conexões com o mercado internacional, via cidades de portos oceânicos[5], em segundo lugar, ao da articulação, por meio das linhas férreas, de uma vasta região composta por territórios de quatro estados (São Paulo, sul de Minas, norte do Paraná e Mato Grosso), cuja característica mais marcante era ser tributária de uma cidade que servia de ponto de conexão necessário entre tais territórios e os fluxos internacionais de capital, mas também para colocá-los em contato com a produção cultural que se difundia globalmente a partir do centro orgânico do capitalismo, engenharia inclusa: trata-se, é claro, da cidade de São Paulo.

A autonomia dos engenheiros de São Paulo aparece assim como uma contraparte, na esfera da cultura, da autonomia do estado de São Paulo na federação (em relação à capital federal), uma expressão do desejo das elites paulistas de controlar intelectualmente os processos de desenvolvimento material da região, dispondo dos melhores conhecimentos disponíveis para defender seus interesses. De fato, dominar não apenas "conhecimentos de engenharia" (o que poderia ser obtido apenas com a contratação de engenheiros de fora), mas também a produção de conhecimentos de engenharia e de engenheiros aparecia como uma necessidade estratégica para esse mercado estruturado a partir de São Paulo.

Isso porque, com o século XIX, o jogo de intercâmbios nacionais e internacionais passava a se estabelecer por meio de regras definidas por linguagens e convenções produzidas no centro orgânico do capitalismo. Assim, para descrever e atuar sobre o mundo econômico, natural e, muitas vezes, até social, impunha-se a linguagem da matemática e da engenharia, com a qual se "dialoga" com o mundo do capital, das decisões sobre investimentos e, mesmo, da diplomacia. Conseqüência: para se ter razão em uma disputa, para falar com credibilidade, crescentemente, é preciso saber engenharia. Mas também para se compreender os efeitos dos variados intercâmbios econômicos na região, especialmente da inversão de fluxos de capital financeiro internacional, enfim, para ter algum controle sobre a forma como a região se integrava no mercado internacional, a interiorização de estruturas produtoras de engenheiros e de engenharia se apresentava como necessidade. Afinal, não bastava se colocar na posse de conhecimentos de engenharia. Era preciso falar a linguagem da engenharia com autoridade e estruturar modalidades objetivadas de determinação das melhores soluções técnicas. Mas interiorização de que modelo de formação e organização do trabalho técnico? Dependendo do modelo, há toda uma variação na trajetória e no valor dos quadros técnicos, enfim, do seu reconhecimento social.

Esta é a questão que serve de mote para a abertura do capítulo II, "Engenharia, exemplos estrangeiros e *real politik*". Por meio do testemunho do engenheiro Victor da Silva Freire, procurou-se traçar tendências do pensamento estratégico dos engenheiros de São Paulo, ou seja, tendências acerca do modo como a engenharia paulista posicionava-se em relação aos diversos contextos regionais e nacionais de organização do trabalho técnico. A partir da segunda metade do XIX, a engenharia passa a ser vista como um instrumento necessário para a independência das nações, para a potencialização do poderio nacional. Isso de formas variadas: ao mesmo tempo em que se escora na demonstração prática de sua utilidade (as indústrias nacionais aparecendo como sua expressão concreta), a engenharia e os seus operadores práticos, os engenheiros, fornecem uma espécie de linguagem internacional capaz de gerar consensos (que dependem sempre de uma certa correlação de forças, como regras do jogo impostas pelos países dominantes no plano mundial). Para participar do jogo internacional, as elites paulistas precisavam manejar a linguagem em que ele se desenrola, tanto para serem reconhecidas como participantes legítimos (civilizados e, portanto, livres de tutela), quanto para terem um controle sobre o que estava sendo jogado e para julgar se o que se oferecia era justo ou injusto. É claro que tal situação favorecia incrivelmente a percepção da importância social dos engenheiros de São Paulo, bem como as suas pretensões de reconhecimento e distinção. Nesse caso, postar-se diante dos diversos modelos de formação de engenheiros e de organização do trabalho técnico disponíveis mundialmente era traçar uma estratégia de ascensão social tanto quanto de legitimação por meio do ato de identificar-se com modelos de engenharia e de engenheiros realizados nas nações industriais (especialmente Inglaterra, França, Alemanha e EUA).

O estatuto internacional da engenharia não garantia, todavia, legitimidade automática, no plano interno, para os seus praticantes. Era preciso antes distinguir de modo "objetivo" (como produto da objetivação de certos critérios arbitrários), dentre os praticantes de trabalhos técnicos, os que "falavam" a linguagem da engenharia internacional daqueles que apenas a "balbuciavam", ou então falavam uma linguagem meramente empírica. Ou seja, para que os engenheiros, como liberadores supostos das energias físicas, pudessem desfrutar dos privilégios reservados a eles – dentre os quais, o privilégio de ter a palavra acolhida e respeitada socialmente – era preciso que se criassem consensos, convenções sociais, todo um conhecimento comum acerca dos símbolos cuja posse distinguiria os "verdadeiros" engenheiros dos "impostores" ou dos "práticos", aqueles que executam um trabalho sem possuir formação comprovada em escola superior reconhecida e, portanto, determinavam perda de eficiência econômica ou levavam à desordem por se utilizarem de critérios, procedimentos, valores etc. fora dos padrões consensuais do campo. Esta é a questão desenvolvida no capítulo III, "Engenheiros e a construção social da crença".

Tais símbolos de distinção (diplomas, por exemplo) possibilitavam todo um processo de seleção e de agrupamento de engenheiros que os portassem (sem falar de reprodução) em torno de certas instituições (ou instâncias de consagração), como a Escola Politécnica de São Paulo e o Instituto de Engenharia, ao mesmo tempo em que um setor das atividades, das práticas sociais era destacado do restante e tornava-se monopólio desse grupo que se constituía (a "classe dos engenheiros"). Mas isso não poderia ser conseguido apenas por puro convencimento da clientela. O ato de institucionalização do campo da engenharia foi, entre outras coisas, um ato de força do Estado. O capítulo III descreve, assim, como ocorre na prática esse processo de delimitação das atividades de engenharia e a criação de um conceito de engenheiro baseado na idéia de um monopólio sobre o exercício legítimo da engenharia por meio do Estado. Tratou-se de fato de luta social em estado bruto pela validade dos conhecimentos que formavam o patrimônio dos trabalhadores técnicos de então.

Argumenta-se que essa modalidade de segregação – que tem justificativas práticas em muitos casos – se fez pela criação de instituições supostamente autônomas e compostas pelos agentes mais reconhecidos do campo em formação, cujos objetivos eram 1) validar (ou não) a produção técnica dos agentes, ou seja, servir de instância de consagração capaz de agregar valor, de julgar os méritos dos procedimentos de engenharia, e 2) formar novos agentes assegurando que tivessem, após árduo percurso, introjetado os valores e disposições do campo e mostrado proficiência nos melhores procedimentos técnicos. À medida em que tais instâncias passavam a ser socialmente reconhecidas como capazes de validar o conhecimento, tornou-se possível pressionar o Estado no sentido de transformar em lei seus procedimentos de excluir e de incluir agentes, restringindo aos aceitos no campo o exercício legítimo da engenharia.

Por fim, no capítulo IV, "A gênese do urbanismo a partir da engenharia", procurou-se ilustrar os argumentos anteriores esboçando uma narrativa do surgimento de um campo do urbanismo no interior do campo da engenharia, segundo suas leis imanentes. Estabelecido o conhecimento da engenharia como a linguagem das intervenções nas estruturas materiais, às elites que lutavam para aumentar a sua capacidade de absorver os excedentes socialmente produzidos – potencializados pela engenharia – impunha-se o reconhecimento da validade dos consensos estabelecidos no interior do campo da engenharia, das proposições defendidas pelos seus agentes que contavam com os maiores capitais de reconhecimento e/ou das proposições embasadas em consensos internacionais justificadas pela citação de autoridades estrangeiras. Tal parecia ser a regra do jogo. Isso não chegava a ser um problema quando os agentes técnicos parecem plenamente ajustados aos interesses econômicos objetivados nas estruturas materiais, como parecia ser o caso, em São Paulo, de quase toda a produção técnica dos "urbanistas" oficiais da municipalidade (V. S. Freire, Ulhoa Cintra e Prestes Maia), cujos projetos pareciam meramente perseguir os efeitos da inversão de capitais no espaço urbano e na sua produção. Todavia, e se ao invés de ajustada à ação dos agentes econômicos (especialmente do capital imobiliário), a engenharia se propusesse a controlá-la, cerceá-la em sua liberdade de produzir valorizações? Este é o caso das propostas urbanísticas de Luiz de Anhaia Mello. Com ele o processo de formação dessa estrutura social particular que é o campo da engenharia expõe seus segredos internos: articulando-se a partir de instituições que se definiam pelo interesse na melhor prática de engenharia obtida quer pelas inevitáveis demonstrações matemáticas (símbolo de objetividade), quer pela referência às autoridades estrangeiras (trata-se de uma linguagem internacional, mas com centros de poder bem definidos), o campo da engenharia dava margem a um jogo que impunha como regra principal a aceitação das proposições que passassem por seus procedimentos de validação. O reconhecimento obtido no campo deveria ser transferido automaticamente para fora dele, mesmo que isso implicasse a aceitação de idéias que contrariavam os interesses econômicos imediatos (especialmente para as elites que mostravam com isso a sua adesão às marcas da civilização). Tal mecânica só seria atrapalhada na medida em que se mostrasse factível para as elites municipais (e também nacionais) aceitar a validade das proposições que as desfavoreciam (como as idéias urbanísticas de Anhaia Mello) e esvaziá-las de implicações concretas. "*Détournement*"? Quase isso, os proferimentos urbanísticos de Anhaia Mello poderiam ser neutralizados por meio de um sutil desvio que os levavam dos debates legislativos, da imprensa (opinião pública), do executivo etc. para os círculos acadêmicos universitários nos quais as idéias são ao mesmo tempo intensificadas e passam a se inserir em um novo contexto prático, aquele do reconhecimento acadêmico que leva à evolução na carreira universitária e ao prestígio intelectual. E, por aí, a experiência de Anhaia Mello parece tocar em dilemas de todos os ofícios intelectuais no Brasil. De todo modo, já se disse, este estudo trata da construção histórica da "verdade", não da verdade objetiva (ou metafísica, que existe, mesmo que não tenhamos no momento meios de atingi-la), mas dessa "verdade convencional" na qual se acredita porque é proferida por uma autoridade reconhecida socialmente, e porque é mais conveniente para a maioria das pessoas assim agir (na medida em que seria muito custoso colocá-la à prova pessoalmente, para não dizer quase impossível). Nesse quadro, as "verdades" da engenharia puderam ser inquiridas em seus fundamentos sociais, nos seus movimentos de ajustamento às estruturas sociais e econômicas, e também em seus momentos de tensão em que parecem se insurgir contra elas. Nesse caso, refletir acerca do que faltou a Anhaia Mello para fazer com que suas idéias fossem realizáveis parece ser, de alguma forma, começar a explicar porque, no Brasil, a "verdade" em sua acepção de consenso social pode ser ao mesmo tempo afirmada pela prática discursiva e negada nas demais dimensões de prática social.

1. A formação de uma capital da engenharia

Não volvemos este olhar para o passado senão para concluir e acentuar este fato: que São Paulo não retrocederá no caminho de um progresso, que é a resultante natural de fatores que persistem; isto é, do desenvolvimento do meio, provocado pela energia da raça reunida a circunstâncias felizes.

Na hora presente, porém, dois fatores vêm impulsionar mais fortemente o movimento ascendente: um é a maravilhosa expansão que leva as paralelas de aço através do "far-west" brasileiro e faz brotar a vida a cada passo, no coração do deserto ou da mata, numa floração estupenda de culturas e cidades.

Não só de terras do Estado é, hoje, São Paulo, a capital: a sua influência, tanto pelas iniciativas que partem, como pelas riquezas que afluem, transpôs as margens do Paraná e do Paranapanema, penetrou no norte paranaense e nas planícies infinitas de Mato Grosso, o mais digno cenário aberto à nossa atividade, e talvez, em futuro não remoto, um dos celeiros do mundo: Ainda mais, transpôs mesmo as fronteiras do país.

Prestes Maia & Ulhoa Cintra. *Um problema atual: os grandes melhoramentos de São Paulo* (1926).

Alexandre D'Alessandro, memorialista da Escola Politécnica de São Paulo

Logo no início de suas memórias de estudante politécnico, Alexandre D'Alessandro (engenheiro civil, 1925) lembra um episódio de sua vida, ocorrido em um mês de agosto, "talvez de 1907". De um pequeno vilarejo incrustado na serra da Mantiqueira, onde morava com sua família e hoje se estende a cidade de Pouso Alto, ele escreveria ainda menino uma carta ditada pelo pai e endereçada a um irmão seu, internado no Colégio Sílvio de Almeida, localizado na capital paulista.

A carta levava uma série de recomendações ao ginasiano internado em terras paulistanas, que se mostrava um tanto quanto arredio, ansioso por abandonar a cidade. Instava-o a ter paciência, porque "(m)ais tarde eu também irei para aí e iremos morar juntos numa pensão, pois bem sabes que eu tenciono cursar a Escola Politécnica daí (...)", além de adverti-lo que não falasse "a papai em Rio de Janeiro: diz ele que, para o mineiro, a Meca da instrução é São Paulo, com seu clima ameno e a sua paz de cidadezinha, quase provinciana, sem o tumulto da Metrópole, que facilita mil e um modos para o desvio da atenção de quem só deve estudar". Teria sido essa a primeira ocasião em que o memorialista ouviria falar da Escola Politécnica de São Paulo.

Antes, porém, da carta chegar a seu destinatário, ela já fracassara em seu intuito. Fugindo à vigilância não muito cuidadosa do colégio, o irmão embarcara em um trem e, pouco depois, adentrava a casa mineira, decepcionando um alarmado pai, que não entendia a facilidade com que se permitia a um menino de 13 anos atravessar a portaria de um colégio e pôr-se em viagem para Minas Gerais. Tais considerações levaram-no a uma mudança de planos: os filhos ficariam em Minas, matriculados ambos em colégio mineiro, onde estariam mais próximos dos cuidados paternos[1].

Cinco anos depois, em 1912, antes mesmo de ter concluído os estudos ginasiais, que lhe dariam, se levados adiante, o título de "bacharel em ciências e letras", Alexandre D'Alessandro era trazido à capital paulista por trem da Central do Brasil e desembarcaria na estação da Luz, enfeitada à espera da chegada de Francisco de Paula Rodrigues Alves, o que estava previsto para acontecer no dia seguinte. O plano traçado pelo pai de D'Alessandro para o filho resumia-se em buscar em São Paulo a continuação dos "estudos preparatórios", tendo em vista o exame de admissão da Escola Politécnica de São Paulo, procurando na educação técnico-científica os meios de ganhar a vida. D'Alessandro ingressaria efetivamente naquela escola em 1913[2]. Destinado precocemente aos estudos de engenharia, mais por resignação aos conselhos e admoestações paternas do que por vocação clara para engenheiro, que, se a tinha, era pouca (submersa pelo desejo de seguir nos estudos certamente muito menos rentáveis e mais prazerosos de músico instrumentista), provindo de família apenas remediada, ele se formaria apenas em 1925, tendo amargado algumas reprovações, ao que se seguiu carreira um tanto quanto obscura no Departamento de Águas e Esgoto do Estado de São Paulo.

Em seus volumes de memórias de estudante, misturadas com homenagens efusivas aos seus professores e, principalmente, ao primeiro diretor da Escola Politécnica, engenheiro Antônio Francisco de Paula Souza, D'Alessandro narraria com detalhes esses seus primeiros dias na capital paulista, passados primeiro no hotel federal, "fronteiro à estação da Luz", depois em modestas pensões familiares, entre visitas à confeitaria Moderna, da rua Frederico Steidel, e sessões de cinema, além de aspectos da vida urbana da cidade, seus carros de praça, puxados por parelha de cavalos, os poucos automóveis, o longo desfilar de pessoas ao cair do dia, que lhe lembravam as "longas procissões religiosas de minha terra", os lampiões de gás que se iam acendendo um a um, bem como a forte impressão causada pelo discurso do conselheiro Rodrigues Alves, ao qual ele assiste etc[3]. Neste último registro, aparecem talvez as marcas da trajetória do engenheiro D'Alessandro, mineiro radicado em São Paulo, cuja única lembrança do discurso ouvido na estação da Luz seria: "– Aqui é o meu lugar", dito não se sabe se por Rodrigues Alves, paulista de Guaratinguetá, de retorno a São Paulo em 1912, para ocupar a presidência do estado ameaçado de intervenção federal, ou pelo memorialista, engenheiro politécnico, socializado no mundo técnico paulista. De qualquer modo, não deixa de haver um certo simbolismo nessa coincidência que aproxima a volta do prestigioso político paulista e a chegada do anônimo estudante mineiro à cidade, em um momento que é tanto de crise política, determinada pela posse do general Hermes da Fonseca no posto de presidente da República, o que gera os temores de uma intervenção militar no estado de São Paulo, quanto, reativamente, de afirmação da oligarquia paulista e reforço da identidade de São Paulo contraposta ao restante da federação.

Já no ano de 1894, outra conjuntura de tensões, o secretário de estado do interior Cesário Motta Jr. discursaria na cerimônia de inauguração da Politécnica de São Paulo, estabelecendo em sua fala paralelos e conexões entre o advento da escola de engenharia e a história de São Paulo. Dirigindo-se ao corpo docente, diria o secretário que

> (N)a fase tormentosa que atravessamos, sois como um protesto pelo presente, e uma promessa pelo futuro; como que tomais o compromisso de dizer aos vossos alunos, que o governo republicano deste Estado, conquanto se esforce por manter, com as armas, a autonomia da nossa terra, e a forma de governo, pela qual o paulista se empenha desde a Convenção de Itu até hoje, ele não se esquece de preparar melhores

dias a esta República, a quem demos o melhor de uma existência, as maiores dedicações, o mais acendrado amor[4].

Dos episódios muitas vezes corriqueiros de estudante ginasial, posteriormente politécnico, é possível destacar-se dentre as memórias de Alexandre D'Alessandro alguns temas que apontam para problemas importantes tanto para a história da cidade de São Paulo quanto da engenharia paulista, que é disso que eles tratam, afinal. A facilidade com que o irmão de D'Alessandro empreende sua volta triunfal à casa paterna; a escolha de São Paulo em detrimento do Rio de Janeiro (ou de Ouro Preto, cuja possibilidade não é nem cogitada, apesar de sediar a importante Escola de Minas) como cidade ideal para mineiros em busca de estudos; Digna de nota também parece ser a figura do engenheiro fundador, Antônio Francisco de Paula Souza, na qual os respeitáveis cabedais de competência técnica, obtidos em escolas européias[5], articulavam-se naturalmente com suas origens familiares, que remontavam à tradicional família da oligarquia paulista, parecendo tudo isso contrastar com as trajetórias meio obscuras que esperavam certos alunos politécnicos, como, por exemplo, o próprio Alexandre D'Alessandro. Exemplar talvez perfeito de *white collar*[6], que dependeria de seus capitais escolares para ganhar a vida, com seu emprego em repartição pública, salários nada grandiosos e dependência em relação a poderes que não podia controlar (uma ainda incipiente "classe média"?), D'Alessandro procuraria na adesão ao porta-voz por excelência da classe dos engenheiros algo como um *plus* de dignidade e reconhecimento, como contrapartida para uma condição que ele descreve por vezes como a do mais humilde dos engenheiros[7]. Ambigüidade do processo de surgimento de um certo grupo social, o dos engenheiros de São Paulo, dividido desde as origens pela contradição entre o profissional liberal e o assalariado?

D'Alessandro descortina ainda, em suas cenas do cotidiano da Politécnica, relações interessantes concernentes aos procedimentos pedagógicos de seleção e classificação, objetivados, por exemplo, na forma das temidas provas finais do professor Shalders, cuja fama era de "degolador inflexível (...) que só sabia reprovar"[8]. Tais procedimentos, que barravam, desde o Curso Preliminar, aqueles desprovidos dos conhecimentos básicos exigidos no decorrer dos cursos específicos de engenharia, recaíam sobre um corpo discente de heterogeneidade insuspeita[9], formando como que um "sistema" hierarquizador, baseado na contabilização do valor de cada aluno no que dizia respeito ao esforço, moralidade, elevação educacional prévia e talento. A intenção era marcar uma visão da escola embasada unicamente em critérios meritocráticos, que são desde sempre incorporados à figura de Paula Souza, e aparecem como se fossem transferidos à "sua" escola de engenharia, como era de praxe dizer.

De fato, a vinda de D'Alessandro a São Paulo parece enquadrar-se no interior de um processo de concentração de estruturas e equipamentos urbanos na cidade de São Paulo (entre as quais, a Repartição de Água e Esgotos do Estado, da qual D'Alessandro foi funcionário) e constituição paulatina de toda uma região dela tributária comercial e culturalmente. Processo que, iniciando-se por volta de finais da década de 1860, intensifica-se na de 1890 até atingir seu ápice e mudar de qualidade a partir da década de 1930. E tratava-se de processo coordenado. Ao mesmo tempo em que o Vale do Paraíba voltava-se para a capital paulista devido ao deslocamento dos interesses econômicos de suas elites para as frentes pioneiras do noroeste paulista, a região econômica que se estrutura na e pela expansão noroeste paulatinamente elege aquela mesma cidade como sede de seus interesses, na exata medida em que passava a ser servida por ferrovias que convergiam para ela. Sobretudo, era a definição da cidade de São Paulo como um ponto de atração demográfica tanto para as levas de imigrantes e migrantes pobres, que demandam a cidade à procura de emprego e melhores salários, como também para as jovens e velhas oligarquias, desejosas de vida urbana, negócios urbanos, proximidade com as estratégicas linhas de financiamento da produção. Mas a cidade pretende atrair também inteligências, talentos artísticos, científicos, intelectuais, para preencher os postos em estruturas estatais cada vez mais complexas e produzir discursos, conhecimento, ideologias. Enfim, competências. Estas seriam demandadas vigorosamente pelos surtos construtivos que se observam na capital paulista de fins do XIX e início do XX, demandas que serão resolvidas pelo engajamento de mestres-de-obras italianos ou nacionais, construtores e engenheiros "práticos", tanto quanto pela recorrência a engenheiros diplomados. Abre-se então uma luta por esse "mercado" de oportunidades de trabalho, a partir do qual uma concepção ocupacional do trabalho técnico (é engenheiro quem trabalha no ramo) tenderá a ser sobreposta e dominada por outra, marcada pela exigência legal de diplomas validados pelo Estado para o exercício da engenharia. Ou seja, por uma concepção educacional do ofício de engenheiro.

Em 1907, época da fuga de seu irmão, podia-se contemplar talvez o auge do processo de deslocamento da produção cafeeira na direção do oeste paulista, deixando para trás as "cidades mortas"[10] do chamado "norte"[11] de São Paulo e do Vale do Paraíba fluminense, que polarizavam as pequenas povoações do sul de Minas Gerais, dentre as quais a que acolhia a família de D'Alessandro.

Transformação econômica, transformação social. As elites da região, constituídas como um grupo social nacionalmente dominante a partir da década de 1840, fruto da migração de famílias de proprietários, agregados e escravarias do Rio de Janeiro e de Minas Gerais, que partiam para lá em demanda de terras para a formação de cafezais, haviam estendido uma ampla faixa de solo cultivado, que partia da porção fluminense do Vale do Paraíba até a paulista, e contavam-se, na década de 1850, entre os esteios da monarquia, representando a principal força econômica e social da província de São Paulo. Estavam voltados, entretanto, na direção das Cortes, quer por vínculos familiares, quer por culturais ou econômicos, convergindo para os portos de Parati e Angra dos Reis boa parte de sua produção, revalorizando sistemas urbanos coloniais como o Parati-Cunha (importantes no escoamento da produção aurífera), ou ainda enviando-a, via tropas de burro, pelo caminho do Vale do Paraíba até o porto do Rio de Janeiro, de onde, aliás, recebia seus suprimentos de mercadorias importadas.

A partir da década de 1870, entretanto, muda-se sensivelmente o estado de coisas. Inicia-se um rápido processo de decadência da região devido à itinerância da rubiácea, primeiro para a região de Campinas, espalhando-se depois para todo o noroeste paulista, o que leva a um novo movimento de migração das elites locais que, do Vale do Paraíba, partem em demanda das frentes pioneiras paulistas, com o intuito de formar novas fazendas nessas regiões ou, então, de converter seus capitais econômicos em capitais culturais ou políticos, fixando-se na cidade de São Paulo ou nas Cortes do Rio de Janeiro. De todo modo, o centro de gravidade da região parece mudar, paulatinamente, da capital do Império para a capital da província de São Paulo, para onde se deslocam os interesses de parte expressiva das famílias do Vale do Paraíba.

É nesse contexto que, após chegar nas imediações da cidade de Vassouras, constituindo-se em escoadouro da produção cafeeira da região, a Estrada de Ferro D. Pedro II atravessa a fronteira de São Paulo, chegando em 1875 no município de Cachoeira. Dois anos depois, seria estabelecida a ligação entre as capitais da província e do Império, quando os trilhos da Companhia São Paulo-Rio de Janeiro se encontrariam com os da Central do Brasil naquela cidade. Ou melhor, teriam se encontrado, se a companhia de São Paulo não tivesse escolhido construir a estrada com bitola mais estreita (chamada "métrica", ou seja, de 1 metro) que a da Central do Brasil (1,50 metro), ocasionando uma inconveniente baldeação que seria corrigida anos após. Mas que símbolo melhor para insinuar os desencontros entre polaridades urbanas?

Um exemplo interessante dessa mudança de polaridade oferece a trajetória do engenheiro civil Ignácio Wallace da Gama Cochrane, nascido em Valença no ano de 1836 e filho de Thomas Cochrane com moça da família Nogueira da Gama, família que "com os seus bens, os seus escravos e suas montarias" deslocase de Minas Gerais para abrir fazendas no Vale do Paraíba[12]. Será na Corte, todavia, que se dará toda sua educação. Após passar pelos "melhores estabelecimentos de ensino da época", matricula-se na Escola Militar do Rio de Janeiro, levantando praça até conquistar o posto de tenente de artilharia e bacharelar-se em ciências físicas e matemáticas em 1857, quando se demissiona do serviço militar. Inicia então sua vida profissional trabalhando na construção dos primeiros trechos da Estrada de Ferro D. Pedro II e da Estrada de Ferro Niterói a Campos. Uma nomeação o colocaria então a caminho de São Paulo.

Ele seria enviado pelo governo imperial a Santos, em 1860, na qualidade de engenheiro fiscal da construção da estrada de ferro inglesa, de Santos a Jundiaí (pela San Paulo Railway). Radicar-se-ia definitivamente o engenheiro na província. Ignácio Cochrane se casaria em Santos e acabaria assumindo a direção de importante firma exportadora de café, sendo, aos poucos, atraído para as questões urbanas e administrativas da pequena cidade portuária de pouco mais de dez mil habitantes, constituindo para esse fim a The City of Santos Improvements Company, com capitais ingleses, que levaria a cabo obras de abastecimento de água, iluminação e tráfego de bondes, além de ocupar as posições de presidente da edilidade e engenheiro municipal, sem vencimentos, por dez anos.

Posteriormente, seria alçado ao posto de deputado à Assembléia Legislativa Provincial em 1870 e à Assembléia Geral em 1888. Participaria ainda da primeira diretoria da Companhia Paulista de Estradas de Ferro e, entre 1878 e 1890, ocuparia o posto de superintendente da Estrada de Ferro São Paulo-Rio de Janeiro. Mais tarde, em 1894, na administração de Bernardino de Campos, seria nomeado chefe da Comissão de Saneamento da Capital, e, no governo Campos Sales, superintendente das Obras Públicas do Estado. Participaria ainda da criação do Instituto Pasteur[13]. O deslocamento das Cortes para a capital paulista fazia-se completo.

Assim, a cidade de São Paulo que acolheria Alexandre D'Alessandro em 1912 e, mais ainda, a capital da província, para a qual se deslocou Ignácio Cochrane no último quartel do XIX, parecia misturar as virtudes de cidade pequena que era ainda, de fato provinciana, com aquelas que a faziam um foco irradiador de notável força de atração, materializada nos trilhos de ferro que para lá convergiam, no impulso econômico que dinamizava comércio, indústria e demografia, determinando a montagem das estruturas técnicas e científicas lá implantadas em curto espaço de tempo, que iam das redes de serviços de utilidade pública até as repartições administrativas e técnicas estatais, passando pelos institutos de ensino e/ou pesquisa montados entre 1886 e 1925. Pólos de atração de inteligência. Para esse ponto a lista não é exaustiva: Comissão Geográfica e Geológica de São Paulo (1886), Escola de Engenharia MacKenzie College (1891), Instituto Vacinogênico (1892), Laboratório de Bacteriologia (1892), Escola Politécnica (1893), Museu Paulista (1893), Faculdade de Ciências Farmacêuticas (1898), Instituto Soroterápico Butantã (1901), Instituto Pasteur (1903), Faculdade de Medicina (1913) e Instituto Biológico de Defesa Animal (1927)[14].

Se as empresas ferroviárias, que se instalam na província a partir da década de 1860, constituem-se certamente no principal impulso responsável pela expansão inicial da demanda por engenheiros, tal impulso se intensificaria, posteriormente, no curso de todo um processo de diversificação econômica protagonizado pelo capital cafeeiro, geralmente associado com interesses de financistas internacionais, que viam na cidade oportunidades de realização de expressivos lucros. Somados esses fatores às demandas estatais por gente com formação técnica, tem-se um quadro de concentração de engenheiros na capital paulista, que se observa a partir da década de 1880.

Portanto, processo de concentração de capitais no espaço urbano, mas também de poder de disposição no interior das estruturas estatais. Tais fatores, que por vezes combinam-se e reforçam-se mutuamente, chocam-se em outras, contribuindo para a criação de um espaço de controvérsias (pense-se nos debates entre sanitaristas e bacteriologistas que disputavam no início do novecentos as prerrogativas de comandar as reformas urbanas[15]) que tenderá a ser atraído para o interior dos muros das escolas de engenharia, que seriam inauguradas com a República (Politécnica, 1894, e Mackenzie College, 1896), e de instâncias de consagração técnicas como o Instituto de Engenharia (1916), as quais tentarão estabelecer-se como focos de autoridade técnica na cidade e espaços de solução de disputas técnicas. Tal processo constituía-se em grande novidade, já que era todo um campo de saber/fazer que se organizava, tentando atrair para si toda a legitimidade e autoridade sobre as práticas sociais e econômicas que supostamente dependiam de saberes técnico-científicos. No que concerne ao mundo técnico paulista, parece haver uma homologia entre o modo como se estruturava e as vicissitudes do espaço socioeconômico que se criava, elegendo a cidade de São Paulo como seu pólo fundamental.

É que se constituirá a capital paulista em um ponto de articulação entre uma ampla região, convertida em seu mercado tributário, e o sistema mundial, sem passar pela mediação do poder central estabelecido no Rio de Janeiro. Para isso, o regime republicano e federativo descentralizado que sobrevém à Carta de 1891 teria sido um fundamento estratégico.

São Paulo e regiões tributárias

Para tal processo de surgimento de uma região econômica e culturalmente tributária da capital paulista, o trabalho de Joseph Love, *A locomotiva: São Paulo na federação brasileira (1889-1937)*[16], sobre as elites paulistas na 1ª. República, parece fornecer uma descrição inicial. Conquanto trabalho já antigo e focado prioritariamente na política, o estudo de Love permite o entendimento da forma como uma região tributária da cidade de São Paulo constitui-se a partir de finais da década de 1860, integrada pelas ferrovias paulistas tanto quanto pelos interesses econômicos ligados ao complexo cafeeiro. Tal região não corresponderia exatamente aos contornos do mapa do estado de São Paulo, mas, seguindo as ferrovias que cortavam o estado, abrangeria parcelas do sul do estado do Mato Grosso, do sul de Minas Gerais, Triângulo Mineiro e do norte do Paraná, regiões capturadas pelas estradas de ferro paulistas, que convergiriam para o sistema São Paulo-Santos.

A capital paulista centralizaria as funções urbanas essenciais desse espaço econômico estruturado pela itinerância do café, à qual seguia via de regra a construção de linhas férreas, passando a sediar agências de intermediação financeira, mas também um próspero comércio de importação e exportação[17], bairros chiques, uma crescente indústria, uma rede pequena, mas em expansão, de instituições de ensino e de pesquisa técnico-científica, além de repartições burocráticas e técnicas tanto municipais quanto estaduais. Passaria a contar ainda com uma vida cultural que se sofisticava.

Obviamente, a cultura do café, que, por volta de 1850, desloca-se da região do Vale do Paraíba e encontra suas condições ecológicas ideais de florescimento no oeste paulista, seria a mola propulsora dessas novidades. Primeiro porque seu processo de produção dependia fortemente de decisões tomadas nos setores de financiamento e exportação, o que desloca o seu controle das fazendas para as cidades, em especial para a capital paulista, levando a uma ampliação de sua rede bancária. Depois, por estimular o surgimento de uma economia monetarizada e de um mercado de consumo interno. Por uma questão de "racionalidade econômica", os colonos assalariados, que acabarão por substituir a força de trabalho escrava, deviam ser impedidos de desenvolver lavouras de subsistência, na medida em que os trabalhos na lavoura cafeeira seriam mais produtivos e a compra de víveres e artigos necessários à vida se tornaria menos custosa se feita no mercado do que em meio a uma produção doméstica (ao menos, óbvio, para os donos de fazenda, que inclusive podiam ter aprendido isso com os seus antecedentes, donos de terras e escravos. Para eles todo o tempo de trabalho dedicado às lavouras de mandioca era tempo perdido para a lavoura de exportação, mais produtiva, no sentido de mais rentável)[18].

Concentrando o comércio de importação, a cidade de São Paulo se beneficiará dessa dependência de mercadorias sortidas vindas de fora, por parte de uma região presa ao exclusivismo de um único produto. Os trilhos possibilitavam assim não apenas o escoamento do café, mas também a entrada de mercadorias importadas, sobretudo inglesas, dissolvendo como nuvem as pequenas fabriquetas do interior, que deviam sua existência à inviabilidade econômica de se levar produtos importados para lá em tropas de mulas. Pelos mesmos motivos, a capital paulista constituirá ponto estratégico para o estabelecimento de indústrias, oferecendo produtos de modo complementar ou mesmo em substituição aos importados, concentrando, a um só tempo, tanto o comércio de importação e exportação, quanto a produção de manufaturados, esta última graças também a algumas vantagens comparativas, tais como a presença de grande contingente operário, energia elétrica comparativamente barata (principalmente a partir da década de 1920[19]) e a situação geográfica peculiar. O outro lado desse processo ocorre quando, por volta da década de 1910, a própria capital se converte em um poderoso mercado consumidor de materiais de construção e de víveres, estimulando em seus arredores uma produção voltada para a policultura em pequenas e médias propriedades, constituídas pelo loteamento de antigas fazendas cujo solo havia se esgotado para a cafeicultura. O que daria origem não apenas a um robusto cinturão agrícola, mas também a um setor de produção de materiais de construção baseado em atividades extrativas (como o fornecimento de areia) e industriais (produção de telhas, cimento, manilhas etc.).

A parte mais visível desse processo de concentração não poderia ser outra que a estruturação das ferrovias paulistas, que elegeriam a cidade como o ponto para o qual convergiriam seus ramos fundamentais (canalizados pelos trilhos da Santos-Jundiaí, ou adentrando a cidade diretamente, como a Sorocabana) e destino necessário da produção cafeeira das principais zonas produtoras do estado em demanda do porto de Santos. Tratava-se, é verdade, de um dinâmico sistema de transporte, graças ao qual fluxos de mercadorias, capitais e trabalhadores eram enviados da cidade de São Paulo ao interior e vice-versa; fazendeiros e políticos locais podiam se fixar na capital, permanecendo a poucas horas de suas bases; jornais paulistanos podiam chegar às cidades mais afastadas do interior e até de outros estados, no mesmo dia de sua publicação. Em muitas cidades do sul de Minas e do Triângulo Mineiro, servidas pelo tronco principal da Mogyana ou por algum de seus ramais, na virada do século XIX para o XX, era comum tanto o envio de estudantes aos Colégios de Campinas[20], ponto final da Mogyana, quanto a leitura de jornais da capital paulista em preferência aos de Belo Horizonte. A propósito, sabe-se que os jornais podem se tornar artefatos fundamentais quando se trata de se constituir uma identidade regional, de se produzir a percepção de uma "comunidade imaginada"[21]. Eles criam uma noção de sincronicidade entre populações distantes, isto é, de que há um nexo que une as coisas que ocorrem "neste local" e as ocorridas nos locais descritos nos jornais, fazendo com que as questões de lugares distantes façam parte do cotidiano, além de criar na imaginação relações causais entre "o que se passa lá", e "o que se passa aqui". Sobretudo, os jornais tendem a dominar as sociabilidades, ao fornecer para as conversas um "conhecimento comum", que é repassado dessa forma para a massa de iletrados. A esse respeito Janes Jorge, por exemplo, mostra em *O crime de Cravinhos: oligarquia e sociedade em São Paulo (1920-1924)* como, por meio da imprensa escrita, as investigações policiais acerca de um caso de assassinato, ocorrido em pequena cidade próxima a Ribeirão Preto, no curso das quais as suspeitas acabam recaindo sobre poderosa senhora da oligarquia paulista, sideram, eletrizam toda a cidade de São Paulo, tornando-se conhecimento comum, tema obrigatório das conversas banais e desculpa para o desenvolvimento de sociabilidades[22]. É por esse meio que uma população passa a se ver como um corpo à parte, nação, grupo social, opinião pública etc.

O poder de estruturação sobre o território exercido pelas ferrovias não parece ter sido nada negligenciável, servindo inclusive para nomear as diversas "zonas" do estado[23]. Com isso, o ponto de convergência do sistema ferroviário se constituiria na "zona da capital", que receberia os trens da Santos-Jundiaí, da Sorocabana Railway e os da Central do Brasil, fazendo a articulação entre Santos, Vale do Paraíba e oeste.

Seguia-se uma zona de irradiação das principais ferrovias, a "central", dominada pelas cidades de Jundiaí, Campinas, Itu e Sorocaba. Por Campinas passavam os trilhos da Companhia Paulista, os quais, depois de prolongarem a linha da inglesa para além de Jundiaí, se dirigiriam para Rio Claro bifurcando-se em dois ramos, o primeiro procurando Araraquara, Barretos e o Rio Grande, e o segundo, a cidade de Bauru, Marília e o estado de Mato Grosso. As regiões tributárias dessas linhas se definiriam assim, respectivamente, como a "zona da baixa paulista" e a "zona da alta paulista". Partindo de Campinas igualmente, os trilhos da Mogyana batizariam com o nome dessa ferrovia a região paulista atravessada por seus trilhos. Estes se dirigiriam para Mogi-Mirim e daí para o norte do estado, bordeando a fronteira com Minas Gerais e lançando diversos ramais na direção do sul desse estado, até finalmente ultrapassar sua fronteira e chegar à região do Triângulo Mineiro, onde se articularia com ferrovia mineira. A terceira ferrovia a partir de Campinas, a Ituana, seria de menor alcance, limitando-se quase à zona central. Já a Sorocabana, esta partiria de São Paulo, indo na direção de Sorocaba, encontrando no caminho a Ituana. Ela daria nome a duas zonas. A primeira, da "alta Sorocabana", definir-se-ia por uma linha que visava a Presidente Prudente, transpondo em seguida a fronteira com Mato Grosso. A segunda, da "baixa Sorocabana", basear-se-ia em outra, a sudoeste, demandando Itararé e a fronteira com o Paraná. É claro, estas são apenas as linhas principais, ditas de penetração, às quais foram se aderindo um sem número de ferrovias secundárias ou de pequenos ramais "cata café", construídos em sua maioria por capitais de fazendeiros desejosos de poder contar com uma ferrovia própria para escoar sua produção e receber mercadorias de longe.

 Todavia, limitadas quase sempre a linhas de penetração de onde partiam ramais "cata café", construídos em função de interesses tão imediatos quanto transitórios desta ou daquela fazenda de café, as ferrovias paulistas não se estruturavam propriamente como "rede", parecendo-se mais como tentáculos cuja única função era comunicar via São Paulo, Campinas e Itu, ou seja, as zonas produtoras do interior e seus mercados consumidores em geral, com o porto de Santos. Quase não houve ramais que comunicassem as "zonas" (Paulista, Mogyana, Ituana, Sorocabana etc.) entre si (ferrovias perimetrais). Até o surgimento das "jardineiras", linhas de ônibus que ligavam cidades não comunicadas por ferrovias, o transporte entre cidades do interior paulista situadas em "zonas" diferentes devia ser feito por custosas, inúteis e demoradas voltas que levavam o viajante de sua localidade de origem até o entroncamento mais próximo, e, de lá, até seu destino, ou então por carroças de boi, tropas de burro etc., exercendo esses meios de transporte arcaicos inclusive forte concorrência às ferrovias. Multitemporalidade? Curiosamente, as tropas acabariam deixando como herdeiras as frotas de caminhões que, já na década de

1930, passam a concorrer com as ferrovias, disputando as cargas pelo preço dos fretes. Aparentemente, aproveitavam-se os caminhões de sua maior flexibilidade para baratear os custos, recusando cargas com baixa lucratividade e aceitando trabalho apenas quando o movimento era compensador[24].

Mesmo nos arredores da cidade de São Paulo em processo de rápida urbanização, sobreviveu por um bom tempo (toda a segunda metade do século XIX, pelo menos) uma economia tropeira, servindo a mercados locais, em grande medida autônomos em relação ao centro da província/estado. Não resultaram, portanto, as ferrovias em um território integrado, mas em "zonas" definidas pela ferrovia que lhes servia, tendendo a se constituírem em mercados fortemente centralizados pela cidade de São Paulo.

De qualquer modo, os anos de 1890 parecem constituir um evidente divisor de águas. Primeiro porque o último quartel do século XIX testemunharia um duplo processo de recessão econômica mundial (a "Grande Depressão" de 1873 a 1896) e "financeirização" dos capitais, que, em fluxos, migram do antigo centro orgânico do capitalismo (Europa) para o novo centro dinâmico (EUA), bem como para as áreas periféricas do globo, demandando taxas maiores de rentabilidade[25]. A isso se somaria naturalmente o advento da segunda revolução tecnológica, por volta dos anos de 1880, que, baseada em novas fontes energéticas (petróleo e eletricidade), faz surgir diversos novos segmentos industriais (como os associados à química fina, por exemplo) e determinaria uma transformação radical tanto da estrutura urbana das cidades atingidas por ela, quanto da vida urbana, que se molda aos novos padrões de consumo e vivência gerados a partir dela.

Às elites brasileiras se imporia o imperativo de preparar o país para a recepção desses fluxos financeiros, iniciando uma série de transformações tanto na infra-estrutura material do país, em geral, e do estado de São Paulo, em particular, quanto sociopolíticas. Por outro lado, era preciso também "civilizar-se" para usufruir dos novos itens de consumo e adequar-se aos novos padrões de sociabilidade em circulação no momento. Tais transformações, que apresentavam notável circularidade, constituindo-se a um só tempo em pré-requisito para o recebimento de capitais e efeito desse recebimento, multiplicavam obviamente as posições que exigiam formação técnica. Era preciso impor à vida socioeconômica do país aqueles princípios de racionalidade, previsibilidade e segurança jurídica, que são os pré-requisitos para a captação de acumulações externas, bem como garantir que a circulação de mercadorias (incluindo-se nelas as fictícias: dinheiro e força de trabalho) se fizesse sem obstáculos[26]. Testemunhas dramáticas desses ajustamentos, as reformas de Pereira Passos no Rio de Janeiro (1904), a Revolta da Vacina e a repressão violenta de Canudos configuram tentativas de enquadramento tanto das estruturas materiais quanto das populações a uma situação de rápidas mudanças nas referências básicas da sociedade, que tornam as coisas obsoletas e as pessoas destituídas de um lugar social, ou sentido econômico.

De fato, a intercorrência desses processos irradiados a partir do centro orgânico do capitalismo, que se expressariam ainda no Império na forma de aumento da circulação monetária (que na República constituiria a política do encilhamento), no fim da escravidão etc., pressionariam os limites da sociedade patriarcal, de hábitos coloniais, desagregando-a. Nesse momento, os engenheiros apresentam-se como aqueles que podiam construir uma nova ordem, alçando o país ao nível das nações civilizadas. Tal situação se objetivaria, por exemplo, no projeto e construção da nova capital mineira, Belo Horizonte, processo liderado pelo engenheiro Aarão Reis e que produziu uma cidade planejada racionalmente, na qual as grandes retas de seu desenho em grade, ortogonal, defrontam-se com os traçados sinuosos e pitorescos das nossas cidades coloniais, que pareciam muitas vezes evoluir erraticamente ao sabor das conveniências de seus moradores, ou moldando-se à topografia[27].

O processo que se seguiu, de confrontos e ajustamentos entre os grupos que disputariam o poder, resultou apenas numa situação de grande ambigüidade: não tendo sido capazes de transformar o Brasil na Europa, tampouco mantiveram a ordem patriarcal, o que determinou a imagem de nossa modernidade canhestra e cheia de maneiras, na qual grupos privilegiados lamentam ver seus sonhos de conforto e civilização serem atrapalhados pelo influxo da barbárie, isto é, do povo com o qual não se identificam.

Por outro lado, com o regime federativo consagrado pela Constituição de 1891, São Paulo conquistava uma relativa autonomia financeira e política em relação à capital federal, calcada fundamentalmente tanto no controle sobre o imposto de exportação (que se torna estadual), quanto em certas linhas de dependência financeira tecidas com a City londrina e o capital financeiro internacional[28], principalmente após a montagem dos esquemas de valorização do café, mas também, na esteira aberta pelo crescimento das oportunidades em negócios urbanos, no setor de obras públicas ou em serviços de utilidade pública. Havia poucos assuntos de interesse paulista a serem discutidos na capital federal, embora alguns fossem altamente estratégicos, cabendo a primazia absoluta à política cambial e à autorização para contrair dívidas, ambas vértices dos planos de valorização do café e de manutenção das rendas do setor exportador. Os demais parecem quase exclusivamente ligados à viabilização política dos dois primeiros.

No que diz respeito à capital paulista, os vínculos do capital cafeeiro com instituições de financiamento internacionais, a autonomia relativa do estado frente à capital federal, a implantação e concentração de estruturas urbanas com alto poder de atração populacional, a convergência das linhas ferroviárias em sua direção, uma certa "hegemonia" cultural sobre as regiões tributárias, bem como a valorização de sua posição geográfica, já objeto de valorizações no período colonial, fizeram dela, tanto quanto as determinações da lei, uma capital de fato e de direito, em uma situação de rivalidade com o Rio de Janeiro. Tais processos a transformariam paulatinamente, ela mesma, em objeto e espaço de exploração econômica.

Se esse for o caso, a montagem ou redefinição de instituições técnicas, fossem elas estatais ou particulares (serviços, pesquisa, ensino etc.), sediadas na capital paulista, bem como a fixação e a formação de engenheiros em São Paulo, ocorridas no período em questão, seguindo um ritmo paralelo ao enunciado (1860, 1890, 1930), constituir-se-ia em um aspecto desse processo de concentração. O resultado no que tange aos quadros técnicos de São Paulo (que obviamente também tendem a se fixar na capital) é a estruturação de um campo da engenharia definido pela articulação entre instituições técnicas, engenheiros classificados hierarquicamente segundo as posições que ocupavam nessas instituições e um forte sentido de pertencimento às problemáticas concernentes à posição da engenharia no espaço social do estado de São Paulo. Isso se constituiria em grande novidade.

Engenheiros na São Paulo oitocentista: concentração e dispersão

Por todo o período monárquico e colonial, a presença de engenheiros esteve relacionada a uma diversidade circunstâncias de durabilidade variável: à necessidade de conhecer e mapear o território da capitania/província, responsável pela vinda de diversas missões de topógrafos, astrônomos e geômetras, que acorreram a São Paulo por todo o século XVIII[29] e acabavam executando obras de engenharia com fins principalmente militares; depois, ao incremento das políticas de controle sobre o espaço urbano, que se iniciam em São Paulo logo após a transferência da Corte portuguesa para o Rio de Janeiro, em 1808, processo que terá no engenheiro fiscal sua figura basilar; de atribuição também de engenheiros fiscais, têm-se o controle, a vistoria e a tarefa de relatar o andamento de obras contratadas pelo estado a empreiteiros particulares, zelando pela boa utilização dos recursos do erário público; finalmente, há ainda os casos de projeto e realização de obras públicas ou particulares, para as quais havia, por exemplo, tanto os engenheiros militares do Real Corpo de Engenheiros de São Paulo, quanto o corpo técnico do setor de obras provincial, ou ainda os estrangeiros com conhecimentos técnicos que chegavam à província, a maioria para permanecer curtos períodos correspondentes, via de regra, à execução de uma obra contratada, não sendo tão rara, entretanto, a sua permanência por largos períodos ou ainda pela vida inteira[30].

Todavia, mesmo se o número de agentes com treino técnico aumenta na província, o que parece subsistir, até pelo menos a década de 1890, tomado-se o conjunto dos engenheiros, é uma situação de dispersão e grande dependência em relação aos potentados que detinham e concentravam os capitais políticos e econômicos, além dos estratégicos capitais de relações de clientela. Não que tudo se fizesse à revelia do mérito técnico. Ocorria que, mesmo que crescessem numericamente a partir da década de 1860 e passassem a fazer parte da vida social paulistana, pareciam carecer os engenheiros de São Paulo de um marco institucional de autoridade técnica, que servisse de base para constituir uma identidade de grupo, capturando a sua fidelidade e servindo de tribunal de última instância, na hora de defender um ponto de vista técnico contra eventuais interesses em contrário, ou ainda na hora de resolver uma controvérsia entre engenheiros. Obtendo sua formação fora da província, os engenheiros de São Paulo deveriam se manter como mera ramificação periférica de um debate técnico que se estabelece alhures, situando assim sua fonte de autoridade e legitimidade em instituições distantes.

Primeiro, porque eles eram ainda em número ínfimo, apresentando, além disso, notável mobilidade. A presença permanente de engenheiros na província de São Paulo parecia reduzir-se àquelas cidades que serviam de sede a ferrovias, controlavam ramais, ou entroncamentos ferroviários[31], como parecem mostrar as listas de engenheiros nos almanaques paulistas das décadas de 1850 a 1890. As próprias características da demanda eram de molde a favorecer tal dispersão e descentramento. As vidas dos engenheiros do século XIX, em sua maioria, parecem marcadas pela experiência de itinerância, vagando de cidade em cidade, acompanhando o ritmo da construção dos trilhos das estradas de ferro, indo atrás de ofertas de serviços que pipocavam aqui e ali, quase sempre sem se fixar em lugar algum. O que, aliás, contribuiu para gerar esses mitos mais ou menos verdadeiros da carreira aventurosa de engenheiro[32]. Disso dão um bom testemunho as biografias dos engenheiros que começaram suas carreiras entre 1860 e 1890 (que quase invariavelmente iniciam como engenheiros ferroviários).

Para as necessidades internas da maioria dos centros urbanos paulistas, até meados do oitocentos, bastava a existência de alguns mestres-de-obras ou mesmo de taipeiros, comuns ainda na entrada do novecentos. Basta dizer a esse respeito que, para o *Almanak administrativo, mercantil e industrial da província de São Paulo para o anno de 1857*[33], os dois grupos profissionais (liberais) na capital paulista quedavam sendo advogados e médicos acrescidos dos cirurgiões, sendo esses secundados pelos dentistas e boticários. A eles opunham-se naturalmente os praticantes de ofícios manuais, dentre os quais os carpinteiros, mestres-de-obras, taipeiros, pedreiros e serralheiros pareciam responsabilizar-se pela maioria das demandas referentes às atividades construtivas. Aparentemente, agentes dotados de formação escolar técnica somente seriam encontrados àquela época ocupando postos no Estado provincial. Caso dos engenheiros empregados no setor de Obras Públicas provinciais[34] e, certamente, vários dos oficiais do exército empregados e residentes na província.

Em almanaques paulistas posteriores[35], pode-se consultar listas de engenheiros por cidade, na verdade um melê de topógrafos, engenheiros de várias especialidades, arquitetos, geógrafos, práticos etc. em atividade na província, em geral com seus respectivos endereços, isto é, para as poucas cidades paulistas que podiam e precisavam contar com o trabalho de algum engenheiro[36]. O fato de agentes com ofícios diferentes aparecerem reunidos em um único grupo diz muito da semelhança prática dos trabalhos que executavam, e, principalmente, da percepção social de sua presença que os homogeneizava. Isso tudo levando-se em consideração que o exercício das profissões técnicas era, na prática, completamente livre e a diferença entre engenheiros diplomados e práticos era quase nenhuma. Tomando-se como base a década de 1870, já se nota que a cidade de São Paulo detinha o maior número de profissionais técnicos domiciliados. Além de firmar-se como principal entroncamento ferroviário da província (com a São Paulo Railway, que chega à capital paulista em 1866) e sede da maioria das companhias ferroviárias, a capital acolhia obviamente as repartições públicas provinciais responsáveis tanto pelas obras de melhoramentos, saneamento, conservação de estradas etc., quanto pela fiscalização delas, no caso mais freqüente de se tratar de obra pública contratada a um empreiteiro particular. A essa época, nos almanaques paulistas, a categoria "engenheiros", conquanto venha misturada com as de "mecânicos", "arquitetos" e "topógrafos", já designa um grupo profissional distinto na capital paulista, indicando no mínimo um certo crescimento numérico desses profissionais.

Para além disso, convém lembrar que, durante o período monárquico, devido ao próprio modo como se organizava a administração provincial, cujos presidentes eram nomeados nas Cortes do Rio de Janeiro, muitas vezes ao sabor das conveniências políticas, o serviço público, a burocracia provincial caracterizava-se por uma acentuada tendência à instabilidade. Ao caírem os governos, caíam também muitas vezes os quadros nomeados pelo governante destituído, o que significava uma desconcertante e radical descontinuidade administrativa. Disso é testemunha a instituição que é tida por muitos autores como o primeiro esforço para se interiorizar a formação técnica na província, o Gabinete Topográfico[37] (1835). Suas idas e vindas, estruturações e desestruturações marcam bem o quadro de instabilidade que afetava a burocracia estatal, em geral, e os engenheiros provinciais, em particular[38]. Estes, dada a raridade de técnicos na província, eram muitas vezes nomeados e trazidos das Cortes pelos presidentes de província.

Em 1889, alguns engenheiros das Obras Públicas Provinciais poderiam ser encontrados hospedados no hotel de France[39], localizado à rua da Imperatriz, indicação da volatilidade de suas posições tanto quanto da tendência de os engenheiros provenientes das Cortes lá manterem endereço, já que a capital do Império era o *locus* privilegiado em que se davam as indicações para postos de engenheiro pelo país afora. Afora isso, as nomeações e destituições ocorriam freqüentemente (em alguns casos, tanto uma coisa quanto a outra recaíam sobre as mesmas pessoas, havendo interessantes trocas de cargos). O mesmo quadro pode ser notado também nas empresas particulares. Embora eventualmente possam ser encontrados casos de engenheiros que permanecessem grande parte de sua carreira em uma única ferrovia, o mais comum, dadas as próprias características de alguns trabalhos – os de projeto e construção, principalmente –, era um certo nomadismo dos profissionais de engenharia, deslocando-se de ferrovia em ferrovia, exercendo múltiplas funções, algumas vezes de forma concomitante.

Talvez seja útil salientar que os agentes que compõem os grupos técnicos anteriores à década de 1890 têm a sua formação obviamente fora da então província, começando a militar dentro dela ao serem enviados das Cortes, que podem ser tanto as do Rio de Janeiro quanto as de Lisboa, durante o período colonial, ou ao retornarem de períodos de estudos no Rio de Janeiro, em Minas Gerais, ou no estrangeiro[40]. Havia ainda um razoável número de técnicos estrangeiros imigrados no Brasil ou em viagem que aceitavam ofertas de trabalho, em geral, bastante provisório.

Com a fundação na cidade do Rio de Janeiro da Real Academia Militar (1810), a qual, após metamorfoses sucessivas, daria origem à Escola Politécnica do Império do Brasil (1874), a província de São Paulo acabaria recebendo o influxo de engenheiros provindos das Cortes do Rio de Janeiro e, de alguns poucos, da mais tardia Escola de Minas de Ouro Preto (1876)[41]. Na prática, a Politécnica do Império do Brasil rapidamente tornou-se a principal fornecedora de quadros técnicos nacionais, tarefa para a qual havia sido criada[42].

Isso talvez tenha sido determinante para aquilo que poderia ser chamado de ideal-tipo da carreira de engenheiro no Império, esquema que vai se formando conforme as idas e vindas, que vinham reestruturando o ensino de engenharia no Rio de Janeiro, e culminaram finalmente com a transformação da Academia Real Militar em escola exclusivamente de engenharia, perdendo paulatinamente seu caráter de escola de guerra, com o nome de Escola Central (1858), e, posteriormente, Escola Politécnica do Império do Brasil (1874), instituição que conseguiria estruturar um sistema nacional de alocação de engenheiros a partir da cidade do Rio de Janeiro.

Para que isso ocorresse, foi essencial que a metamorfose na escola de engenharia da capital do Império não tenha se resumido a simples mudança de nomes. Em primeiro lugar, a transformação da Academia Militar em Escola Central, no ano de 1858, decidiu em parte uma controvérsia que tinha sua origem na formação preconizada pela instituição, na qual, englobadas no ramo da engenharia militar, apareciam certas disciplinas que habilitavam os formados a exercerem atividades de engenharia civil (pontes e estradas, por exemplo). Tal tensão interna motivara reformas consecutivas na escola nos anos de 1831, 1833, 1839, 1842 e 1845, sendo que a de 1839 extinguira as disciplinas de engenharia civil. Isso parece em tudo semelhante à situação vivida pelo ensino de engenharia português, que se defrontou com o mesmo dilema, mas que o resolveu bem mais tardiamente, em 1885[43]. No Brasil, as demandas por engenheiros civis nas províncias e na Corte obrigavam a importação de profissionais estrangeiros, o que acabou por estimular tentativas de criação de escola exclusivamente de engenharia civil. Além do mais, em 1858, o Brasil já havia adentrado a era ferroviária, multiplicando as demandas por quadros técnicos, tanto quanto dado início a um processo irreversível de transformação da terra em mercadoria, isto é, em "capital", com a Lei de Terras de 1850. Quanto ao ensino militar, este foi deslocado para a Escola Militar e de Aplicação da Praia Vermelha e para a Escola Militar do Rio

Grande do Sul. Permanecia ainda, todavia, a Escola Central subordinada ao Ministério da Guerra.

A desvinculação completa entre engenharia civil e militar ocorreria apenas em 1874, quando a escola passaria para a responsabilidade do Ministério do Império e sofreria reestruturação, mudando de nome para Escola Politécnica do Império do Brasil. O que possibilitaria toda uma mudança, não tanto de perfil pedagógico, que permaneceria tal como suas antecessoras, fortemente vinculado ao ensino das matemáticas, com privilégio para as abstrações e tendência academicizante, pouca abertura para atividades de pesquisa empírica e práticas, tendo sido os regulamentos da escola militar uma espécie de adaptação local das diretrizes básicas que orientavam a École Polytechnique de Paris.

A estrutura curricular se enriqueceria, entretanto, afastando-a de sua congênere francesa. Seriam incorporadas certas inovações, como a instituição de um Curso Geral de 2 anos, ao que se seguia a possibilidade de opção por um ou vários dos cursos especiais: Ciências Físicas e Naturais (2 anos), Ciências Físicas e Matemáticas (2 anos), Engenheiros Geógrafos, Engenheiros Civis (3 anos), Engenheiros de Minas (3 anos), Artes e Manufaturas (3 anos). Titulando doutores, engenheiros, bacharéis em ciências e matemáticas, é de se notar que, mais do que uma escola de engenharia, a arrumação institucional da Escola Politécnica de 1874 lembra a morfologia das escolas superiores de engenharia e ciências naturais, com perfil ao mesmo tempo técnico e acadêmico que surgem no mundo germânico na segunda metade do século XIX, as quais, mesmo que adotassem eventualmente o nome de politécnicas, divergiam desse modelo, traindo uma intenção de se erigir em Universidade[44].

Meio pelo qual o governo imperial desejava suprir as demandas por técnicos que surgiam nas províncias e que, dadas as transformações urbanas e culturais da segunda metade do XIX, não podiam mais ser solucionadas pelos engenheiros militares, a criação de escola desvinculada das questões militares solucionava também um duplo problema presente nas escolas de caráter militar. Se, por um lado, promissores oficiais acabavam por pedirem baixa do serviço militar para dedicarem-se à carreira civil, por outro, o grande número de engenheiros com postos militares causava uma certa instabilidade nos quadros técnicos da administração pública, já que havia sempre a possibilidade de esses oficiais serem mobilizados para missões militares. Um exemplo: por ocasião da Guerra do Paraguai a Escola Central se esvazia completamente.

Que a tarefa de fornecer quadros para a administração pública não era executada a contento pelas predecessoras da Escola Politécnica, a Escola Central e a Academia Real Militar, parece mostrar a grande dificuldade com a qual as províncias da Bahia e Pernambuco se debatiam já no segundo quartel do XIX para suprirem-se de quadros técnicos com vistas à modernização de aspectos urbanos das capitais, o que, por fim, as levou a recorrer à contratação de engenheiros europeus.

A esse respeito, aliás, Gilberto Freyre descreve, em *Um engenheiro francês no Brasil*, os conflitos que opuseram o engenheiro formado pela Politécnica de Paris Louis Vauthier, contratado no ano de 1841 para as Obras Públicas da província de Pernambuco, ao engenheiro militar e oficial de carreira Firmino Herculano de Moraes Âncora, que terminariam com a destituição deste último do posto de inspetor geral de obras, abrindo espaço para Vauthier deter sozinho todo o comando da repartição técnica. Perdendo o emprego no Recife, Âncora assumiria, na capital do Império, e já com a patente de Brigadeiro, o posto de comandante da Academia Real Militar entre os anos de 1847 e 1848.

Portanto, com a fundação da Escola Politécnica do Império do Brasil, engenheiros passam a ser contratados muitas vezes por intermediação de representantes das províncias nas Cortes do Rio de Janeiro, que se informavam acerca de jovens promissores, os quais, formando-se na Escola Politécnica do Império do Brasil, começariam suas carreiras, via de regra, em províncias afastadas, sobretudo em obras ou operações ferroviárias. Paulatinamente, iam ocupando cargos próximos à Corte, até, no ápice de suas carreiras, obterem colocação na Estrada de Ferro D. Pedro II, ou nos Melhoramentos do Rio de Janeiro. Casos assim são freqüentes. Bacharel pela Escola Central em 1870, Joaquim Silvério de Castro Barbosa, por exemplo, começa como praticante das Obras da Alfândega em 1872, mas rapidamente parte para a Bahia, trabalhando como ajudante da Comissão de Estudos da Estrada de Ferro da Bahia, em 1872. No ano seguinte, eis o engenheiro entre São Paulo e Mato Grosso, exercendo o cargo de 1°. ajudante na comissão de estudos da ferrovia que ligaria as duas províncias. Entre 1881 e 1884, é engenheiro-chefe da Estrada de Ferro Juiz de Fora-Piauí. Após isso, reaproxima-se da Corte, tendo sido nomeado engenheiro-chefe do tráfego da Macaé-Campos e promovido, na década de 1890, a diretor da mesma estrada. Passa ainda por Goiás, Pernambuco, Minas Gerais. Em 1906, encontra-se no cargo de inspetor geral de Estradas de Ferro e Obras Federais nos Estados, além de ocupar a prestigiosa posição de primeiro vice-presidente do Club de Engenharia.

Tal espaço nacionalmente estruturado girava em torno de duas instituições: a Escola Politécnica do Rio de Janeiro, responsável pela produção de engenheiros, e o Club de Engenharia do Império do Brasil, fundado em 1880.

Este, para além de instituição que deveria representar os interesses da classe dos engenheiros, propunha-se a ser um instrumento de síntese entre, por um lado, os conhecimentos e habilidades ligadas ao domínio tecnológico e, por outro, os diversos interesses da burguesia industrial em gestação, sobretudo a enraizada na capital do Império. Os engenheiros (titulados ou não em escola oficial), muito embora tenham exibido primazia numérica nos quadros do Club de Engenharia do Rio de Janeiro, não gozarão, entretanto, de nenhum exclusivismo. As portas do Club parecem ter se mantido abertas tanto a dirigentes industriais e negociantes quanto a categorias aparentemente mais estranhas à engenharia, como advogados, artistas, escritores e proprietários rurais (deve ser lembrado que o Conde D'Eu e o próprio imperador eram presenças bastante corriqueiras nas reuniões do Club de Engenharia)[45].

A sede das Cortes, depois capital federal, era indubitavelmente o centro de gravidade do mercado de engenharia nacional. Utilizando-se de listas de sócios do Club de Engenharia, os estudos de Turazzi[46] mostram sua concentração na cidade do Rio de Janeiro tomando-se como base os respectivos endereços declarados, algo nada surpreendente, visto que é, até hoje, nessa cidade que o Club de Engenharia tem sua sede. Entretanto, tais endereços podem levar a enganos. Nota-se nessas listas a presença de um grande contingente estabelecido em endereços precários (em hotéis, por exemplo), ou que mantinham endereço na Corte, mesmo ocupando postos em diversas outras localidades. Era como se quisessem marcar um espaço, permanecendo formalmente baseados na capital do país, isto é, no lugar em que havia, a maioria, obtido a sua socialização no campo da engenharia. Isso parece condizer com a noção de um mercado nacional de engenharia, que, a partir do Rio de Janeiro, alocava engenheiros em postos nas províncias. Esses se constituíam em degraus na carreira de engenheiro, mas a sua obtenção estava condicionada ao modo como se dava a socialização de cada engenheiro nas Cortes do Rio de Janeiro, e traçavam trajetórias desejáveis que partiam das Cortes às províncias, e, daí, ao retorno ao centro, à capital, se tudo desse certo. O Rio de Janeiro, até a emergência de novos centros de concentração de grupos técnicos, aparece como o centro por excelência de recrutamento de engenheiros, técnicos, artistas e arquitetos para postos nas mais diversas localidades do país.

Há aqui, no entanto, o problema da excepcionalidade paulista. As linhas de dependência econômica e política que prendiam a maioria das províncias à capital do Império, estruturavam também todo um mercado de posições de engenharia, que girava em torno da capital do Império que detinha obviamente as posições mais cobiçadas e reconhecidas. Na prática, as posições para engenheiros situadas nas províncias definiam-se hierarquicamente pelas relações de distância e proximidade que entreteciam com aquelas situadas na Corte. Para um engenheiro formado pela Politécnica do Império do Brasil, ocupar posições nas províncias fazia parte de sua carreira. São Paulo significará uma ruptura desse padrão, um pouco porque o surto de obras públicas e ferroviárias pós 1870 expandiria enormemente a oferta de empregos para engenheiros, fixando-os na província. Depois, já na década de 1890, pela resolução do problema da dependência das Cortes por meio da instituição da República federativa descentralizada, que, ao conceder autonomia financeira aos estados, possibilitou que, em São Paulo, se estruturasse um mercado de engenheiros autônomo em relação ao Rio de Janeiro. De um modo diferente, mas com efeitos semelhantes, foi o que ocorreu também no Rio Grande do Sul.

A trajetória do engenheiro civil José Luiz Coelho, neste caso, é exemplar. Nascido em Teresina em 1857, filho do comendador Balbuíno José Coelho, faz curso de humanidades no Rio de Janeiro, ingressando aos 15 anos na Escola Militar. No entanto, levanta praça no exército e acaba formando-se engenheiro civil pela Escola Politécnica do Império do Brasil em 1877. Dois anos depois, engaja-se como condutor da Estrada de Ferro do Sobral, ajudante no prolongamento da Estrada de Ferro de Pernambuco (1881). No ano seguinte, emprega-se como ajudante da Inspetoria Geral das Obras Públicas da Corte, passando logo a seguir para a Comissão de Estudos da Estrada de Ferro D. Pedro II e depois para a da Estrada de Ferro de Quarahim a Itaqui no Rio de Janeiro. É em 1885 (no governo do pernambucano João Alfredo Correia de Oliveira) que começa a servir como engenheiro da Superintendência de Obras Públicas da Província de São Paulo, ocupando depois os cargos de chefe da 2ª. e da 3ª. secções e, interinamente, o de diretor. Em 1896 toma posse como diretor da Inspetoria de Estradas de Ferro e Navegação, que havia sido desmembrado da repartição de Obras Públicas Provinciais. Em 1911, aposenta-se no cargo de diretor de Viação do Estado de São Paulo e muda-se para o Rio de Janeiro em busca de clima mais favorável à sua saúde debilitada[47].

A vida do engenheiro José Luiz Coelho permite que se esboce uma idéia das linhas de atração exercidas a partir das localidades. Vindo para São Paulo no ano de 1885, o engenheiro já encontrava uma província que apresentava grande prosperidade econômica, uma cidade de extremo dinamismo e um campo técnico em vias de estruturação. As mesmas considerações valem para o engenheiro Manoel da Rosa Martins, nascido em 1863, na cidade de Vassouras, na porção fluminense do Vale do Paraíba, e formado engenheiro civil pela Escola Politécnica do Império do Brasil, em 1886⁴⁸. Viria para São Paulo em dezembro de 1892, passando a maior parte de sua vida na capital paulista e, por decorrência, estabelecendo fortes vínculos com as instituições técnicas paulistas. Quando já aposentado por motivo de grave moléstia e residindo no Rio de Janeiro a conselho médico, hemiplégico, vendo-se em situação completamente irremediável, impõe à família a título de vontade final que o transferissem para São Paulo, onde desejava morrer. Ainda com um resto de vida, a família, "pressurosa em fazer-lhe a vontade", segundo o biógrafo (o engenheiro civil Carlos Alberto Pereira Leitão, formado um ano antes de Rosa na Escola Politécnica do Império do Brasil e, portanto, seu contemporâneo naquela escola), acomoda-o em carro reservado da Central do Brasil de volta à capital paulista. Eis que, quando o fizeram ciente de que o "comboio" atravessava a fronteira com São Paulo, "sua voz havia dias emudecida, bradou, com nitidez e clareza, surpreendendo os circunstantes um comovido viva a São Paulo"⁴⁹. Por detrás desses laços subjetivos de afeto e apego a São Paulo, talvez seja possível entrever as estruturas objetivas que capturam esses agentes portadores de formação técnica e condicionam suas vidas inserindo-os em um jogo social cujas referências estão não mais no exterior ou na Corte, mas na capital paulista.

O mesmo padrão pode ser notado, com algumas sutilezas a mais, no caso do Dr. Augusto Fomm Jr., neto de Frederico Fomm e, portanto, membro dos mais afluentes da elite econômica da província de São Paulo. Nascido no Rio de Janeiro em 1855, para onde havia se transferido seu pai, Augusto Fomm Jr. é enviado à França para os estudos primário e ginasial. De retorno ao Brasil, ingressaria na Escola Politécnica do Império do Brasil em 1871, e se formaria em 1876. As condições de socialização na Corte levam-no a uma série de conexões que o fazem ir de Minas Gerais (engenheiro da Estrada de Ferro Leopoldina) até o Rio Grande do Sul (serviço de exploração de linha férrea em 1880), e Ceará (estuda as condições locais para a construção da Estrada de Ferro de Camocim a Sobral). Já em 1882, Pereira Passos o convidaria para o posto de encarregado dos estudos para o prolongamento da Estrada de Ferro do Paraná, exercendo depois disso, no Rio de Janeiro, numerosas comissões. Até aqui, tem-se o padrão das trajetórias dos politécnicos do Rio de Janeiro. Todavia, em 1887, transfere-se para São Paulo, abrindo firma de projetos e construção (Redondo & Fomm), associado a seu cunhado, Manoel Garcia Ferreira Redondo, futuro professor da Escola Politécnica de São Paulo, executando a construção de vários ramais ferroviários, além de estudos e projetos de esgotos para Santos. Já em 1889, aceitaria o cargo de engenheiro fiscal da Sorocabana. Realizaria ainda obras de abastecimento de água e extensa galeria de drenagem em Guaratinguetá, para o governo do estado[50].

Contudo, ainda, entre 1870 e 1894 não se pode falar em um campo da engenharia autônomo em São Paulo, mesmo se a situação encontrada representasse uma enorme diferença quantitativa em relação ao período anterior. É mais o caso de engenheiros civis de formação enciclopédica atuando na província, depois estado, atomizados em seus afazeres particulares, debatendo-se com oportunidades de trabalho em expansão, mas ainda um tanto quanto incertas. Exercendo funções diversas, díspares, às vezes concomitantes, outras, mesmo, estranhas ao ofício de engenheiro[51]. Por um lado, a lógica de suas práticas cotidianas parecia sujeita em demasia ao jogo das relações pessoais, em comparação com os critérios de uma meritocracia baseada em juízos eminentemente técnicos. O acesso às melhores posições técnicas parecia dependente, muito mais do que no período posterior, do confronto entre capitais de sociabilidade ou políticos que os proponentes pudessem dispor[52]. A preponderância de indicações de protegidos, familiares, amigos ou colaboradores políticos sobre considerações a respeito das credenciais científicas ou profissionais não parece ter sido nada incomum. E por outro lado, as múltiplas chances de negócios que atraíam indivíduos com conhecimentos técnicos a São Paulo pós-1870 os colocavam freqüentemente na posição de negociantes ou capitalistas, para os quais a mera competência técnica não era o que havia de mais fundamental.

Não que credenciais técnico-científicas não contassem e não merecessem alguma consideração. O privilégio e a competência não são necessariamente irreconciliáveis. Em muitos casos, o que parece ocorrer é até um ajustamento entre o talento de um jovem bem relacionado, com as oportunidades privilegiadas, ou a situação na qual é dada ao pretendente uma formação condizente com a posição à qual está destinado. É claro que esta situação não exclui a possibilidade de verem surgir capacidades entre os privilegiados. Ela exclui, de fato, qualquer possibilidade de igualdade de condições[53]. Diplomas de bacharel em ciências, ou de engenheiro civil pela Politécnica do Rio de Janeiro, de engenheiro por alguma politécnica estrangeira, se não por outro motivo, ao menos por sua raridade, habilitavam seu portador para o exercício de um número a princípio muito reduzido de funções, mas que aumenta conforme se aproxima a década de 1890. Do mesmo modo, capitais sociais que se apresentam na forma de prestígio ou reputação profissional (o tal "nome na praça") certamente aumentavam a clientela – se se tratasse de um profissional liberal – e influíam nos negócios e nas oportunidades de empregos públicos ou privados. Todavia, tratava-se de posições que ainda careciam de um maior reconhecimento social, modestas em geral, sem projeção.

Tome-se o caso, por exemplo, do bacharel pela Faculdade de Direito do Largo de São Francisco, Luiz Gonzaga da Silva Leme (1852-1919). Nascido em Bragança, Silva Leme diploma-se bacharel em ciências jurídicas no ano de 1876, partindo a seguir para os Estados Unidos, formando-se engenheiro civil pela Politécnica de Rensselaer (Troy, New York) em 1888. Ainda como aluno, aparentemente (o biógrafo não é muito claro), trabalha com engenheiros norte-americanos nos melhoramentos do rio Missouri e, depois de formado, permanece algum tempo na Flórida, trabalhando na construção da Estrada de Ferro de Jacksonville a Way Cross. De volta ao Brasil, ocupa vários postos de engenheiro na Estrada de Ferro de Rio Claro a S. Carlos e na Estrada de Ferro Bragantina. Nesta última, é nomeado inspetor geral, permanecendo no posto até maio de 1898. Começa então o trabalho genealógico que o celebrizaria[54]. Tal trajetória, embora funcione muito mais como símbolo do que como evidência comprobatória, não deixa de ter seu apelo. Advogado e engenheiro, formado em politécnica norte-americana, com uma rica experiência profissional conseguida em solo norte-americano e paulista, Silva Leme busca na pesquisa acerca da genealogia das famílias paulistas o instrumento de consagração e reconhecimento. Isso é tanto mais interessante quando se sabe que tais estudos genealógicos foram utilizados em larga escala para legitimar posições sociais, fundamentar alianças familiares, enfim, como um instrumento para determinar proximidades e distâncias sociais no espaço social paulista do século XIX até, em alguma medida, os nossos dias.

Possuir um nome, ser de uma família conhecida ou vir de "uma boa família", ter prestado bons serviços a um chefe político pareciam ao menos tão fundamental quanto possuir credenciais técnicas. Mesmo porque, muitas vezes, privilegiava-se a contratação de técnicos estrangeiros em empreendimentos complexos, ou que exigissem garantia de isenção e/ou qualidade, na medida em que suas credenciais, quer por simbolizarem uma experiência profissional fora de dúvidas, quer por se referirem a esta ou aquela escola de prestígio, pareciam irrecusáveis, constrangendo os envolvidos. E põem fim a controvérsias. Quando, no ano de 1880, ocorrem disputas sobre o traçado do prolongamento de Rio Claro a Morro Pelado entre a concessionária Companhia Paulista e os fazendeiros das regiões adjacentes, o governo provincial determina que o engenheiro francês Eusébio Stévaux[55], um egresso da Polytechnique de Paris e da École des Ponts et Chaussées, dirija-se para o local acompanhado de seu ajudante e execute estudos para estipular o traçado correto. A ferrovia lamenta e, pouco depois, desinteressa-se pelo empreendimento[56]. É claro que se isso ocorre nesse momento, é devido em parte a um consenso já formado da qualidade do engenheiro em questão, em parte à própria dimensão numérica dos engenheiros em São Paulo, já delineando uma ainda difusa massa crítica, que forma algo como um conhecimento comum espontâneo (sobre procedimentos, mas também sobre os agentes e suas qualidades). É como se o governo soubesse quem é Stévaux, e soubesse também que as outras partes também sabiam quem ele era, e estas soubessem que o governo sabia que eles sabiam quem era Stévaux, e quais as suas credenciais etc.

O fato é que não era ainda muito claro quais ocupações ao certo demandavam o concurso de gente com formação técnico-científica. De todo modo, algo que parece ter influído muito pouco é aquele tipo de juízo que, recaindo sobre um agente – no caso, suponhamos, um engenheiro –, parte exatamente do colégio dos seus iguais, na forma de censura, ou aprovação, determinando o lugar hierárquico que ele deveria ocupar no campo, já que entra na composição de seu capital específico (capital de competência técnica, conhecimento científico e disposições morais apropriadas). É que não havia espaço institucional com legitimidade e autonomia para acolher tais controvérsias.

Tal juízo, supostamente formado a partir de critérios eminentemente técnicos e profissionais, não prosperava, já que faltava consenso sobre quem teria autoridade e legitimidade para pronunciá-lo[57]. As hierarquias entre competências a essas alturas ainda eram muito tênues, não havendo na província nenhuma instância de validação dos juízos técnicos. As instâncias de consagração e legitimidade situavam-se ou no Rio de Janeiro, ou no estrangeiro, fazendo com que a autoridade e o prestígio existissem, de fato, apenas em sua forma incorporada aos agentes, devendo ser, por esse motivo, reafirmadas por eles ao longo de suas práticas concretas. Tal situação começaria a ser remediada apenas com a fundação, em 1894 da Escola Politécnica, cujos diplomas são assegurados pelo Estado que se institui em São Paulo, com a república e o federalismo. Tal raciocínio afasta este estudo uma vez mais dos autores que notam no surgimento dos quadros técnicos, apenas e tão somente um subterfúgio utilizado pela classe dominante para, a um só tempo, legitimar sua dominação e agregar mais saber e habilidade ao exercício da dominação.

Aparentemente, a ascensão do técnico relaciona-se a estratégias de reprodução das elites, pelas quais se tenta manter os capitais familiares, mas, também, à tentativa de ascensão no espaço social por parte de certos contingentes provindos daquelas camadas médias, cujo único trunfo na luta social seria, nos dizeres de José Murilo de Carvalho, a competência técnica (ou, então, o diploma). No primeiro caso, muitas vezes, havia uma conversão de capitais de sociabilidade, políticos e econômicos em capitais de cultura, de competência técnica por parte de famílias empobrecidas cujos filhos engrossarão as fileiras de uma nascente classe média. Tais trajetórias descrevem, com isso, uma curva quase sempre descendente. No segundo, tem-se uma curva ascendente. É quando agentes provindos de origens humildes ou dos setores médios ascendem através do acesso à educação.

O investimento de todas as forças na aquisição de capitais escolares parece ter sido uma estratégica cada vez mais freqüente nas trajetórias de famílias modestas, quando se chega a finais do XIX. Nas lembranças de D. Jovina, entrevistada por Ecléa Bosi[58], tal fato é sobremaneira enfatizado. O pai de Dona Jovina, de origens modestas, ingressaria na Escola Politécnica do Império do Brasil, ganhando a vida durante seu período de formação como professor ginasial. Após formar-se engenheiro, contratado pela Companhia Mogyana, deslocar-se-ia com a família para Ribeirão Preto, cidade onde nasceria Jovina em 1897, para trabalhar no prolongamento da linha até o Triângulo Mineiro. A trajetória familiar seria marcada pela constante mobilidade, de cidade em cidade, entremeando-se períodos em que mãe e filhos esperariam pelo retorno do pai, engajado em alguma obra em cidade distante, até fixarem-se em definitivo na capital paulista, já em uma situação mais confortável. Utilizando seus escassos recursos apenas para as necessidades básicas, a família de Jovina, no entanto, promoveu uma acumulação suficiente para proporcionar a quase todos seus filhos educação superior, que reforçava a tendência à ascensão social familiar, baseada primeiramente no diploma paterno. É claro que a escada de ascensão[59] profissional que conduzia Paulo de Frontin ao topo da hierarquia profissional não podia ser a mesma que o pai de Jovina escalava para escapar da pura e simples situação de pobreza.

As demandas manifestas desses grupos seriam de molde a criar atritos com as práticas vigentes no interior do estado e da sociedade.

O predomínio do capital político, ou de sociabilidade no estabelecimento das "colocações sociais" e da luta pela posse de recursos raros socialmente[60] – características tanto do coronelismo descrito por Victor Nunes Leal, quanto das práticas clientelísticas mais disseminadas –, tendia, no plano dos valores, a enredar-se em um jogo de oposição e ajustamento, com os critérios técnicos, a moral do trabalho e as habilidades práticas constitutivas da auto-imagem dos engenheiros.

Tome-se o caso de Francisco Paula Ramos de Azevedo. Quando, em 1872, pede dispensa do serviço militar, retirando-se da "Academia de Guerra", a Escola Militar da Praia Vermelha, para auxiliar na construção da linha Mogyana e, depois, da Paulista, inicia sua vida profissional sem vencimentos. E comenta com alívio seu biógrafo em 1929, um ano depois da morte do biografado: "Longe se vão os tempos, felizmente, em que o engenheiro iniciava a vida, em postos gratuitos nas vanguardas da profissão"[61]. O acanhado da situação material do país não permitia outra coisa.

Favorecido pelas relações pessoais que estabelece – amizade com o Visconde de Parnaíba (Antônio de Queirós Telles, presidente da Estrada de Ferro Mogyana), por exemplo –, parte em 1875 para a Bélgica, formando-se engenheiro-arquiteto pela École Spéciale du Génie Civil de Gand em 1879, e regressando a Campinas. Um ano depois, casa-se com Eugênia Lacaze, pessoa das relações do Visconde de Parnaíba. Trabalha então em uma série de obras encomendadas pelo governo, entre as quais se destaca a Matriz de Nossa Senhora da Conceição (Campinas), construída em taipa de pilão. Obra que se arrastava havia mais de 70 anos, Ramos de Azevedo a finaliza em três. A narrativa do biógrafo deixa transparecer toda a admiração que o feito certamente causou:

> Foi na construção da Matriz Nova de Campinas, hoje famosa catedral, que começou o moço arquiteto a obra mais notável e bela de uma vida toda de trabalho infatigável, de desprendimento e patriotismo – a da sua fama! E foi naquela magna tarefa que de par com o técnico, se mostrou o homem.
> Apoucados naturalmente eram, então os vencimentos do engenheiro.
> Terminada a obra, toda Campinas, em memorável manifestação, lhe foi apresentar aplausos e agradecimentos pelo rico dom que, das mãos dele, recebia a cidade. E quis a Câmara Municipal manifestar o reconhecimento do povo, oferecendo-lhe valiosa quantia. Mas no mesmo gesto de Bolívar, um dos mais vivos exemplos da abnegação humana, rejeitando após arruinado pela revolução, o prêmio que lhe oferecia o Congresso do seu país, recusou o Dr. Ramos de Azevedo tão expressiva demonstração de apreço. Nobre gesto, raramente visto, que por si só mede os primeiros passos do gigante na estrada de culminâncias por onde chegou à Glória[62].

Fica patente a distância temporal definida pela narrativa, entre o início da carreira de Ramos de Azevedo e o momento de sua morte (expressa, por exemplo, na referência aos vencimentos do engenheiro). Igualmente são notáveis os qualificativos com os quais se coroa Ramos de Azevedo (vida toda de trabalho infatigável, desprendimento, abnegação, descrições que mostram nas disposições atribuídas a Ramos de Azevedo as esperadas em todos os engenheiros), assim como a referência ao republicano Simon Bolívar, líder de movimentos de independência nacional na América Latina, insinuando pela comparação, talvez, uma tarefa similar a ser executada pela engenharia nacional. A dependência dos poderosos, no entanto, parece clara (indicando uma condição subalterna no campo do poder), como é clara a estratégia de maximização dos lucros simbólicos na ação descrita. A admiração pela perícia técnica associada à conduta abnegada afastava Ramos de Azevedo dos lucros materiais imediatos (a recompensa em dinheiro), mas elevava seu montante de capital de reconhecimento entre a elite local, pela própria recusa em convertê-lo em moeda sonante – capital econômico ("E quis a Câmara manifestar o reconhecimento do povo"). É bem possível que tais capitais, ao serem reinvestidos posteriormente, tenham se constituído no maior dos trunfos de Ramos de Azevedo na conquista da posição de principal construtor na cidade de São Paulo. Tal carreira vitoriosa na capital inicia-se em 1886, quando aquele mesmo Visconde de Parnaíba, então presidente da província, convida Ramos de Azevedo para projetar e construir o edifício do Tesouro Nacional, ao que se seguiram os prédios governamentais que deveriam formar conjuntamente o centro cívico da capital, nas imediações do Colégio dos Jesuítas.

Trata-se aparentemente de uma relação ambígua: tipicamente de troca de favores, sem que isso signifique um juízo negativo sobre a capacidade técnica de Ramos de Azevedo, ou a negação dos valores associados aos técnicos, como a abnegação, o rigor, a eficiência, a racionalidade etc. Muito pelo contrário. No caso, trata-se de uma troca de dádivas não monetárias (uma troca sem relação econômica imediata) que, ao criar uma série de vínculos afetivos no interior das relações profissionais, tem como efeito aproximar os agentes no espaço social[63], revertendo posteriormente em favorecimentos no mercado de trabalho. Logo, o processo de hierarquização a partir do qual se estrutura o espaço social, embora não deixe de levar em conta a perícia técnica – que influía na qualidade do dom de Ramos de Azevedo –, apelando até a ela, como justificação, aparece regido por uma lógica que diz respeito às divisões de uma sociedade oligárquica, no qual a proximidade ou a distância social encontra parte de seus princípios nas alianças familiares, nas relações laterais e colaterais etc. Tudo passa fundamentalmente pelas relações pessoais, sem que isso signifique ausência de prestígio profissional ou competência técnica[64]. Trata-se de subordinar a técnica ao poder político.

Tal situação seria amenizada com a interiorização do ensino técnico-científico no estado; a partir da fundação da Escola de Engenharia do Mackenzie College (1894) e da Escola Politécnica de São Paulo (1893), criam-se as bases para a montagem de instituições de julgamento do mérito técnico (como o Instituto de Engenharia de São Paulo), interiorizando no estado, desse modo, os princípios pelos quais os agentes deveriam ser hierarquicamente postados, isto é, pelo critério da competência técnica, controlada pelos procedimentos da escola e do colégio de seus professores. Ao mesmo tempo, definem-se as posições de poder a partir das quais se pode agir. Em poucas palavras: surge um campo específico da engenharia com centro na cidade de São Paulo.

Escola Politécnica como posição fundamental do campo da engenharia

A constituição da Escola Politécnica de São Paulo na última década do século XIX teria se revestido de três camadas discerníveis de significados fundamentais: uma primeira, pela qual vazava o tempo histórico mundial, na forma das intercorrências e externalidades que dissolviam as estruturas socioeconômicas sedimentadas, e impõe ao país a busca de novas acomodações econômicas e sociais (2ª. revolução industrial, financeirização do capital, expansão imperialista dos países dominantes etc.); uma segunda, intermediária, que diz respeito ao contexto interno, isto é, às contingências da região polarizada pela capital paulista, marcada principalmente pela descentralização republicana, implantação de uma nova base técnica, cuja função era estruturar as inversões de capital, e, em outro nível, pela forma como as oligarquias posicionaram-se pragmaticamente nesse ambiente em mutação, tanto do ponto de vista simbólico, ou das aparências (na retórica de valorização da ciência e da civilização técnica ocidentais, ou adoção de formas de sociabilidade, urbanismo, moda etc., que tiravam seu valor das supostas origens civilizadas[65]), quanto das iniciativas mais puramente econômicas, demandando técnicos, na medida em que eram necessários para colocar os negócios em regra com as exigências do comércio e da movimentação dos fluxos de capital internacional, além de eventualmente propiciar aumentos de racionalização das forças produtivas, muito embora mesmo isso fosse mais objeto de retórica do que crença arraigada. Para todo esse período, a depredação sistemática dos recursos (fossem eles humanos ou naturais) ainda era a principal vantagem econômica comparativa do país. A terceira camada de significados é dada pela própria estratégia da engenharia, no sentido de utilizar-se de uma conjuntura favorável para aumentar seus poderes de disposição sobre os recursos socialmente produzidos.

O processo de descentralização político-administrativa aberto com os eventos de 1889 e pela posterior Carta de 1891, ao conceder autonomia financeira ao estado de São Paulo, possibilitaria também que se estruturasse a partir das rendas estaduais um sistema de ensino superior de viés científico-tecnológico, um pouco para objetivar materialmente os imperativos ideológicos em vigor (cientificismo), um pouco para dotar o estado de legitimidade no âmbito do conhecimento, fazendo com que, à autonomia político-administrativa, correspondesse também uma espécie de autonomia no que tange à produção de idéias. Mas havia também interesses econômicos mais imediatos e pragmáticos, de formação de mão-de-obra utilizável nos setores ascendentes da construção civil e da indústria, sem falar, é claro, no setor dominante da indústria do café para exportação.

Todavia, se a ciência e a técnica elevavam-se a necessidades fundamentais do país, compondo a ideologia predominante nos primeiros anos da República, não era muito claro o modo como essas necessidades deveriam ser superadas concretamente. A certeza e o reconhecimento retórico da técnica e da ciência não implicavam em concepção unívoca e hegemônica dos desdobramentos dessa crença, ou seja, não estava decidido o que essas crenças abriam em termos de possibilidades no real. Os engenheiros se sentiriam autorizados, entretanto, a reivindicar um acréscimo nos recursos sociais ao seu dispor. Recursos sociais a serem utilizados para aumentar o estatuto social dos agentes, mas também para a montagem de instâncias que, capazes de produzir conhecimentos e engenheiros, promovessem a institucionalização da engenharia legítima e, sobretudo, de consensos sobre matérias técnicas, potencializando assim o grau de autoridade dos agentes "autorizados" por tais instâncias para intervir em assuntos técnicos. É nesse quadro que se inscreve a criação da Escola Politécnica de São Paulo[66].

A fundação da primeira escola superior de iniciativa estadual e republicana, a Escola Politécnica de São Paulo, dar-se-ia a partir da "harmonização" de dois projetos de escola díspares e de sentidos conflitantes, propostos pelos então deputados Antônio Francisco de Paula Souza e Alfredo Pujol[67], ambos no ano de 1892.

Os projetos de Paula Souza e Pujol sobrepunham-se a outro já aprovado (constante na Lei 26 de 11 de maio de 1892), mas não posto em prática, que autorizava a criação de uma escola de agronomia e outra de engenharia, "destinada a formar engenheiros práticos, construtores e condutores de máquinas, mestres de oficinas e diretores de indústrias", em cursos de três anos. Escola esta última de pretensões humildes, portanto. Divergindo dessa visão, o projeto de Paula Souza previa a fundação de uma escola superior de "matemáticas e ciências aplicadas às artes industriais", denominada "Instituto Politécnico de São Paulo", consistindo de um curso preparatório de nível secundário e caráter profissional, ao qual se seguiriam cursos especiais de engenharia civil, mecânica, química aplicada às indústrias, agricultura e ciências matemáticas e naturais, a serem organizados posteriormente. Já o de Pujol, apresentado como um substitutivo ao projeto de Paula Souza, e adendo à Lei número 26, referir-se-ia à montagem de uma escola profissionalizante, de viés eminentemente prático, para trabalhadores especializados de nível secundário, o que significava, entre outras coisas, a exclusão das matemáticas superiores da armação curricular, repetindo o espírito da Lei 26[68].

Na verdade, preconizando uma escola de nível médio, técnica e profissionalizante de baixo custo, que se justificaria rapidamente pelo ajustamento imediato às condições do mercado de trabalho, o projeto de Pujol talvez fosse uma solução de compromisso entre a posição da escola de engenharia superior e a que negava a sua oportunidade. Esta última constituía-se na posição dos defensores da instrução pública básica, que argumentavam não se deveria sobrecarregar as finanças estaduais com escolas de ensino superior enquanto o estado não dispusesse de um sistema de ensino primário e secundário estruturado. O que faz sentido, de fato. Nos debates parlamentares tal posição foi defendida pelo deputado estadual Gabriel Prestes, membro da Comissão de Instrução Pública da Câmara. O fato é que o problema da inexistência de um sistema de instrução público capaz de acolher uma população em rápido crescimento dificilmente poderia ser desconsiderado, por quem quer que se aventurasse pelos problemas educacionais, mesmo que relativos ao ensino profissionalizante ou superior. Se não por outro motivo, pela dificuldade de se compor um corpo discente homogêneo (com níveis de conhecimento semelhantes), condição essencial para a pedagogia daquele momento. Paula Souza parece ter levado isso em consideração. Tanto é que lança mão desse subterfúgio de submeter à discussão uma proposta de escola superior como se fosse ela de escola secundária, preparatória e de nível técnico, à qual se seguiriam, em momento oportuno, os cursos superiores, subterfúgio que a um só tempo visava driblar a oposição da instrução básica, proporcionar aos estudantes a possibilidade de se prepararem para o curso superior, homogeneizando as turmas, e eliminar excedentes que não se ajustariam aos procedimentos pedagógicos da escola. Percebendo ou não a manobra, Pujol respondeu retirando o ponto que previa a passagem para a fase superior da escola.

Ora, a diferença entre uma escola técnica que visa apenas à formação de trabalhadores qualificados e outra que pretende formar uma elite de engenheiros informados pela ciência e pela técnica é evidente. Nesse ponto, Paula Souza é contundente:

aquela escola [refere-se ao projeto de Pujol] vai ser uma escola excelente, muito boa para formar artesãos; mas não é uma escola de mecânica, é uma escola de maquinistas, não é uma escola de engenheiros, é de mestres de obras (...) será uma excelente escola de artes e ofícios, mas não uma escola de engenharia e São Paulo, pelo seu desenvolvimento, pela inteligência de seus filhos, pelo seu grande futuro, precisa ter uma escola superior de matemáticas e ciências naturais[69.]

Aproximar tais proposições é cair no erro de considerar que agentes históricos diferentes falando coisas semelhantes estão falando as mesmas coisas. Entre um engenheiro que acumulou supostamente grandes cabedais de conhecimentos técnico-científicos e um técnico qualificado, há certamente um abismo de possibilidade de reconhecimento social e autoridade, que teria toda a probabilidade de se expressar na forma de "escadas de ascensão" de alturas contrastantes[70].

Desse modo, o sentido das intervenções de Paula Souza e Pujol pode ser encontrado nas estratégias antagônicas de um e de outro, no que concerne à distribuição de distinção e autoridade para dizer "verdades" legítimas, estratégias que se explicam pela luta concorrencial entre os agentes no campo do poder. É como se, ao projetar sua escola de engenharia, o engenheiro, Paula Souza visasse mais do que dotar o país de quadros técnicos que o permitisse enfrentar seus novos problemas econômicos. Isso deveria ter um efeito de sacralização de seus capitais culturais – sua própria formação de engenheiro – assim como de transformação na economia simbólica que regia a conquista de reconhecimento social. Uma transmutação de valores com capacidade de transformar as elites dirigentes. Já para Pujol, bastava a formação de mão-de-obra – que Paula Souza chama provocativamente de mestres-de-obras – tão ajustados na estrutura social, como hierarquicamente inferiores. Enfim, enquanto Paula Souza desejava disputar reconhecimento para seus engenheiros, Pujol preferia a presença tranqüilizadora de profissionais úteis para as necessidades econômicas do estado.

Conhecedor dos debates acerca da organização do ensino de engenharia, que ocorriam bastante intensos quando da sua passagem pela Europa, Paula Souza preconizava uma escola voltada, por um lado, para o desenvolvimento das ciências aplicadas às artes e indústrias por meio de pesquisas em laboratório (que eram chamados à época, de gabinetes); por outro, para a formação prática, e na "prática", de engenheiros capazes de fazer uso de métodos científicos para a resolução de problemas técnicos (com o que se espera superar o "empirismo" dos "práticos"). Isso seria alcançado, todavia, progressivamente, começando a escola com cursos de perfil técnico, formando rapidamente trabalhadores qualificados para as necessidades do mercado, e um curso preparatório para a escola de nível superior.

Tratava-se é claro de uma adaptação do modelo das Technische Hochschulen, ou Institutos Técnicos Superiores germânicos, cuja implantação em Zurique Paula Souza testemunhara. Que o assunto não era indiferente, parece evidenciar a famosa crítica de Euclides da Cunha à proposta de Paula Souza, publicada n'*O Estado de São Paulo*, e que, provavelmente, foi responsável pelas várias recusas posteriores que a Congregação da Escola interporia à candidatura do nome do célebre escritor a um posto no corpo docente da Politécnica de São Paulo.

No artigo "Instituto Politécnico", Euclides da Cunha qualifica o projeto de "desastroso", embora "amparado por um nome respeitável por muitos títulos", e apontava as suas "incorreções". A chave da crítica de Euclides parece ser a idéia positivista de conceder às matemáticas o estatuto privilegiado de verdade consolidada, de cujos princípios derivariam as aplicações práticas[71], idéia da qual o projeto de Paula Souza divergiria. Outro ponto sensível do projeto identificado na crítica de Euclides da Cunha dizia respeito à própria estratégia de ação adotada por Paula Souza, que, ao protelar a definição dos cursos especiais, de caráter superior, afastava o seu debate do parlamento, legando ao diretor e ao corpo docente da ainda hipotética escola de engenharia a tarefa de organizá-los. Euclides argumentava que a concepção desses cursos ocorreria fora das vistas do legislativo, que criava a escola, e levantava a possibilidade de ela cair nas mãos de um "incompetente".

Ora, a astúcia da protelação era provavelmente um "lançamento para si mesmo", já que está quase fora de dúvida que Paula Souza não estava lutando tão-somente pela criação de uma escola qualquer, mas de "sua escola" (com efeito, seria desse modo que ele sempre se referiria à Escola Politécnica: "a minha escola"), ou seja, a sua intenção não era deixar para outro a tarefa de implementar o que faltasse para montar a escola. A crítica, portanto, deixava Paula Souza em embaraços, já que não podia debatê-la sem expor sua estratégia de disputa (sem dizer que era ele que seria o responsável por liderar a organização da escola, já que isso ainda estava em jogo). Provavelmente, a situação foi ainda agravada pela menção de Euclides às "mãos incompetentes", sobre as quais a escola poderia acabar caindo. A solução foi ignorar olimpicamente a provocação, ingênua ou não. Euclides, por fim, não perdeu a oportunidade para agravar ainda mais a coisa, declarando-se, em artigo publicado no mesmo jornal, vencedor da polêmica, pela ausência de resposta dos seus adversários.

Evidentemente, a escolha de tal referência pedagógica para a escola de engenharia em formação repercute para além da simples consideração pragmática acerca do melhor sistema de ensino técnico, muito embora seja esse o seu objetivo declarado. Procurando modelar a escola segundo os princípios dos Institutos Técnicos Superiores alemães, Paula Souza operava uma dupla demarcação de território: se por um lado a escola projetada recusava-se a se filiar à tradicional Escola Politécnica do Rio de Janeiro, estabelecendo uma distância em relação a ela, produzida pela contraposição da tradição politécnica francesa, cultivada no Rio de Janeiro, à concepção alemã de sistema de ensino de engenharia; por outro, ao reivindicar para a nova escola um estatuto de novidade epistemológica (novos procedimentos de construção da verdade legítima), acabava também por atribuir-lhe a tarefa de transmutar os valores sociais, acreditando-a portadora de uma nova escala de valores, baseada no trabalho, na ciência, racionalidade etc.[72]

À essa época, os debates europeus caminhavam decididamente para um consenso que favorecia o sistema germânico de reprodução de quadros técnicos, fazendo com que o partido adotado por Paula Souza trouxesse uma crítica implícita à escola do Rio de Janeiro, simbólica e praticamente (talvez mais simbólica que prática) atrelada à Polytechnique de Paris, além de conter uma vontade de superá-la[73]. O que só aumentava aparentemente a autoridade da nova escola, ao se fazer representar como uma instituição à altura dos avanços dos países centrais.

A escola trazia assim em germe a pretensão a um novo sistema classificatório, que exigia fosse concedida toda uma região das práticas sociais à autoridade da Escola Politécnica, de seu corpo docente e dos engenheiros dela egressos, com o que se desejava capturar todo o espaço de controvérsias surgido tanto com a expansão urbano-demográfica da capital paulista, quanto com a implantação da nova base técnica, que sustentava as inversões de capital na ampla região polarizada pela capital paulista. Com isso, o desejo era distanciar-se simbolicamente das estruturas sociais brasileiras, cuja contrapartida pedagógica consistia naquilo que era visto como uma forma de bacharelismo retórico que presidiria a maioria das instituições de ensino superior brasileiras de então. Prometia-se, pois, nada mais que uma ruptura geral com o passado. Discursaria Paula Souza, em meio aos debates acerca do projeto de escola de engenharia: "(...) o nosso mal é justamente termos a maioria dos nossos homens aptos para dissertar todos os assuntos, infelizmente não conhecendo nenhuma matéria a fundo". E continuava:

> Apresentei este projeto não para aumentar o número dos portadores de títulos e pergaminhos, mas para desenvolver a inteligência, os conhecimentos dos nos-

nossos cidadãos, que são bastante talentosos e a que faltam o estudo sério e o hábito do trabalho[74].

Todavia, é preciso não acreditar demais nessas promessas: elas iriam colidir, posteriormente, com fatores limitantes de toda ordem: ao caráter firmemente "industrial" das Technische Hochschulen, as condições econômicas locais imporiam a demanda, sobretudo, por engenheiros civis capazes de múltiplos afazeres, especialmente em atividades construtivas; o ensino prático se debateria com uma relativa carência de laboratórios e oficinas, mas principalmente de estágios em ambientes reais para a praticagem; a pretensão científica experimental, com um corpo docente egresso em sua maioria da Escola Politécnica do Rio de Janeiro e métodos de argumentação ainda muito apegados às citações de autoridades estrangeiras e ênfase teórica. Sobretudo, dadas as "condições locais", era muito difícil que a Escola Politécnica de São Paulo pudesse, do ponto de vista prático, divergir substancialmente de sua congênere da cidade do Rio de Janeiro. O que não significa que nada seria feito, nem substancial demérito, muito pelo contrário. De fato, mesmo a escola de Zurique, que teria servido de modelo à Politécnica de São Paulo, não pôde se vangloriar de cumprir rigorosamente o seu programa, debatendo-se com diversas, incertezas especialmente concernentes ao perfil "prático" de seus cursos, tendendo, como a maioria dos Technische Hochschulen, a uma aproximação ao acadêmico e à admiração pelas universidades germânicas e seu culto às ciências puras.

O projeto de Paula Souza (n. 9) se transformaria na Lei n. 64 de 17 de agosto de 1892, criando assim uma situação de coexistência das duas leis que mandavam que fossem criadas escolas de engenharia em São Paulo, já que a Lei n. 26, trazida de novo à ordem do dia por Pujol, com seu substitutivo, não fora revogada. A solução encontrada foi fundir as duas leis em uma, tarefa da qual se encarregou comissão formada pelos engenheiros Francisco de Salles Oliveira Jr. (1852-1899), Coronel Jardim e Theodoro Sampaio, resultando assim na Lei n. 191 de 24 de agosto de 1893, que efetivamente criou a Escola Politécnica de São Paulo, definindo sua estrutura inicial. A lei definia a Politécnica como escola superior de matemáticas e ciências aplicadas às artes e à indústria, excluía a escola preparatória e estabelecia duas modalidades de curso: superior, para formação de engenheiros (nas especialidades civil, agrônomo e industrial), e de artes mecânicas, para formação de mão-de-obra técnica, voltada para aqueles desprovidos de estudos ginasiais. Para o posto de diretor da escola, segundo carta encontrada por Loschiavo, Francisco de Salles Oliveira Jr. convida o engenheiro civil Alfredo Lisboa, formado pela Universidade de Gand em 1873, que declina[75], "deixando o caminho livre para Antônio Francisco de Paula Souza tomar a frente da escola e pô-la em funcionamento em 1894".

Nesse primeiro momento, de inícios das atividades da escola, formar-se-ia uma espécie de equipe de implantação dos cursos composta pelos engenheiros Luiz de Anhaia Mello, formado pela Escola Politécnica do Rio de Janeiro, designado vice-diretor; Francisco de Paula Ramos de Azevedo, engenheiro-arquiteto pela Universidade de Gand; João Pereira Ferraz, engenheiro civil pela Escola Politécnica do Rio de Janeiro (1876); o mesmo valendo para Francisco Ferreira Ramos (1886), Manoel Ferreira Garcia Redondo e Carlos Gomes de Souza Shalders (1884). O quadro docente, que se previa atingir o número de 22 lentes catedráticos, 14 substitutos e 8 professores das aulas de desenho, veria suas vagas serem preenchidas paulatina e cuidadosamente, submetidas à vigilância atenta de Paula Souza[76]. E era uma equipe respeitável, que reunia expressiva parcela dos capitais simbólicos acumulados pela engenharia em São Paulo, quer em termos de formação escolar, quer de reputação profissional. O que significava um certo poder de controle sobre algumas das posições mais importantes do mercado de engenharia. Do mesmo modo como os capitais políticos e a reputação técnica de Paula Souza facilitariam as liberações de recursos públicos para a escola[77], além de provê-la de uma certa capacidade de resistir a tentativas de modificá-la segundo pontos de vista externos (a partir do legislativo, por exemplo), as posições ocupadas pelos professores engajados na escola funcionariam, ou tencionavam funcionar, como caminhos facilitadores para a obtenção de postos para os engenheiros politécnicos. É o que parece evidenciar a simples consulta do perfil desses professores: Luiz de Anhaia Mello, industrial, controlador da fábrica de tecidos conhecida como Fábrica do Anhaia[78]; Ramos de Azevedo, arquiteto oficial da cidade de São Paulo, dono do principal e mais prestigioso escritório técnico da cidade; Garcia Redondo[79], engenheiro ferroviário com grande experiência na construção de ramais, além de ser então engenheiro fiscal da Sorocabana etc. Já João Pereira Ferraz, após ocupar postos no Rio de Janeiro, vem para São Paulo em 1892, assumindo a chefia da Comissão de Saneamento do Estado, passando em seguida para a Comissão Técnica de Melhoramentos Municipais de São Paulo, permanecendo no cargo até 1897. Trabalharia ainda, de retorno à Comissão de Saneamento estadual, na retificação do rio Tietê e no saneamento da várzea do Carmo.

A esses nomes viriam se juntar, por exemplo, os de Victor da Silva Freire, a partir de 1899, diretor de obras do município da capital; Edgard Egydio de Souza, que chegaria a superintendente da Brazilian Traction, depois de longa carreira na Cia. Light and Power de São Paulo etc. Recrutando seus professores entre os agentes que ocupavam posições de mando em repartições públicas ou em organizações econômicas privadas, fazia-se com que as aulas da Politécnica fossem estruturadas segundo temperamento e disposições similares aos que presidiam os possíveis ambientes de trabalho dos engenheiros formados, dada a coincidência entre professores e "chefes". O que tendia a promover uma espécie de ajustamento prévio entre as disposições dos candidatos a empregos técnicos e as expectativas fundamentais, fossem elas as dos próprios candidatos, ou as dos "chefes".

O primeiro regulamento, derivado da lei que criou a escola, duraria pouco mais de um ano, já que o corpo docente, por meio da Congregação, resolveria substituí-lo, recomendando que

> a divisão feita dos cursos, bem como o programa de ensino de cada um deles, sejam modificados, de modo a poderem corresponder melhor às exigências de um ensino prático de resultados imediatos, que dêem à escola feição, tanto quanto possível, amoldada à índole das instituições congêneres do estrangeiro, colocadas pela experiência de muitos anos de trabalho, no ponto de progresso e desenvolvimento em que atualmente se acham[80].

A escola se constituiria então na forma de um instituto politécnico com departamentos especializados, que pretendiam se ajustar às demandas econômicas efetivas. Inicialmente, são oferecidas formações que dizem respeito aos ramos tradicionais da engenharia da primeira metade do XIX: obras públicas, engenharia civil (engenharia ferroviária) etc., tanto quanto aos interesses da agricultura (agronomia, mas também topografia). Somente a partir de 1911 as disciplinas associadas à 2ª. revolução industrial (eletricidade e química) ganham direito à cidadania, ou seja, transformam-se em formações específicas.

O decreto n. 270-A, de 20 de novembro de 1894, reestruturaria completamente a escola, constituindo-se um 2°. regulamento. Surge um curso chamado fundamental (3 anos), que se desdobrava em dois: o preliminar (1 ano), cujo término dava direito ao diploma de contador, e o curso geral (2 anos), ao fim do qual era concedido o título de Engenheiro Geógrafo. Além disso, a passagem pelo curso preliminar, seguido pela habilitação na 4ª. Cadeira do 1°. ano do curso geral (Física Experimental e Meteorologia), na 2ª. Cadeira do 2°. ano geral (Topografia e Elemento de Geodésia e Astronomia) e na aula de "Desenho Topográfico e Elementos de Arquitetura" dava direito ao título de Agrimensor. Superado o preliminar, os alunos optariam por um, ou, eventualmente, mais de um, dos seis cursos especiais que passavam a ser oferecidos: engenharia civil, agronômica, industrial, de engenheiros arquitetos, além dos cursos técnicos profissionalizantes para mecânicos e maquinistas[86]. Reformas subseqüentes levariam a mudanças na estrutura da escola, das quais as mais importantes, para o período que concerne este trabalho, parecem ter sido a de 1911, na qual se dá a criação do curso de engenheiros mecânicos-eletricistas (nome que em 1918 resume-se a "engenheiros eletricistas") e transferência do curso de agrônomos para a Escola Superior de Agricultura de Piracicaba; a de 1918, que cria o curso de engenheiros químicos; a de 1925, que extingue o curso de engenheiros industriais; e a de 1940, quando foram criados os cursos de engenheiros mecânicos e de minas.

De fato, essa reivindicação de um modo de organizar uma escola de engenharia, supostamente divergente em relação à Escola Politécnica do Rio de Janeiro, tinha um quê de desafio, situando a nova escola fora do campo de influência da sua congênere carioca. Como o Decreto Federal n. 1232F, de 02 de janeiro de 1891, concedia a possibilidade da organização de escolas superiores "livres" nos estados, impondo a elas, no entanto, como condição para que se equiparassem às escolas oficiais (federais) e tivessem seus diplomas reconhecidos pelo estado federal, a adoção dos programas das escolas oficiais, elevados a padrão nacional, o que significava para o caso da engenharia a estrutura curricular da Politécnica do Rio de Janeiro, privava-se a escola de engenharia do estado de São Paulo desse reconhecimento federal de seus diplomas. Restrição cujo único resultado prático foi a impossibilidade dos engenheiros politécnicos paulistas de ingressar como funcionários ou comissionados no serviço público federal, o que não chegava a ser um grande prejuízo, tendo em vista o vigor do mercado de engenharia em São Paulo. Tal situação persistiria até o ano de 1900, quando um decreto especial concede equiparação à escola paulista e à Escola de Engenharia de Porto Alegre, mesmo sem se submeterem ao padrão.

Com o 2º. regulamento, cumpria-se o espírito do projeto original de Paula Souza, que previa um curso preparatório inicial, para remediar os déficits de conhecimentos, inevitáveis em um corpo discente exageradamente heterogêneo, dada a heterogeneidade da educação primária e secundária de então, tanto quanto servir aos desígnios de uma formação pragmática, como se diz em relatório enviado ao presidente do estado, de rápidos resultados, que permitisse ao aluno iniciar-se na profissão, em um mercado de trabalho que raramente iria lhe exigir conhecimentos técnicos ou tecnológicos complexos.

Ora, isso teria também efeitos no modo como se organizava o campo da engenharia, já que criava, entre os egressos da Escola Politécnica, uma diferenciação hierarquizada, que tendia a reproduzir as hierarquias sociais, já que quanto menores os recursos materiais com os quais os alunos pudessem contar, maiores as probabilidades de terem que interromper o curso para "ganhar a vida", fazendo valer os diplomas do curso preparatório, ou terminarem engenharia a duras penas e sem brilhantismo, formando assim uma massa de *ratés*, mas também de indivíduos de origem tão humilde que mesmo essa condição de subalternidade significava grande elevação de seu estatuto social. Eram criadas assim escadas de ascensão diferenciadas. A "engenharia social" posta em prática na construção da politécnica era de molde a ajustá-la às hierarquias sociais, transformando-as, já que a elas impunham novas categorias de visão e divisão, mas conservando-as, já que por meio dela os politécnicos tendiam a se dividir entre os destinados à subalternidade e aqueles destinados aos postos de decisão e liderança.

Assim, conforme os cursos transcorrem e toda uma estrutura de gabinetes de pesquisa e oficinas voltados para o ensino prático vai se estabelecendo *pari passu*, a Escola Politécnica de São Paulo passava a funcionar como uma espécie de centro gravitacional dos engenheiros paulistas. Para que isso ocorresse, três fatores parecem essenciais: em primeiro lugar, a produção de saber autorizado pela reputação de seus professores e sofisticação de seus laboratórios, que resultava em conhecimentos profissionais, supostamente sempre renovados[82], dando-lhes assim um poder de deslizar sempre para um ponto além da capacidade dos leigos ou práticos de absorvê-los; depois, a concentração de capitais de reconhecimento, trazidos pelos professores, que se institucionalizavam por meio da escola, sendo, ao mesmo tempo, incorporados a ela, multiplicados pelo caráter sacralizador da chancela conferida pela autoridade do estado e distribuídos aos engenheirandos na forma de diplomas, espécie de objetivação dos cabedais incorporados no processo de aprendizado (que retorna à escola no momento em que engenheiros formados por ela são reincorporados como professores)[83]; por fim, os procedimentos pedagógicos de seleção e classificação de alunos, que lhes davam um senso coletivo de pertença, mérito e adesão, fundamentais para fazer reconhecer sua origem, ou seja, para que se percebesse o estilo da politécnica inscrito em seus corpos. Restava, pois, fortalecidos por essa posição privilegiada, submeter à força as demais posições, fazendo com que elas se pusessem em seu devido lugar. A Escola Politécnica definia-se assim como um ponto de atração/repulsão.

É evidente que um pré-requisito dessa concentração de legitimidade e autoridade era regular estritamente a entrada de novos agentes no jogo, produzindo, a um só tempo, raridade e distinção. É preciso lembrar, aliás, que era o próprio estado (de São Paulo) que investia os formandos do título de "engenheiro", o que dava um valor oficial, sagrado ao diploma, muito embora não houvesse lei que impusesse coercitivamente o respeito a eles, até o ano de 1924, para o estado de São Paulo, e 1933, para o país como um todo[84]. Por outro lado, a essa determinação "externa", somava-se uma interna à formação de engenheiro politécnico, destinada a fazer com que se incorporassem certas disposições no corpo dos engenheirandos.

Disposições essas que significariam uma ruptura com os sistemas de classificação oligárquicos, e fundariam uma nova elite. Nesse sentido, outro caso contado por D'Alessandro indica o modo como esse processo em curso de criação de uma elite diferenciada em termos de marcos identitários se estabelecia no cotidiano da escola. D'Alessandro refere-se a um certo aluno, de nome ilustre (que não é declinado), "não dessa ilustração provinda de justas e torneios acadêmicos, mas conquistada nas lides da política de então". Segundo D'Alessandro, tal herdeiro "não se esforçava muito para manter o brilho do nome que carregava e deixava correr o ano, embalado na esperança de um milagre talvez". Afinal, para "ocasiões, como essa, é que ele se chamava: Fulano de Tal Carapuças Filho"[85]. Fato é que, no dia dos exames orais de matemática, estaciona à porta da escola carro possante do qual salta o ilustre pai, que, ato contínuo, manda que seu cartão chegue ao professor de matemática Carlos Shalders, e dirige-se à sala de exames, onde é recebido com deferência e cortesia pela banca, tendo sido oferecida cadeira para que pudesse assistir à performance do filho. Vem o resultado final: reprovado.

O episódio, que provavelmente ocorreu no ano de 1917, parece ter corrido a escola, tornando-se conversa corrente. Ele comporia acréscimos e interpretações produzidos pelos interesses identitários dos estudantes politécnicos. Todavia, o que está em jogo não é a apuração factual do episódio, se foi ou não pedido a Shalders, formalmente, que o filho ilustre fosse favorecido, em nome dos capitais políticos do suposto demandante. Já é suficientemente significativo o testemunho de D'Alessandro segundo o qual o caso se tornou parte do conhecimento comum da escola, a ele se aderindo uma série de valores, como o da sua impermeabilidade a favorecimentos de estudantes demandados em respeito a seus "capitais" familiares; da igualdade de oportunidades; classificação mediante o mérito, justiça etc. Sobretudo, interessa a demonstração de um certo ressentimento contra aqueles que desejam transferir as vantagens advindas da posse de capitais políticos ou econômicos para o ambiente politécnico, bem como o aparecimento de uma noção difusa de identidade que une pelo mérito, trabalho, esforço e competência técnica, opondo-se à arrogância do poder oligárquico, isto é, do não-trabalho. Ou seja: trata-se de uma modalidade de diferenciação de elites.

Daí advém as enormes dificuldades impostas aos alunos, antes que pudessem obter diploma de engenheiro politécnico em São Paulo. Exemplos desse mecanismo de seleção e formação de "aristocratas pelo mérito", pela imposição de sacrifícios e princípios hierárquicos, são descritos tanto nas memórias do engenheiro A. Pedro da Veiga Miranda quanto nas do engenheiro politécnico Alexandre D'Alessandro. Aliás, o mesmo D'Alessandro identificaria três "barreiras", "verdadeiros saltos de obstáculos" que selecionavam os estudantes ao longo do curso politécnico em sua época: o professor Shalders, no preliminar; San Tiago, no 1°. Geral (cálculo); e Roberto Mange, no 2°. Especial (mecânica aplicada)[86]. A existência de tais "barreiras" servia não apenas para certificar o aproveitamento dos estudantes durante o curso, mas, principalmente, para valorizar o diploma, constituindo uma espécie de ritual de passagem apto a produzir um sentido de pertencimento à classe dos engenheiros e à turma. Quanto a Miranda, ele recordava-se comovidamente da

(...) manhã de 1°. de setembro de 1898, quando pela primeira vez ouvi a preleção de um dos lentes, no primeiro degrau da lata subida que audaciosamente se resolvia a encetar. Éramos 74, (...) 74 espíritos em crisálidas, que nos iniciaríamos pelo curso preliminar nos primeiros mistérios dessa maravilhosa religião da ciência. 74! Quanto ruído, quanto bulício, quanta esperança... E quanta fraternidade pelo decorrer daqueles seis anos, ao vermos rarefazerem-se as nossas fileiras, deixando-se ficar retardatários os que não desenvolviam o esforço preciso ou não haviam trazido o cabedal necessário de aparelhamento elementar: à medida que marchávamos mais nos sentíamos em menor número, a nossa solidariedade crescia, o nosso mútuo apreço se intensificava. De sorte que, ao atingirmos, no fim dos seis anos, o ponto culminante da carreira, quando dos 74 não havia mais do que 8 em forma dir-se-ia que não éramos 8 camaradas, 8 amigos – éramos 8 irmãos, identificados por tanto tempo carinhosamente, sob a direção paternal dos nossos caros lentes[87].

O próprio modo como o curso desenrolava-se então era de par a criar vínculos de fidelidade à escola (as dificuldades vencidas agregam valor ao diploma, objetivação de mil esforços), espírito de grupo (que seria mobilizado no momento em que, ocupando posições elevadas, os politécnicos pudessem mostrar estratégias práticas semelhantes, que tendiam a reforçar a sua proeminência como grupo), ao mesmo tempo em que levava à incorporação das hierarquias no corpo dos agentes.

Alexandre D'Alessandro narra um episódio envolvendo um professor substituto – egresso da própria Politécnica – e um aluno com poucos recursos:

(...) havia naquele tempo, a freqüentar o curso com alguma dificuldade, certo aluno que já estava casado e trabalhava nos escritórios de uma grande indústria de São Paulo, para se manter a si e à família que constituíra.

O aluno em questão trabalhava na Antártica e obtivera de seus patrões uma certa facilidade de horário que o permitia freqüentar as aulas, "com grande sacrifício de sono e alimentação". Tal fato, já de conhecimento da turma chegou aos ouvidos de certo lente substituto. Este faz um elogio da força de vontade do rapaz e conclui dizendo que se fosse possível alguma proteção nos exames, esta seria dada ao moço tão esforçado. Sabendo do elogio, o rapaz redobra seus esforços, mas eis que sobrevém a epidemia de gripe espanhola (1917), dizimando parte substanciosa da população da cidade e levando outros tantos ao hospital. E isso ocorre justo quando se aproximava a época dos exames orais. Assalariado na Companhia Antártica Paulista, o rapaz participa do esforço empreendido pela firma, que mobiliza seus recursos na assistência aos atingidos, caindo ele mesmo doente, quase no final da epidemia. E aqui está todo o drama. Ao contrário das demais instituições de ensino, a Politécnica não aceita o subterfúgio da promoção automática de seus alunos, insistindo em submetê-los aos exames. De modo que,

"(...) não tendo havido outra alternativa, todos (...) puseram a confiança na indulgência dos professores". Por obra do acaso, os primeiros exames do aluno esforçado o colocaram diante justamente do professor que o havia elogiado.

E explica Alexandre D'Alessandro:

(...) quando um professor, num exame oral principalmente, quer perder o aluno, basta-lhe cruzar os braços e não proferir palavra. E foi exatamente isso que ocorreu. Depois de ter ajudado outros quatro a se safar das dificuldades, calou-se o professor diante do esforçado. Passam-se quinze minutos e, dirigindo-se à banca, proclama o professor: "– Esse moço não pode estudar Engenharia; ele é casado e tem grandes encargos de família. Trabalha muito e não lhe sobra tempo para estudar! É uma ilusão a sua tentativa de freqüentar a escola..."

O aluno abandona o curso[88]. As condições de socialização vividas na Escola Politécnica aparentemente serviam para inculcar certas disposições, para regular e para selecionar os candidatos a participantes do jogo, no campo da engenharia. Isso sem ter que passar necessariamente pela codificação de regras estritas no interior da instituição, ou obedecer a um plano preestabelecido. Provavelmente, não é o desejo da pilhéria que motiva o professor – como insinua Alexandre D'Alessandro – ou alguma disposição sádica, mas um zelo pelo capital simbólico distribuído pela Politécnica e uma percepção do desajuste entre a posição esperada para um engenheiro politécnico e a posição inferior da qual se origina o aluno esforçado.

Na Escola Politécnica, portanto, a conjugação de estruturas produtoras de conhecimentos a serem incorporados à prática profissional, concentração de capitais simbólicos na figura do corpo docente, com a formação de engenheiros munidos de um "conhecimento comum" atestado pela passagem por exames rigorosos, legitima uma reivindicação de autoridade e legitimidade sobre toda uma dimensão das práticas sociais, aquelas produzidas pela ou anexadas à discussão técnico-científica. Autoridade e legitimidade que seriam mobilizados para impor mudanças na forma como o trabalho técnico era organizado, exatamente em um contexto de mudança de base técnica e aplicação tecnológica na construção e administração das estruturas materiais, que passavam a sustentar tanto o cotidiano das populações quanto as forças produtivas da sociedade.

Impunha-se aos politécnicos a tarefa de levar o campo da engenharia paulista a uma situação de autonomia frente ao mercado, ou seja, de fazer com que a produção e distribuição dos trabalhos de engenharia fossem reguladas a partir de princípios decididos pelo campo, e não moldada pelas demandas externas, fossem elas de consumidores, ou empregadores. Estava em jogo a definição de um poder discricionário a ser exercido pelos engenheiros politécnicos e congêneres, o que significava o exercício de um monopólio sobre a capacidade de produzir engenharia e julgar a qualidade dessa produção. O argumento subjacente é o de que o consumidor leigo não estaria capacitado para discernir e julgar a qualidade do trabalho de engenheiro, dado seu caráter especializado, quase sempre desenvolvido em linguagem matemática.

A centralidade e a diferença da Escola Politécnica no campo da engenharia seriam afirmadas em meio a diversos conflitos, que visavam quer o estabelecimento (ou descobrimento) de distâncias entre as posições no espaço social, quer a demarcação de fronteiras em relação a instâncias e agentes situados em territórios contíguos aos ocupados por ela. O que passava muitas vezes pela tentativa de avanço sobre o território "inimigo" e conquista imperialista. Caso dos mestres-de-obras, construtores práticos, engenheiros estrangeiros que vinham exercendo seus ofícios desde principalmente a década de 1880, cuja competência para fazer trabalho de engenheiro não cessa de ser contestada, mas cujo valor na execução de certas tarefas não é colocado em discussão, desde que se conformassem a uma posição subalterna em relação à do engenheiro formado em escola oficial. Se esse era o caso no que dizia respeito ao "mercado", o posto de principal ameaça à pretensão de centralidade da Escola Politécnica, no que tange à produção do saber, formação de engenheiros e regulação da entrada de novos agentes no campo, foi certamente ocupado pela Escola de Engenharia do Mackenzie College, que funciona a partir de 1896. Basta dizer que as escaramuças de politécnicos contra o Mackenzie se estenderiam até por volta de 1933, quando a escola de engenharia presbiteriana obtém definitivamente reconhecimento do Estado federal, mediante certas condições.

2. Engenharia, exemplos estrangeiros e *real politik*

If we are to understand the changes affecting contemporary capitalism, and particularly the origins, nature and effects of the technology which helps shape capitalists societies, both in the past and in the present, more attention needs to be paid to the technical workers who conceive, develop and maintain it. (…). As the case studies below illustrate, it is a mistake to assume that the middle class of educated workers such as engineers takes the same form and plays the same role in all capitalist societies or all historical periods. Thus, it is not just the study of technological change, but the study of the very social structure of capitalist societies, that requires bringing the engineers back in.

(Se desejamos entender as mudanças referentes ao capitalismo contemporâneo e particularmente as origens, a natureza e os efeitos da tecnologia que ajuda a modelar as sociedades capitalistas, tanto no passado como no presente, devemos prestar mais atenção nos trabalhadores técnicos que a concebem, a desenvolvem e a mantêm. Como os estudos abaixo mostram, é um erro assumir que trabalhadores educados de classe média tais como os engenheiros se apresentam das mesmas formas e representam o mesmo papel em todas as sociedades capitalistas ou em todos os períodos históricos. Assim, não é apenas um estudo acerca da mudança tecnológica que se exige para reconstituir a figura dos engenheiros, mas o estudo da estrutura social concreta das sociedades capitalistas.)

Peter Meikisins & Chris Smith.
"Introduction: engineers and comparative research" (1996).

It has been truly said that the engineer is the real revolutionist. His work has shrunk the world into small dimensions, and has brought into action forces against which the efforts of statesmen are vain, and even the action of armies and navies is of little avail, since ultimetely economic conditions determine the fates of nations. Legislation and political action may divert, for some time, the forces which are moulding national affairs, but in the long run they must yield to the economic forces which are at work, so that nowadays the engineers, manufacturers, and merchants bring about conditions which have great influence on politics. In no part of the world has this been so distinctly shown as in the countries in the Far East during the latter half of the nineteenth century.

(Tem-se dito com razão que o engenheiro é o verdadeiro revolucionário. Seu trabalho tornou o mundo menor, e liberou forças contra as quais os esforços dos homens de estado são vãos, e mesmo a ação dos exércitos e das marinhas é de pouca valia, na medida em que ultimamente são as condições econômicas que determinam o destino das nações. Legislação e ação política podem influir, por algum tempo, nas forças que moldam os negócios nacionais, mas no longo prazo, devem se submeter às forças econômicas em ação, tanto assim que nos dias de hoje os engenheiros, industriais e comerciantes geram condições que têm grande influência sobre a política. Em nenhuma parte do mundo isso foi tão claramente demonstrado como nos países do extremo oriente na última metade do século XIX.)

Henry Dyer. Japan in the world politics (1904).

Engenharia como fator nas disputas geopolíticas do XIX

Para a engenharia européia, o século XIX representaria um momento de elevação tanto social quanto epistemológica. Uma nota curiosa dessa ascensão, ao menos no que tange ao contexto das nações industrializadas, é dada por uma passagem das *Mémoires de Joseph Prudhomme*, livro publicado em 1856 por Henri Monier.

Si lorsque vous êtes dans le monde, un jeune avocat produit sur vous un effet assez piteux, que doit-ce être lorsqu'il s'agit d'un jeune médecin! L'épithète de pauvre diable voltige déjà sur votre bouche. (...) Mais qu'un jeune ingénieur des Ponts et Chaussées, fut-ce même un simple ingénieur civil, se presente, aussitôt vous supputez les canaux, les chemins de fer qu'il a construits et le nombre d'actions qu'il a dû recevoir; vous n'êtes point fâché qu'il invite votre fille à dancer et vous lui accordez un sourire de première classe s'il daigne faire du bout de conversation avec vous. Cela se conçoit, papa. Dans un temps de machines comme le nôtre, l'ingénieur est roi[1].

(Se quando o senhor está na alta sociedade, um jovem advogado produz um sentimento de pena, o que acontece então quando se trata de um jovem médico! O epíteto de pobre diabo saltita da boca (...) Mas, tão logo se apresenta um jovem engenheiro da Escola de Pontes e Estradas, mesmo que seja ele apenas um simples engenheiro civil, o senhor já adivinha os canais, os caminhos de ferro que ele construiu e o número de tarefas que ele deve ter recebido; o senhor não se incomoda se ele convida sua filha para dançar e concede-lhe um sorriso de primeira classe quando ele se digna a iniciar conversações. Isso é compreensível, papai. Num mundo de máquinas como o nosso, o engenheiro é rei.)

O caráter universal do registro de Monier parece dado na medida em que se deixa rebater em outro, presente em carta escrita por um agente consular do Império do Brasil para o presidente da província de Pernambuco, na qual se descreve as dificuldades da tarefa de engajar engenheiros europeus (sobretudo, franceses) para trabalhar naquela província e, por extensão, em todo o Império, que forma algo como uma imagem especular da primeira.

(...) um tal engenheiro, Exmo. Senhor, podendo hoje na Europa afamar seu nome e adquirir fortuna pela multiplicidade de obras que todas as Nações empreendem afim de darem todo o impulso à civilização, indústria e comércio, não desejam expatriar-se senão debaixo de certas condições que pela sua natureza pertencem só ao Imperial Governo aprová-las[2].

Como se depreende dos dois exemplos, o prestígio dos engenheiros aparece diretamente referido ao mundo industrial (e ao "tempo das máquinas"), mas não necessariamente às máquinas fabris, referindo-se mais claramente à construção civil e ferroviária, responsáveis por parte expressiva das condições gerais de reprodução do capital, notadamente as relativas às redes de comunicação e transportes exigidas pelo mundo industrial, bem como pela manutenção dos grandes aglomerados humanos surgidos após a revolução industrial. Contam também, para essa imagem deslocada da produção industrial direta, os níveis de industrialização da França (pequenos em comparação à líder, Grã-Bretanha) e do Brasil (quase nulos). Em todo caso, o "engenheiro é rei, nesse nosso mundo de máquinas", sim. Porém, o conteúdo universal da proposição (resultante das determinações do mundo industrial) não deve esconder as peculiaridades da história francesa, do contexto francês (e do caso brasileiro, obviamente).

Uma interpretação correta da imagem obrigaria, por exemplo, a levar em consideração a hierarquia das profissões liberais na França, ou melhor, à sua redefinição na segunda metade do século XIX. Nesse momento, mudam os critérios de classificação das elites, que passavam a integrar tanto as novas elites políticas, que seriam produzidas pelo advento do sufrágio universal primeiramente masculino, depois, realmente universal, quanto as elites profissionais, que surgem ligadas às novas ocupações, dentre as quais destacava-se a engenharia[3].

De qualquer modo, a coincidência temporal entre, por um lado, esse deslizamento da engenharia, que, das suas aplicações tradicionais nas obras públicas ou de caráter civil, constrói espaços de atuação nos setores economicamente ascendentes dos estados-nação capitalistas, e, por outro, o próprio processo de expansão geral do mundo industrial, que resultaria no seqüestro da história mundial pelas potências européias, teria levado as pessoas a uma associação, que seria rapidamente incorporada ao senso comum, entre engenharia e progresso (sobretudo o econômico), associação esta que teria muito de verdade, e algo de mistificação. Todavia, a situação particular dos engenheiros em cada contexto nacional ou regional acabaria determinada, quase na mesma proporção, por um lado, pela configuração dos interesses econômicos, mas também sociais, das elites econômicas; por outro, pela forma como os técnicos iriam se agrupar, segundo estratégias que, ao levar em conta os interesses das elites, mobilizava-os em proveito de ganhos de autoridade e de poder discricionário, estruturando assim sistemas de formação de engenheiros os mais adequados possíveis a seus próprios interesses. Parece haver, em qualquer caso, uma correlação entre o modo particular de formação de engenheiros em um país ou em uma região (se em escola de nível médio, superior, ou no sistema *apprenticeship* etc.) e a posição social, as expectativas sociais dos engenheiros, sua "respeitabilidade", ou "honorabilidade".

Nos dois séculos precedentes a engenharia havia sido, sobretudo, militar, em geral, circunscrevendo-se aos corpos de engenheiros do Rei. As formações técnicas ocorriam em cursos para oficiais mantidos pelos Estados, nos quais se ministravam aulas baseadas em geometria, física e matemáticas, além das matérias estritamente militares[4], encontrados na maioria dos países europeus, e que os habilitavam à execução de tarefas variadas, indo das obras públicas, fortificações e construções navais, até aquelas ligadas às vicissitudes dos combates em tempos de guerra, como, por exemplo, a de calcular a capacidade de resistência de uma posição sob cerco (na qual se utilizavam dados referentes às provisões disponíveis para cada contendor); de avaliação das fragilidades das linhas inimigas; de construção de máquinas de guerra etc. Havia, entretanto, outras modalidades mais difusas de trabalho técnico, por exemplo, todos aqueles casos de "engenheiros" de origens bastante heterogêneas, médicos, mestres artesãos, filósofos, arquitetos que aparecem aqui e ali, especializados na criação de artifícios, isto é, na solução de problemas, que envolviam objetos materiais, com arte, ênfase empírica e variado recurso a conhecimentos matemáticos, de física, de geometria etc (ao menos a partir do século XVI).

Pode parecer, à primeira vista, um abuso utilizar o vocábulo engenheiro para descrever um leque tão vasto de experiências, que poderia abarcar desde o engenheiro militar francês do século XVII Vauban, até renascentistas como Leonardo Da Vinci[5]. Entre eles, no entanto, haveria pontos em comum: primeiro, compartilhariam uma mesma literatura composta de escritos que remontava no limite às experiências dos *mechanicus* gregos da antiguidade clássica, os quais se utilizavam freqüentemente dos conhecimentos de geometria para a construção de engenhos de guerra ou fortificações.

Tais escritos chegam à Europa ocidental aparentemente, em sua maioria, já em finais da idade média, muitas vezes por intermédio de autores árabes que, encontrando-os em Bizâncio, acabam por difundi-los ao longo do mediterrâneo, quer na forma de traduções para o árabe, que posteriormente sofrem novas traduções para o latim, ou língua vulgar, quer na de comentários, que muitas vezes adicionam, à experiência grega, as conquistas técnicas dos povos islâmicos. Assim, em 1377, o autor magrebino Ibn Khaldun escreve em seu *Muqaddima* que "pela aplicação dos princípios geométricos, em outros lugares bastante difundidos, que foram construídos os monumentos da Antiguidade que são ainda visíveis. Acredita-se erradamente que os contrutores eram gigantes, do tamanho dos seus edifícios. Isso não é verdade: tais povos antigos recorreram apenas à mecânica".

Logo em seguida, estabelece a ligação entre o Magreb e Bizâncio:

no início, a dinastia beduína precisou, para construir, apelar ao exterior. Quando Al-Walid d'Add-al-Malik quis construir as mesquitas de Medina e de Jerusalem, e sua própria mesquita em Damasco, ele dirigiu-se ao imperador de Constantinopla, que lhe enviou os artesãos necessários[6].

Exemplo talvez mais contundente oferece Al Farabi, cuja obra *Ihsa'u-l 'ulum* ("tratado acerca do recenseamento das ciências"), escrita no século X e traduzida para o latim por Domenico Gundisalvi e Gerard de Cremona na primeira metade do século XII, definiria a engenharia como o método que permite conceber e inventar artifícios para ajustar os corpos naturais, conforme um cálculo e de acordo com os efeitos buscados em sua execução. Tal definição seria retomada quase textualmente na obra de Gundisalvi *De divisione philosophae*, que faria uma boa carreira na idade média, tendo sido utilizada por Tomás de Aquino, Roger Bacon e Gilles de Roma, entre outros[7]. Todavia, é apenas a partir de fins do século XVI que, na Europa ocidental e cristã, se generalizaria uma concepção de engenharia baseada nessa articulação entre um problema concreto a ser resolvido e os conhecimentos científicos e matemáticos. Antes disso, o vocábulo latino *ingenium*, que faz referência à capacidade inventiva do espírito humano, parecia dizer mais respeito a uma arte de fazer, que não passava em geral pela mediação dos universais (as ciências e matemáticas cujas construções de conhecimento reivindicam uma validade universal, independente de tempo e espaço), mas era quase totalmente absorvida pela situação imediata a ser superada, levando inclusive a deslizamentos semânticos na direção de significados como "astúcia", "esperteza", e daí para "trapaça" etc.[8]

É essa implicação essencial da técnica com as múltiplas contingências da matéria envolvidas em uma determinada situação, que parece se constituir em sua característica mais durável, talvez estabelecendo inclusive uma linha de continuidade entre os *mecanicus* gregos e os engenheiros modernos. A engenharia lidaria sempre com uma situação concreta que deve ser problematizada e, ato contínuo, confrontada a um artifício criado para modelá-la segundo finalidades decididas pelo homem, devendo, por isso, ter uma certa durabilidade, antecipando os rigores impostos por novas contingências, ou pela persistência das velhas[9]. Se é o mesmo *ingenium* que está por detrás tanto dos antigos quanto dos novos engenheiros, todo o resto os separa, a começar pelas condições de institucionalidade dos grupos técnicos, as possibilidades de mobilização de recursos presentes em uma sociedade e o *quantum* de poder de dispor desses recursos que se está disposto a conceder a eles.

Por outro lado, a partir de finais do século XVI, matemáticos e homens de ciências preocupam-se cada vez mais em divulgar aplicações técnicas para os conhecimentos abstratos, estabelecendo assim maiores pontos de contato entre as ciências e as experiências técnicas. Paralelamente, com a institucionalização em vários países de modalidades de formação de engenheiros e a publicação de tratados versando sobre as artes técnicas (construção naval, de pontes, estradas, edifícios etc.), é todo um espaço de controvérsia que se impõe, estabelecendo contraditoriamente as condições de surgimento de um espaço do consenso, isto é, de imposição de formas de ortodoxia a partir de instituições que passam a reunir os agentes mais reconhecidos pelas suas capacidades de engenharia, muito embora as próprias características das experiências técnicas (fundadas tanto na repetição de padrões quanto na valorização de novidades) criassem tensões permanentes que tendiam à reformulação constante dessas ortodoxias. Tais institucionalidades, no entanto, continuariam a conviver com as modalidades empíricas da engenharia, vinculadas às artes do "saber fazer" em estágio, por assim dizer, selvagem.

E talvez até se possa conjeturar se a revolução industrial não poderia ser dividida em dois momentos: o primeiro, de arrancada, de triunfo dos empíricos ingleses, o segundo, de expansão pelo mundo ocidental, da consagração das instituições de engenharia continentais.

Aliás, as maquinarias desenvolvidas no século XVIII e que seriam utilizadas em larga escala no século posterior pareciam carregar uma estranha ambigüidade: se, por um lado, foi preciso esperar pelo século XIX para que se construíssem teorias científicas propiciadoras de maior domínio e possibilidade de exploração de suas potencialidades (exemplo: termodinâmica, que é desenvolvida sob o estímulo da difusão das máquinas a vapor), por outro, seriam concebidas a partir de conhecimentos e artes cujos princípios eram conhecidos (controle sobre a energia térmica, movimento de pistões etc.), aproveitados inclusive para a construção dos espetáculos de máquinas[10] e autômatos que já se difundem por volta do século XVII[11].

Dada a partida para a revolução industrial em finais do século XVIII na Inglaterra, restou aos continentais retardatários a questão de obter recursos suficientes para financiar séries infindáveis de experimentos empíricos (na base do método de tentativas e erros, tornados possíveis pela relativa abundância nas ilhas britânicas de carvão e outras matérias-primas) que tinham orientado os artesãos ingleses no desenvolvimento de novas técnicas de manufatura, as quais eram passadas posteriormente de geração para geração de mecânicos ingleses no interior das relações de aprendizagem (mestres/aprendizes)[12]. Isso explica, possivelmente, a quantidade ínfima de manuais técnicos ingleses comparados aos continentais. Ao contrário, para as manufaturas francesas, por exemplo, enquanto não se pudesse dispor de artesãos ingleses contratados[13], tornava-se imperativo, na hora de instalar processos de produção ingleses, poder contar com um conjunto de especificações técnicas sem as quais tarefas como a de construção de um alto-forno, exemplificando com um caso da metalurgia, poderiam redundar em dispendioso fracasso (o forno poderia rachar ao ser submetido a temperatura inadequada e o aprendizado pela experiência prática dos ingleses tomaria tempo e dinheiro em demasia etc.).

De qualquer modo, se é certo que a base de conhecimentos técnicos sob os quais se erigiu a revolução industrial na Inglaterra não se constituía, de fato, em grande novidade, provavelmente não se deve contabilizar, para a produção de inovações técnicas, peso determinante na sua consecução. O papel fundamental parece então ter cabido a certas condições, sobretudo econômicas, que permitiram o uso intensivo de conhecimentos técnicos, que, em outro contexto, estariam destinados a apenas movimentar bonecos e brinquedos em shows de curiosidade. Para os relativamente atrasados, caso de França e Alemanha, entretanto, o esforço de produção sistemática de inovações técnicas associadas a pesquisas científicas de laboratório, que caracterizará notadamente a experiência posterior da engenharia alemã, teria sido uma saída quase necessária para que se pudesse confrontar com as vantagens que o pioneirismo concedia à indústria inglesa.

Conquanto seja verdade que o século XIX, em especial o seu último quartel, tenha assistido a um enorme salto tecnológico no mundo ocidental, as implicações tecnológicas da primeira revolução industrial ainda são alvo de muita disputa. De fato, não é nada evidente que a Europa anterior ao século XIX pudesse exibir qualquer superioridade sobre o restante do mundo[14], em especial sobre as regiões cultural e economicamente avançadas do sudeste asiático. Provavelmente, China, Índia e Japão a essa época podiam contar inclusive com técnicas agrícolas mais eficientes, que tornavam seus campos mais produtivos e menos sujeitos aos processos erosivos, além de melhores processos de aproveitamento do calor, que minimizavam os dispêndios de combustível (ou ao menos não eram tão dispendiosos como eram as lareiras dos lares europeus, nas quais se desperdiçou boa parte dos carvões ingleses nos inícios da revolução industrial, e foi responsável por boa parte da devastação das florestas inglesas). Mesmo nas técnicas de controle do vapor como força motriz, não teria havido graves disparidades, sendo dominadas desde o século XVII pelos chineses. As vantagens técnicas européias residiriam em aspectos que poderiam parecer, no século XVIII, um tanto quanto periféricos, mas se revelariam fundamentais no decorrer dos processos de expansão industrial do XIX, e que apenas por contingências de difícil previsão acabaram por assim se revelar. É o caso dos instrumentos de precisão, que ficam mais importantes à medida que as máquinas se tornam mais complexas e aumenta a necessidade de melhorar o *standard* das mercadorias produzidas etc.

Segundo pesquisas recentes, dois fatores igualmente contingentes explicariam a arrancada européia do XIX e a divergência ocorrida na história mundial[15]: a) as jazidas de carvão inglesas, abundantes e geograficamente próximas dos centros consumidores; e b) a existência de colônias ultramarinas fornecedoras de fibras têxteis e alimentos em fluxos regulares e em quantidade suficiente. A Europa ocidental teria então conseguido driblar a perspectiva de uma crise malthusiana – na qual a intensificação da disputa pela terra entre as quatro necessidades fundamentais (comida, fibras, combustível e materiais de construção) determina uma pressão tal sobre as bases ecológicas do agrupamento humano que resulta em queda da produtividade do solo, exatamente quando a população a ser alimentada cresce em uma proporção várias vezes superior à da produção de alimentos – substituindo o carvão vegetal e a lenha por combustível fóssil barato e abundante (o que teria um efeito de brecar a destruição de florestas, diminuindo os impactos erosivos) e deslocando sua produção agrícola para as colônias (o que aumentaria a sua capacidade de poupar o solo), especializando sua economia na produção de manufaturas e, depois, de produtos industriais, evitando assim que forças produtivas precisassem se deslocar para a produção de alimentos para manter os trabalhadores industriais. O que, no fim, fundamenta a teoria das vantagens comparativas, de longo curso na história da economia.

Ora, se as jazidas inglesas de carvão podem ser postas na lista de circunstâncias felizes que favoreceriam a Europa no século XIX, a existência das colônias de ultramar tem implicações muito mais complexas, referindo-se aos processos paralelos e plurisseculares de constituição do mercado mundial capitalista e formação dos Estados nacionais europeus, os quais, nos quadros de um sistema de equilíbrio de poder (o chamado "sistema internacional"), competem entre si para captar os fluxos de capital que percorrem o mundo europeu desde pelo menos a baixa idade média.[16] Isso posto, era natural que as condições de competitividade econômica, social ou militar dos Estados rivais fossem objeto de muito interesse para as potências, estimulando extremamente o contrabando de ideais, técnicas e habilidades. Obviamente, a engenharia se incluiria aqui.

Se o caso for esse, talvez a difusão internacional da engenharia, a que se assiste por todo o século XIX, possa ser entendida como parte de um fenômeno mais amplo e de duas dimensões: a primeira diria respeito ao esforço dos Estados que compunham o núcleo orgânico do capitalismo e postavam-se como protagonistas principais no jogo geopolítico mundial, de reproduzir ou superar as condições de competitividade das potências rivais; a segunda, ao imperativo de assimilação dos marcos da civilização européia ocidental pela porção do mundo que, integrada compulsoriamente ao mercado capitalista mundial, transformava-se em sua periferia. Como se sabe, os processos de expansão econômica capitalista do oitocentos foram acompanhados, no plano mundial, pela difusão tanto das novas tecnologias associadas às duas revoluções técnico-científicas, quanto dos princípios basilares do Estado-nação europeu, que passavam a ser dissecados, analisados e descritos em cada uma de suas partes constituintes. A intenção é deles obter uma "fórmula" que os tornassem replicáveis, reproduzíveis[17]. Tais receituários são aplicados, ao longo dos séculos XIX e XX em países diversos, com resultados não equivalentes. Para o caso em pauta, por exemplo, tem-se a proposição "riqueza nacional está para a indústria, assim como a indústria está para a capacidade de engenharia"[18].

A alternativa a esse processo, que se poderia chamar de "europeização", para facilitar, era resistir, fechar-se de algum modo às forças irradiadas a partir do centro orgânico do capitalismo, temendo seu caráter dissolvente sobre as estruturas socioeconômicas tradicionais. Todavia, talvez seja possível argumentar que tal estratégia se revelou catastrófica para os que a empreenderam, quer por determinação própria, como é um pouco o caso da China, quer por contingências quase insuperáveis, como parece ser o caso do Haiti, salvo em casos especiais de Estados favorecidos por uma situação geográfica peculiar, como é o caso da monarquia budista do Butão. Para os demais, a estratégia dominante foi empreender um esforço de explicação e entendimento das origens do poder das potências ocidentais, constituindo "fórmulas" que lhes possibilitassem emular as estruturas políticas, econômicas, sociais e militares ocidentais, integrando-se assim no sistema das nações como protagonistas legítimos e reconhecidos, disputando parte dos fluxos de capital que circulavam pelo globo.

O longo século XIX parece ter imposto aos Estados nacionais periféricos e aos povos não europeus problemas fundamentais que tocavam a própria sobrevivência desses entes, quer como unidades políticas autônomas, quer como povos independentes. Por um lado, os ciclos de expansão do capitalismo, dinamizados pelas duas revoluções industriais do XIX, produziam enormes pressões no sentido de uma inserção compulsória no mercado mundial auto-regulado. Por outro, contraditoriamente, a intensificação da concorrência entre as nações que compunham o núcleo orgânico do capitalismo, especialmente a partir da década de 1870, parecia conduzi-las a negar a "instituição do livre mercado", ao fazer com que pusessem em prática estratégias econômicas autárquicas, que visavam constituir as bases para a auto-suficiência da nação frente ao mercado mundial[19], constituindo um amplo mercado colonial cativo, o que, obviamente, ameaçava a sobrevivência das nações e povos agora convertidos em periferia, como unidades políticas independentes. Em outras palavras, o século XIX impôs às nações periféricas o jogo geopolítico mundial, a necessidade de se posicionar estrategicamente tanto no mercado mundial como no sistema internacional de poder, sabendo que seu bem-estar dependeria da capacidade e qualidade de seu jogo.

Posicionar-se estrategicamente no espaço geopolítico internacional significava que cada Estado nacional deveria doravante levar em consideração a atitude geopolítica dos demais para definir sua própria linha política, tanto interna quanto externa, além de saber avaliar com a máxima precisão possível a posição relativa que cada um ocupava no jogo das nações e as possibilidades objetivas imanentes a essa posição, o que, no fim, passava por toda uma complexa operação de conhecimento. Era claro que, econômica e militarmente dominantes, as potências capitalistas ocidentais estavam na condição de impor sua ordem discursiva e suas instituições fundamentais como balisas da ordem internacional, definindo as regras a partir das quais se dariam os intercâmbios entre as nações. Se a historiografia atualmente define-se pela rejeição de um *telos*, naquele período de intensificação de imperialismos, que marca a segunda metade do XIX, as instituições européias ocidentais deveriam necessariamente aparecer como um *telos* para a periferia, já que seu poder no momento definia o campo do possível e do aceitável[20].

Todavia, não eram apenas os Estados periféricos a se esforçarem para compreender e analisar as instituições dos Estados nacionais dominantes, tornando-as reprodutíveis e passíveis de transposição para contextos diversos aos de origem. Se esse debate empolgava os participantes de processos de implantação do ensino técnico, isso também ocorria nos países industriais já possuidores de sistemas de educação e de trabalho técnico consolidados, mas que se defrontavam com a ameaça de declínio ou atravancamento de sua expansão econômica[21]. O temor constante, no caso, era perder a concorrência industrial para outras nações, perdendo, assim, mercados[22].

Por outro lado, a literatura recente acerca da formação de quadros técnicos em contextos regionais ou nacionais parece levar a um redimensionamento dos nexos entre o estado da economia, da tecnologia, da ciência e o prestígio atribuído aos engenheiros pelos demais agentes sociais (ou melhor, a posição social dos engenheiros em relação aos demais grupos sociais), o qual corresponderia à posição do ofício de engenheiro na hierarquia das ocupações. Mesmo entre países com uma trajetória histórica assemelhada, os processos de formação dos quadros técnicos não foram equivalentes, quando comparados uns com os outros. Tais diferenças estariam ligadas fortemente aos variados universos de expectativas que, em cada contexto nacional, davam aos profissionais de engenharia a noção de um futuro provável, tanto quanto ao modo como teria ocorrido seu processo de estruturação econômica.

Tais "universos de expectativas" seriam produzidos historicamente em meio aos processos de constituição dos sistemas de ensino e de organização do trabalho técnicos, dependendo em grande medida da capacidade dos agentes (no caso, aquilo que se tem chamado de "técnicos", ou seja, engenheiros de várias especialidades, técnicos de nível médio, topógrafos, urbanistas etc.), no sentido de negociarem o controle dos conhecimentos técnicos, de sua produção e ensino, mas também dos interesses que surgem do e no processo de agrupamento desses agentes. Um exemplo clássico: enquanto, na França, o monopólio do título de engenheiro, resguardado durante todo o século XIX pela École Polytechnique de Paris, permitiu aos egressos dessa instituição um domínio assentado em lei sobre parcela expressiva dos altos postos da burocracia estatal e das organizações econômicas particulares, fazendo assim com que o título acadêmico comandasse o mercado[23], nas ilhas britânicas, em contraste, composto o grupo majoritário dos engenheiros por agentes formados na prática por tutores pagos (mestres), seus interesses caminhavam no sentido de um certo menosprezo pelas formações escolares, e conseqüentemente de uma autolimitação do escopo de ascensão social. O que se revelava parte de uma estratégia defensiva dos agentes desprovidos de capitais escolares, que visava prevenir o rebaixamento dos praticantes sem capitais escolares pela entrada no jogo de engenheiros deles dotados. De qualquer modo, parece claro que a formação profissional em engenharia ajustava-se às características das posições às quais os engenheiros se destinavam. E tais destinos relacionam-se à esfera do poder tanto quanto à da economia.

Cópias e adaptações institucionais parecem ter sido freqüentes mesmo entre as potências ocidentais que concorriam entre si pela preponderância entre as nações, ou pela manutenção do equilíbrio de forças internacional. Por vários motivos, a engenharia parece constituir um exemplo interessante desses processos pelos quais as nações identificam vantagens nas concorrentes e buscam entendê-las, a fim de reproduzi-las em seu interior, com maiores ou menores adaptações para a realidade local, ou então procuram criar vantagens comparativas em seu próprio solo, a partir de avaliações objetivas das suas potencialidades.

É assim que Franz Reuleaux, engenheiro mecânico e ex-professor da Eidgenössische Technische Hochschule de Zurique, aliás, na época que Paula

Souza para lá se dirigiu, resume em duas palavras as impressões que os produtos alemães haviam despertado nos visitantes da Centennial Exhibition, ocorrida na Filadélfia no ano anterior: "baratos e grosseiros". Segundo Reuleaux, a Alemanha deveria desistir de competir no mercado internacional baseando-se exclusivamente no oferecimento de mercadorias de baixo custo e, ao invés disso, usar "a capacidade intelectual e a habilidade do operário em apurar o produto e fazê-lo tanto mais interessante quanto mais esse produto estiver próximo da arte".

Sem poder contar com fontes seguras e baratas de matéria-prima, ou formas de escoamento fácil da produção industrial, engenheiros alemães passam a acreditar que, apenas produzindo mercadorias de uma qualidade excepcionalmente alta, seria possível à indústria alemã competir pelos mercados internacionais. Autores como Friedrich Naumann, por exemplo, passavam a defender uma síntese entre o estilo *Arts and Crafts* inglês com a moderna indústria mecanizada. Isso foi o que levou, em 1896, Hermann Muthesius a Londres como adido da embaixada alemã, para estudar a arquitetura, a indústria e o design ingleses. Voltando à Alemanha, une-se, em 1906, a Naumann e Karl Schimdt fundando o Deutsche Werkbund, que após divergências sucessivas daria origem à Bauhaus[24].

Para além disso, basta talvez citar as óbvias associações entre engenharia e indústria (e imperialismo), que se popularizam no XIX, ou ainda as promessas de domínio sobre a natureza, simbolizadas por obras de engenharia, como as que deram origem às ferrovias, aos canais que interligaram os lagos da fronteira do Canadá com os EUA, a ligação Atlântico/Pacífico no Panamá, ou aquela estrutura metálica que marca até hoje o cenário parisiense, contrastando com suas linhas de edifícios de pequena dimensão: a torre Eiffel.

E é baseando-se em parte em uma literatura internacional já consolidada acerca do melhor sistema nacional de engenharia (uso essa expressão também com a desculpa de facilidades, querendo dizer sistema de formação e de disposição da força de trabalho) que, em 1917, o engenheiro Victor da Silva Freire, formado pela Politécnica de Lisboa e depois pela École des Ponts et Chaussées, lente da Escola Politécnica de São Paulo e então diretor de obras da prefeitura de São Paulo, redige uma conferência com o título "A orientação do engenheiro nacional", que será lida nas dependências do recém-fundado Instituto de Engenharia de São Paulo e publicada no primeiro número da publicação da mesma instituição, isto é, no *Boletim do Instituto de Engenharia*.

Victor da Silva Freire e o exemplo estrangeiro

Silva Freire, em "A orientação do engenheiro nacional"[25], propõe-se a diagnosticar os males que acometeriam a engenharia nacional e sugerir linhas de ação que os curassem, tirando lições da história da engenharia tanto quanto da história político-econômica que lhe era recente. Haveria duas ordens de problemas que se abateriam sobre a engenharia brasileira: uma "externa", que constituiria uma "ameaça social" e faria referência às forças sociais externas ao mundo dos engenheiros, e outra "interna", que o engenheiro chama de "orgânica", dando vazão ao oxigênio mental da época. Tratava-se essa última de males cuja cura dependia das próprias ações dos engenheiros, bem como da criação de modalidades institucionais mais adequadas. Silva Freire argumentava que a engenharia brasileira sofreria, de preferência, dessa segunda ordem de problemas. Aliás, ele vai mais longe, sugerindo que a classe inteira dos engenheiros sofreria desses "males orgânicos", aos quais se atribuíam "causas sociais".

Todavia, o que interessa aqui não são propriamente as soluções concretas oferecidas pelo engenheiro, para dar conta dessas "ameaças" às quais a classe dos engenheiros brasileiros estaria exposta. O ponto é que Silva Freire percebia um princípio básico de desenvolvimento tanto da economia de uma nação quanto dos contextos nacionais de engenharia, o qual, no final das contas, acabava por associar vigorosamente engenharia e capitalismo: a idéia de aumento de produtividade, ou, nas palavras de Silva Freire, de máximo rendimento. Escrevendo sobre os motivos que levavam os impérios centrais a resistir (estava-se em plena Grande Guerra, então) contra a "pressão de esforços superiores", o engenheiro atribui esse fato a uma suposta "superioridade da coordenação, da conjugação, da concentração de esforços" que marcaria os adversários da Tríplice Entente:

> É esse o seu segredo. (...) É o aumento, a melhoria do rendimento das forças em jogo, graças ao método, ao "engenho" que prescreve a cada uma o seu emprego a tempo, a horas, no lugar, direção e sentido oportunos.
> A arte do "engenheiro", numa só palavra. A aplicação do método – dizer método é dizer processos científicos – a arte de tirar do esforço, ou substituindo a este seu valor de escambo, a arte de tirar do dólar a maior soma de proveito (...).
> Nada há pois de estranho, e somente é lógico, que fosse ela, entre todas as profissões, aquela que repercutisse mais fundamente a confirmação esmagadora do sistema[26].

Para Silva Freire, como se percebe, a história da engenharia seria caracterizada por um processo de crescente coordenação, conjugação e concentração de esforços, o que, em outras palavras, significava uma correlação entre a engenharia e a busca sem fim pela racionalização dos processos produtivos que põe as economias capitalistas em constante movimento. Para demonstrar a sua idéia, Silva Freire fazia referência às quatro nações que até hoje concentram as atenções dos estudiosos da história da engenharia, constituindo-se, junto com o Japão, os modelos paradigmáticos de organização da engenharia: Grã-Bretanha, França, Alemanha e EUA.

Talvez seja possível visualizar duas linhas de abordagem que, no texto do engenheiro, aparecem mais ou menos delineadas. Primeiramente, Freire quer mostrar a vigência do princípio enunciado em modalidades de funcionamento de economias nacionais, às quais corresponde seu respectivo patamar de desenvolvimento da engenharia. Desse modo, o engenheiro notava a "falta de convergência do trabalho individual" que, segundo ele, marcava tanto a economia inglesa quanto a francesa, e que contrastava com a experiência da indústria germânica. Em França e Grã-Bretanha, cada um dos agentes econômicos operaria sem ligação, perseguindo vantagens imediatas e prejudicando assim os interesses coletivos. Para ilustrar a idéia, o engenheiro citava, para o contexto inglês, o caso da indústria de cimento Portland. Embora possuísse matérias-primas de melhor qualidade, a indústria inglesa havia sido superada pela germânica. Esta, para compensar os barreiros inferiores, havia investido intensamente em pesquisas científicas, aproximando químicos e industriais, e criado a Associação Germânica dos Fabricantes do Cimento Portland, com o intuito de organizar um processo de garantia por normas técnicas. A aplicação da ciência nos processos produtivos havia resultado em produtos de melhor qualidade que os britânicos, enquanto que a definição de *standards* de qualidade adicionava confiança mesmo às marcas sem nome no mercado.

Para o contexto francês, o caso da indústria mecânica. Possuindo os melhores métodos de cálculo, além de excelentes ajustadores e metalurgistas, o que resultava na fabricação de locomotivas extremamente bem acabadas, sólidas e duradouras, todavia postas à venda por altos preços, as oficinas francesas haviam perdido a concorrência com as oficinas dos países rivais. Por quê? Se a indústria francesa, ao contrário dos britânicos, podia contar, graças à qualidade dos seus técnicos, com o fator ciência aplicada, ela falhava no aspecto da organização comercial. Obrigados pelas condições do mercado internacional a produzir em série, os industriais franceses haviam invertido grande quantidade de capital em maquinários. Isso os colocava na dependência da manutenção de pedidos regulares. Ocorre que, com a depressão do mercado externo da última década do XIX, as oficinas francesas foram paralisadas e definharam a olhos vistos e, quando, por motivo da exposição universal de 1900, os pedidos "afluem em massa", elas já haviam perdido parte expressiva de sua capacidade de produção. As locomotivas acabaram sendo encomendadas às oficinas germânicas. Estas, à época da depressão, puderam contar com regulares encomendas das estradas de ferro germânicas, que anteciparam necessidades futuras para ir em socorro das indústrias.

Desse modo, Silva Freire opõe o par Grã-Bretanha/França à Alemanha, que os supera fazendo indústrias, ciência e Estado operarem coordenadamente, como peças de uma máquina[27]. Aparentemente, o que se tem é uma extrapolação do âmbito da engenharia, que passa do domínio dos homens sobre as coisas para a organização técnica da economia. Isso fica mais claro no momento em que Silva Freire anuncia a superação da economia germânica pela norte-americana. Nesta última, repetia-se o fenômeno de coordenação e concentração de esforços entre os agentes econômicos, sintetizados nas expressões "fator ciência aplicada" e "organização comercial". Dava-se um passo adiante e tem-se uma nova modalidade de aumento de rendimento. Citando um relatório de 1904, escrito pelo engenheiro elétrico germânico J. H. West, acerca do "edifício industrial norte-americano", Silva Freire expõe o teor da inovação técnica nesse país. Tratava-se do modo como eram utilizadas as máquinas nas fábricas norte-americanas, em conjugação com os movimentos corporais executados pelos operários. Cada uma dessas fábricas, em especial as de alguma dimensão, baseando-se em estudos próprios, produzia pequenos ajustes e mudanças nas máquinas e as dispunha de uma forma particular para aumentar o rendimento do trabalho e diminuir as despesas tanto quanto possível. São os chamados *attachments*. Ora, isso não é nada mais nada menos do que uma descrição parcial dos princípios da administração científica, tal como formulada pelo engenheiro Frederick W. Taylor. O controle sobre o "fator natureza humana" (o termo é de Silva Freire) teria sido a contribuição particular da engenharia norte-americana ao desenvolvimento da engenharia nas bases definidas por Silva Freire.

Nesse processo, ao longo de quase um século, o próprio sentido da engenharia se transformava. Definida como "a arte de dirigir as grandes forças da natureza para uso e proveito do homem" por Thomas Telford, nos estatutos do Institut of Civil Engineer britânico de 1828, ano em que essa instituição ganhou sua *Royal Charte*, o significado da palavra engenharia deslizava para "a arte de organizar e dirigir os próprios homens", nas palavras proferidas por Morris Llevellyn Cooke, da Cleveland Engineering Society, em 1916[28]. O que não poderia deixar de afetar a visão que se tinha sobre o melhor sistema de formação e organização de quadros técnicos. Repetem-se as oposições e sugerem-se paralelismos: desta vez, no entanto, Grã-Bretanha e França formam um binômio dicotomizado. Do ponto de vista da formação, tinha-se na Grã-Bretanha forte ênfase no aprendizado prático, nas próprias oficinas das fábricas, o que contrasta com o contexto francês, baseado na ponta, nas Grandes Écoles, Polytechnique, Ponts et Chaussées e Mines, com ensino acadêmico e predominância das matemáticas superiores. O contexto germânico viria operar uma síntese da oposição França/Grã-Bretanha, ao mesmo tempo preservando e superando seus antecessores. Era como se, com a experiência norte-americana, a dialética se abrisse novamente, pondo a totalidade da engenharia em movimento e, com ela, a própria história econômica. De qualquer modo, o alargamento do âmbito da engenharia parece palpável na argumentação de Silva Freire: é, sobretudo, obra de mecânicos, na Revolução Industrial, academiza-se e incorpora as matemáticas e a ciência, nas Escolas Politécnicas, torna-se peça fundamental na organização técnica da economia e, por fim, pretende organizar e dirigir tecnicamente os próprios homens. A seu tempo, tais contextos nacionais de engenharia foram tomados como modelos a serem seguidos ou rejeitados. Como diz Silva Freire em seguida:

> (P)or toda a parte (...) (p)rocura-se espiar a organização do concorrente, apanhar-lhe os pontos fortes, eliminar os fracos da máquina da casa. Remaneja-se a formação do engenheiro como fator essencial do êxito na luta dos povos.

Descrições recentes apresentadas pela historiografia não diferem substancialmente das visões de Silva Freire. O interessante no texto de Freire é que permite abordar tanto a questão do sentido da engenharia brasileira e paulista em relação ao processo mundial de difusão dos conhecimentos técnico-científicos, quanto o tema da emulação daquilo que é visto como os melhores sistemas de ensino ou organização do trabalho técnico.

Intervalo:
quatro modelos de formação de engenharia

Em linhas gerais, o sistema britânico de formação de engenheiros, estruturado no curso da 1ª. revolução industrial, manteve-se com características peculiares em relação aos demais países de capitalismo avançado, modificando-se talvez apenas nos anos de 1960, quando os apelos às formações acadêmicas tornam-se dominantes. Sistema no qual predominavam as relações de mestres e aprendizes, quer sob a fórmula da *premium pupillage*, ou do mais humilde *apprenticeship*, com o controle sobre os candidatos a engenheiro exercido pelas associações profissionais, das quais a mais importante teria sido o Royal Institut of Civil Engineer (1818).

O contraponto a esse sistema essencialmente prático fazia-se representar por cursos superiores de engenharia que vão surgindo a partir, principalmente, da década de 1830, dos quais os principais parecem ter sido os mantidos pelo King's College (1839) e pela University College, ambos em Londres, mas que tiveram um papel quase residual, lutando contra a falta de verbas e alunos, além da oposição aberta da comunidade acadêmica inglesa, que expressava o baixo prestígio da técnica no mundo essencialmente antiutilitarista da ciência[29].

O pretendente a engenheiro colocava-se sob a responsabilidade de um tutor/mestre, devidamente ajuizado por associação profissional. Aqui aparece uma primeira diferenciação entre os engenheiros ingleses, motivada pela oposição entre, por um lado, a *premium pupillage*, na qual o estudante era aceito mediante pagamento anual, e inicia seu treinamento em uma firma de engenharia, obtendo experiências desde o chão de fábrica até as altas esferas administrativas, passando pela área de projeto etc., esquema que levava jovens provenientes de altos extratos da sociedade inglesa (que podiam arcar com os altos custos do treinamento, detinham boa formação escolar secundária e relações familiares capazes de fazer com que fossem aceitos em escritórios prestigiosos) rapidamente (o período de treinamento era de apenas três anos) às altas posições da engenharia britânica, em especial às posições administrativas, não técnicas; e, por outro, o simples *apprenticeship*, que se dava algumas vezes mediante modesta taxa, mas na maior parte das vezes era oferecido gratuitamente (o que o abria para a maioria da população inglesa como uma porta de acesso à carreira de engenheiro), e no qual o tutor, no espaço das oficinas da fábrica em que trabalha, vai introduzindo o estudante nas rotinas da produção e nas características de funcionamento das maquinarias. Terminada a fase de aprendizagem, longa, estendendo-se por seis ou sete anos, as habilidades do estudante são validadas (ou não) pela associação profissional, que concede carta de engenheiro aos aprovados.

Obviamente, a maioria dos engenheiros ingleses, que iniciavam suas carreiras nos extratos mais inferiores da profissão e tinham poucas expectativas de ascender acima dos limites do chão de fábrica (muito embora isso não fosse tão incomum), adquiriam seu treinamento no sistema *apprenticeship*, mais acessível, mas não menos concorrido que o de *pupillage*. Tratava-se então de escadas de ascensão diferenciadas.

Tais características tornavam o setor majoritário dos engenheiros britânicos, a um só tempo, bastante vinculados às problemáticas das fábricas onde ocorria o aprendizado e donos de um acervo de habilidades e conhecimentos pouco utilizáveis em contextos diversos ao de seu treinamento, o que significava uma diminuta capacidade de mobilidade horizontal no mercado de trabalho, tanto quanto vertical, no organograma da organização econômica em que trabalhava. A formação prática nas oficinas associava-se também ao próprio estatuto social desses engenheiros britânicos, que os colocavam quase como um ofício manual, um degrau acima dos operários qualificados, sendo o ofício de engenheiro, para estes últimos, uma aspiração possível. Quanto ao sistema de *premium pupillage*, este formava apenas uma pequena minoria dos engenheiros ingleses, em especial, os que se destinavam aos postos de mando, no alto da hierarquia. O mesmo se pode dizer daqueles que podiam contar com formação acadêmica, em geral, destinados a concorrer com os formados por *pupillage* pelo topo da hierarquia das ocupações administrativas ou técnicas[30].

De talhe predominantemente prático, o ensino dos engenheiros britânicos acabava por lhes inculcar disposições de rejeição e desconfiança em relação ao conhecimento teórico, tanto quanto aos poucos egressos de instituições de ensino superior de engenharia, até como meio de defesa de suas posições contra a concorrência dos portadores de formação acadêmica. Nisso eles tiveram sempre o apoio dos empregadores interessados na manutenção do baixo estatuto dos engenheiros britânicos e, conseqüentemente, dos relativamente baixos salários. Por todo o século XIX, parecia quase consensual tanto para empregadores quanto para os próprios engenheiros, bem como para os pais de jovens destinados a essa carreira, que o melhor sistema de formação era o baseado nesse sistema de mestres e aprendizes, em especial, a *pupillage*. Tal desprestígio das formações acadêmicas deve ser um pouco relativizado, todavia, para o período posterior à década de 1860. Nesse momento, abrem-se postos para a administração e obras públicas nas Índias sob o domínio do Império Britânico, que devem ser preenchidos por jovens ingleses mediante concurso no qual se exigia o domínio sobre matérias teóricas de engenharia. O que significou uma valorização das formações acadêmicas e, por extensão, dos cursos superiores técnicos ingleses, que passam a ser procurados inclusive por jovens de origens sociais elevadas.

A experiência inglesa contrasta fortemente com a francesa. Na França, o ensino de engenharia remonta ao esforço do Estado de construir instituições de ensino que produzissem quadros altamente qualificados para os postos mais elevados do serviço público, dentre os quais se deve destacar os Corpos de Engenheiros do Estado. No início do XIX, o nome "engenheiro" é monopolizado pelos egressos da École Polytechnique de Paris, fundada em 1794 com o nome de École Centrale de Travaux Publiques, em pleno Terror. Originalmente projetada como uma escola voltada para o ensino técnico de jovens de origens humildes, ou seja, como parte de um esforço de instituir um ensino técnico e científico no espírito da Revolução, a nova escola visava ao mesmo tempo promover a ascensão social das camadas inferiores da população francesa (daí seu teor revolucionário, ao avesso do elitismo da École des Ponts et Chaussées), e suprir a demanda urgente de engenheiros pela República, tanto para o setor das obras públicas, quanto para a guerra. Tratava-se então de uma escola vinculada ao ministério da guerra francês. Todavia, ainda no ano de 1794, com a queda dos jacobinos e perda de poder do Comitê de Salut Publique, a instituição passa por mudanças sucessivas. Para começar, é rebatizada com o nome de École Polytechnique[31]. O ensino afasta-se do viés prático, voltado para as necessidades imediatas, e assume pretensões científicas, com forte ênfase para o desenvolvimento das matemáticas. Tal mudança de rumos não poderia deixar de ter rebatimentos sociais. A formação assim redefinida exigia estudantes com um preparo educacional fora do alcance para jovens provindos das camadas populares, voltando-se assim para uma clientela escolar composta pelos filhos das velhas e das novas elites francesas. Tal instituição passa a ser caminho obrigatório para os aspirantes a engenheiros que se destinavam ao serviço público. Esses, formados, se dirigiriam para as escolas de aplicação: École des Ponts et Chaussées, École du Génie Maritime e École de Mines. No correr do XIX, entretanto, o estilo acadêmico de ensino politécnico parecia mostrar-se um pouco inadequado às demandas da indústria, o que leva à criação, com fundos particulares, da École Centrale des Arts et Manufactures (1829) e, posteriormente, a diversas experiências privadas ou estatais de criação de escolas (como, por exemplo, as Écoles des Arts et Métiers, de nível médio, forte ênfase prática e estudos teóricos rudimentares), cujos estatutos diferenciais eram organizados em rígida hierarquia definida por regulamentação estatal, tendo como topo, obviamente, a Politécnica de Paris. A decorrência prática dessa regulamentação estatal era a definição diferencial de "escadas de ascensão". Enquanto os politécnicos já começavam suas carreiras em extratos administrativos superiores, e podiam ascender ao topo da hierarquia estatal ou das organizações particulares, técnicos de estatuto inferior iniciavam em extratos inferiores e tinham sua ascensão barrada por "escadas" mais curtas. De qualquer modo, se a identidade dos engenheiros britânicos era predominantemente *blue collar*, a dos franceses era, quase exclusivamente, *white collar*.

A construção de um sistema de formação de quadros técnicos foi parte fundamental do processo de industrialização orientada pelo Estado, pelo qual passa o mundo germânico no XIX. As primeiras escolas técnicas, construídas no início do XIX, no entanto, contavam com um estatuto social claramente inferior ao das Universidades, marcadas pelo ensino acadêmico centrado em humanidades (estudos clássicos) e ciências puras. O plano era propiciar às indústrias mão-de-obra qualificada sem que isso implicasse em mudanças na hierarquia social vigente na Alemanha, em cujo topo encontrava-se a elite de acadêmicos egressos das universidades. O que se observa então é um processo de lutas pela ascensão do ensino técnico ao estatuto universitário, negando o viés prático e útil à indústria, motivo de sua criação, e mimetizando os procedimentos acadêmicos, voltados a atitudes mais contemplativas que pragmáticas[32].

A verdade também é que o baixo estatuto das escolas técnicas e os preconceitos vigentes na sociedade germânica de então, que olhava com reservas para os conhecimentos utilitários e desconfiava do valor ético das ocupações comerciais, tendiam a afastar da formação de engenheiro os filhos dos estratos superiores da sociedade germânica, que detinham obviamente a melhor formação escolar secundária. Ato contínuo, já por volta de 1870, parte do heterogêneo sistema de ensino técnico germânico vê suas escolas se transformarem em Institutos Técnicos Superiores (Technische Hochschule), de grau universitário, com ambicioso currículo e forte ênfase em pesquisas tanto quanto em estudos teóricos de ciências e matemáticas, além de um tempo apreciável de atividade de pesquisa em laboratórios e de trabalhos em oficinas. A reação dos industriais não se faz tardar e eles pressionam o Estado no sentido de obter um suprimento de engenheiros com uma formação mais adequada aos trabalhos industriais, menos custosa, mais flexível e menos educada, o que está, em parte, na origem de transformações fundamentais ocorridas no sistema de formação de engenheiros germânicos ocorridas principalmente a partir da década de 1880: a criação dos Institutos Especializados de Educação Superior (Fachhochschulen), com maior ênfase em formação prática em chão de fábrica, e a guinada de orientação dos próprios Institutos Técnicos Superiores, que perdem algo de seu viés academizante em benefício de uma maior aproximação às demandas industriais. No fundo, havia outras forças importantes em ação que levavam o processo nesse sentido. A concorrência intensificada com as indústrias inglesas e norte-americanas, que levava à procura por possíveis vantagens dos sistemas concorrentes e um certo desejo dos promotores das reformas, muitos deles professores de engenharia que, percebendo a posição consolidada da engenharia na sociedade germânica, pensavam em capitalizar certas proximidades entre engenharia e indústria para conseguir um aumento de prestígio e reconhecimento social.[33]

Na primeira metade do século XIX, França e Grã-Bretanha constituíram um espaço de experimentação inicial cujos resultados se espraiariam pelo mundo, quer pela via da cópia estudada, quer pela atuação de quadros técnicos britânicos ou franceses no estrangeiro. Não é à toa que de início a engenharia norte-americana mimetiza um pouco a inglesa. Boa parte dos primeiros engenheiros norte-americanos (e também canadenses) é formada na prática, durante a construção da malha ferroviária norte-americana, ou dos canais que uniriam os grandes lagos, na divisa com o Canadá. Tais engenheiros civis se organizam em instituições profissionais cujo formato lembra muito as inglesas, encarregando-se elas de parte dos trabalhos de formação e certificação de engenheiros. Todavia, quando o Estado norte-americano pensa em construir sua escola oficial de engenheiros, isto é, a Academia de West Point, encarregada de formar aqueles que constituiriam os US Arms Corps of Engineers, o modelo é a Polytechnique de Paris (que, aliás, havia nascido como escola militar), do mesmo modo que a primeira iniciativa particular de criação de uma escola de engenharia voltada para as demandas da indústria, a Politécnica de Rensselaer, mimetizava as estruturas da École Centrale des Arts et Manufactures, também parisiense. Ora, já na segunda metade do XIX, acompanhando um pouco seu processo de expansão industrial, os EUA assistem a uma crescente convergência entre escolas de engenharia e magnatas da indústria. Estes contribuem com generosas subvenções, ganhando em retribuição um certo controle sobre currículos e práticas de ensino, reproduzindo atitute semelhante à que é posta em prática um pouco antes na Alemanha.

Nos EUA a resolução do conflito entre os modelos britânico e francês resultaria em algo diverso de um e de outro. Como os britânicos, os engenheiros norte-americanos detinham domínio prático dos processos produtivos, mas, ao contrário deles, não se deixaram confinar às posições próximas às do trabalho manual, que significavam baixo estatuto social, na medida em que sua formação escolar passava a contemplar disciplinas teóricas, cujo objetivo era, entre outros, o de propiciar aos estudantes capacidades decisórias e de mando, além de promover o surgimento de agentes portadores de conhecimentos com aplicações supostamente universais, o que permitiria a eles uma maior possibilidade de mobilidade no mercado de trabalho. Tais disposições, somadas a certas características peculiares da sociedade norte-americana tornavam a engenharia uma aspiração natural para os jovens filhos das camadas médias e superiores[34].

Exaustivamente vistas e estudadas pelos contemporâneos, as histórias de constituição de um sistema de formação e organização de engenheiros em Inglaterra, França, Alemanha e EUA formavam no século XIX algo como o campo dos possíveis ofertados às nações, que deveria ser considerado cada vez que se pensasse em criar instituições de engenharia. Assim, por exemplo, pouco depois de fundar a École Polytechnique de Montreal, Urgel Eugène Archambault é levado a definir *les ingénieurs,* que deveriam ser formados por sua escola, contrastando-os aos *engineers* britânicos, aos quais faltariam os estudos aprofundados das matemáticas e das ciências, sendo facilmente confundidos com trabalhadores manuais. Aliás, a École Polytechnique de Montreal parece um exemplo interessante para exercícios de comparação com a Politécnica de São Paulo. Primeiro, porque a escola de Montreal surge em 1873, como um contraponto à escola de engenharia da Universidade McGill, protestante e anglófona, de onde seriam recrutados os engenheiros das grandes indústrias canadenses, que se estruturam naquele momento, majoritariamente controladas por uma burguesia também anglófona.

Um dos grandes impulsos para a criação da escola *québecoise* teria sido a situação de inferioridade vivida pela população de fala francesa e de devoção católica frente à elite anglófona. A idéia era então transformar economicamente a população de língua francesa, pelo estímulo ao surgimento de uma elite com conhecimentos técnico-científicos e a diminuição de importância das formações clássicas, as quais, de raiz católico-jesuítica, dirigiam-se para a formação de "profissionais liberais", médicos ou advogados. Tal problemática de oposição regional e tentativa de transformação socioeconômica pela educação técnica apareceria também nos discursos (e nas práticas) de um Antônio Francisco de Paula Souza, por exemplo, e conseqüentemente, estando na origem da Escola Politécnica de São Paulo. Outro exemplo interessante parece ser a Escola Nacional de Minas da Colômbia, fundada em 1887, na província de Antioquia, província enriquecida tanto pelos minérios quanto pelo café, e que teria uma importância capital nas lutas entre elites regionais pelo domínio do Estado colombiano, lutas essas que acabariam por envolver a própria escola[35].

É provável que contingências geopolíticas ou históricas também tivessem sua parcela de contribuição na escolha do partido a ser tomado em outras experiências de fundação de escolas. Um exemplo da década de 1830: acossados pelas reivindicações européias, os povos do Magreb, liderados naquele momento pela "regência de Tunis", ensaiam uma tentativa de resistência militar através da criação de uma escola para engenheiros de armamento, que será, segundo Eric Gobe, a primeira escola magrebina a passar ao largo das autoridades religiosas. Escola laica, portanto. Trata-se da Escola Militar do Bardo (maktab al-mohandessin), conhecida também pelo significativo nome de École Polytechnique de Tunis, que envolvia em seu programa de ensino tanto as artes militares quanto as ciências e matemáticas, operando no sentido de favorecer a recepção de conhecimentos e novas tecnologias ocidentais. Tal "ambição modernizadora" e europeizante, centrada nas necessidades militares, fracassaria, segundo Gobe, na medida em que não pôde ser acompanhada por um processo de expansão industrial[36]. Igualmente ilustrativa é a história de criação da École Polytechnique du Caire, surgida no rastro da tentativa de conquista napoleônica, nos primeiros anos do século XIX, e que terá, posteriormente, além da enorme influência saint-simoniana, um papel de mediadora entre, por um lado, o interesse francês na cultura, na civilização egípcia, que os leva a conduzir ao Egito, ao lado dos exércitos, missões científicas e culturais, e, por outro, todo um esforço egípcio de combinar os saberes científicos tradicionais com os modernos, ocidentais, produzindo assim uma reconstituição de uma língua científica árabe adaptada[37]. Ela participaria igualmente do processo de formação de funcionários para preenchimento dos quadros da burocracia do Estado tutelado. Ainda no Egito sob tutela, curiosamente, apareceria posteriormente, para concorrer com a Polytechnique na tarefa de educar as elites egípcias, a American University (1919).

A Escola de língua inglesa seria fundada por Charles A. Watson, um filho de missionários norte-americanos criado em Asyut, no Egito, e iniciaria suas atividades com um curso preparatório de nível secundário (*High School*) em 1920, ao que se seguiram cursos superiores em Artes e Ciências, por um lado, e, por outro, em Educação[38].

Todavia, tais demandas por conhecimentos capazes de constituir e administrar instituições políticas ou econômicas de inspiração ocidental pareciam se difundir independentemente de qualquer estatuto colonial, embora freqüentemente sob sua ameaça. Especialmente a partir do último quartel do XIX, a estruturação de um Estado capaz de articular mobilização cívica popular, organização econômica, sobretudo industrial, e máquina arrecadatória com alguma legitimidade, nos moldes do que vinha ocorrendo na Europa, aparecia aos olhos das elites das nações periféricas como a única via capaz de evitar a conquista e o domínio econômico estrangeiro, em uma época marcada pela deflagração de campanhas imperialistas por parte das nações que compunham o núcleo orgânico do capitalismo. Obviamente, uma coisa estava relacionada com a outra. Mediadores entre o mundo dos homens e as ciências que regeriam o mundo das coisas, os engenheiros são aqueles que, ao disporem dos conhecimentos necessários para subjugar a natureza, seriam vistos e se imaginariam, muitas vezes, como um dos pilares do poder das nações. Se o problema da independência nacional é, ao longo da segunda metade do XIX, cada vez mais referido ao seu potencial econômico e a seu estágio de industrialização, torna-se banal julgar o estágio de industrialização e as possibilidades de expansão industrial em uma nação por meio da situação de seu sistema de ensino técnico.

Parece significativo, então, que, no Magreb conquistado, reduzido ao estatuto de colônia francesa, o acesso à educação técnica é interditado aos nativos. Isso com raras exceções. Estas, em sua maioria, terminavam os estudos e amargavam a ausência de postos nos quais pudessem se engajar profissionalmente. Tais postos para engenheiros são, via de regra, restritos aos chamados "engenheiros coloniais" trazidos diretamente da metrópole e que atuariam em atividades do interesse da colonização, como os estudos de topografia que serviriam tanto para as campanhas militares, quanto para a imposição de um novo sistema fundiário na região. Após a conquista, o estado francês convertido em metrópole bloqueará o surgimento, em suas colônias, de indústrias que pudessem concorrer com as francesas, ao mesmo tempo em que tentará impor a elas os limites de uma vocação agrícola ou extrativa, segundo, aliás, os velhos princípios do pacto colonial. Junto com os embaraços ao surgimento de indústrias no Magreb, viriam também, como corolário, as dificuldades de acesso dos nativos ao ensino técnico[39].

Quanto aos "engenheiros coloniais", estes se mostrarão fundamentais, tanto para a consolidação militar da conquista, quanto para a exploração econômica dos territórios conquistados. Em um primeiro momento, para ambos os casos, trata-se principalmente de exercícios de topografia com os quais se mapeiam as regiões conquistadas, obtêm-se conhecimentos acerca de seus pontos estratégico-militares, reordena-se todo o sistema fundiário de modo a permitir que as terras produtivas passassem para mãos francesas e empreendem-se expedições exploratórias a fim de se produzir conhecimentos acerca das potencialidades econômicas das novas colônias[40]. Depois, as oportunidades abrem-se aos engenheiros civis e de obras públicas que projetam as estruturas responsáveis pela conexão dos mercados locais aos metropolitanos. Aqui, o exemplo poderia ser Portugal, cujos engenheiros deslocam-se para as colônias, em demanda dos investimentos portugueses em infra-estrutura, os quais ocorriam com bastante parcimônia na metrópole portuguesa[41].

De qualquer modo, é interessante notar que a profissão de topógrafo, estagnada na França, por conta de sua estrutura fundiária muito solidificada, descreve um rápido desenvolvimento nas colônias, tanto em termos de métodos quanto de possibilidades profissionais. É bastante provável que haja similitudes entre as condições de existência desses engenheiros coloniais e as preocupações dos engenheiros brasileiros. Eles compartilhariam problemáticas assemelhadas, relativas à produção de conhecimentos que viabilizassem controle e exploração racional do espaço. Não é à toa, então, que a primeira experiência de ensino técnico em São Paulo (com uma permanência superior à da aula de geometria que se tentou criar no século XVII) tenha sido o Gabinete Topográfico, em atividade em anos esparsos, entre 1835 e 1846, ou que a especialidade de Francisco de Paula Souza fosse a topografia, tendo publicado livro sobre o assunto e trabalhado como auxiliar de topógrafo nos EUA etc. Posteriormente, a ênfase se deslocaria para obras públicas e de estruturas de comunicação e transportes, compondo parte de um processo de especialização econômica similar ao que vivia o Magreb em relação à França, mas com um estatuto obviamente diferenciado. Isso acontecia no mesmo momento em que, nos centros capitalistas avançados, a ênfase passava a ser a formação de engenheiros para a indústria, tanto como uma resposta a demandas dos industriais, quanto por movimentações empreendidas por parte de frações do magistério (especialmente jovens professores) que viam nessa aproximação entre ensino, técnica, ciência e indústria oportunidades de consolidar suas posições e de posterior ascensão[42].

Considerações geopolíticas atuariam também na história da introdução dos estudos de engenharia no Japão. Após a imposição da abertura dos portos japoneses ao comércio exterior, pelos encouraçados negros do Comodoro Perry, em 1853 e 1854, assiste-se a um vigoroso processo de assimilação da cultura ocidental como estratégia de evitar uma possível colonização, que se revelava uma via de mão dupla: por um lado, em 1868, já durante o período da restauração Meiji, o envio de estudantes japoneses para escolas no exterior torna-se política de Estado, por outro, professores e profissionais estrangeiros são contratados para estruturar sistemas de ensino em molde ocidental.

Para o caso da engenharia, que constituía certamente um dos acervos culturais prioritários para o império japonês, a busca pela transferência de habilidades e conhecimentos foi particularmente agressiva, visando em um primei-

Engenharia e poder

ro momento à aprendizagem segundo a experiência britânica, em um século de hegemonia do Império Britânico e de sua indústria. A maioria dos estudantes japoneses procurava obter sua formação em Londres, muito embora, dadas as circunstâncias da abertura econômica, não chegasse a ser uma surpresa que a Universidade de Rutgers, New Jersey, provavelmente ocupasse o segundo posto.

É assim que, em 1872, o engenheiro mecânico escocês Henry Dyer, formado pela Universidade de Glasgow, é convidado pelo governo japonês para o cargo de Principal e professor da Escola Imperial de Engenharia de Tóquio, que acabava de ser criada, sob os auspícios do Ministério de Obras Públicas do Império. Todavia, a escola organizada por Dyer não repetiria propriamente o padrão de ensino de engenharia britânico, fosse ele o formal (quase inexpressivo), ou, tampouco, aquele baseado na relação mestre/aprendiz (o dominante). Pelo contrário, a escola técnica de Dyer lhe daria a chance de colocar em prática certas concepções, que havia proposto sem sucesso à Universidade de Glasgow, a título de reforma do seu ensino de engenharia, o que o levaria a comentar que a primeira escola de engenharia britânica moderna havia sido criada no Japão. Tal escola seria o paradigma de todo o sistema de ensino de engenharia no Japão[43].

Em síntese, Dyer estruturou um curso de engenharia de seis anos, ministrado em língua inglesa, sendo os dois primeiros básicos, com ênfase em matemáticas e ciências; após isso os alunos seriam encaminhados para os estudos específicos (engenharia civil, mecânica, arquitetura etc.), com dois anos de estudos intercalando disciplinas práticas e teóricas; e, finalmente, dois anos totalmente práticos. Ora, a mesma questão, quase nos mesmos termos e com soluções parecidas, desenvolvia-se ativa e simultaneamente na Alemanha, desenhando, assim, os contornos de uma relação triangular (a referência que Dyer tinha em mente era a do Technische Hochschule de Zurique). O sistema de ensino de engenharia que estava sendo montado no Japão, via Dyer, aproximava-se, assim, do sistema germânico e, por tabela, do sistema norte-americano. A história não é linear, mas parece comportar *telos* práticos, relativos às correlações de forças internacionais.

Uma nota que parece interessante, pelos paralelismos que insinua, refere-se ao edifício da Escola Imperial de Engenharia, que, construído em estilo neoclássico, era tido por muitos como o mais belo de Tóquio, em uma leitura estética bastante europocêntrica. Era nesse edifício, no entanto, que o imperador costumava receber comitivas estrangeiras, como, por exemplo, a que acompanhou o presidente norte-americano Ulisses Grant em 1879, o que, no final, lembra um pouco certo imperador latino-americano e sua predileção por sua Imperial Escola Politécnica do Largo de São Francisco.

Já em 1882, com Dyer de retorno à Escócia, o Ministério da Educação contrata o engenheiro civil canadense radicado nos EUA John Alexander Low Waddel, para assumir a cadeira de engenharia civil da Faculdade de Ciências da Universidade de Tóquio, que constituiu, parece, o segundo ramo do sistema de ensino de engenharia no Japão. Waddel havia se formado engenheiro em 1875 no Rensselaer Polytechnic Institut e conseguido algum prestígio graças a seus projetos de pontes metálicas. Aliás, Waddel chega a protagonizar dura polêmica com os engenheiros britânicos que atuavam àquela época no Japão, bem como com seus discípulos japoneses. A situação é deflagrada com a publicação de um artigo de Waddel no jornal *Japan Mail*, editado em inglês. Segue-se grande número de cartas e respostas. O conjunto acaba sendo publicado na forma de brochura com o nome de *O método norte-americano de construir pontes versus o britânico*[44], livro no qual se pode conferir o tom inflamado do debate, que, de certo modo, valia o controle sobre um mercado para engenheiros britânicos e norte-americanos, bem como para industriais britânicos e norte-americanos (as características das matérias-primas entravam também em discussão). Todavia, mesmo se as paixões influem fortemente, talvez se possa conjecturar que o livro de Waddel acabava por exprimir diferenças marcantes entre os sistemas de formação de engenheiros dos dois países em questão: em um certo momento, Waddel afirma que a superioridade da técnica norte-americana sobre a britânica (que ele generaliza, chamando-a, um pouco impropriamente, de européia) residiria no suposto de que a primeira basearia suas práticas em *scientific methods*, enquanto a outra, em *rules of thumbs*. Mas o que significava esses métodos científicos para a construção de pontes? Ensaio de resistência de materiais, cálculos de resistência estrutural regulamentados, enfim, normas técnicas e estandardização de constantes para serem aplicadas aos cálculos. A mesma diferença de âmbito que separava as engenharias britânica e francesa da germânica e norte-americana, exposta na argumentação de Silva Freire, reaparece aqui, em uma polêmica japonesa entre técnicos ocidentais.

O sistema de engenharia resultante, no Japão, também promoveria aquela síntese da produção e da administração, conseguida por EUA e Alemanha. Como os engenheiros britânicos, os engenheiros japoneses iniciam sua carreira na esfera da produção, junto ao chão de fábrica, onde adquirem até boa parte de sua formação. Ao contrário daqueles, no entanto, ascendem comumente aos postos administrativos, podendo galgar inclusive o topo da hierarquia das empresas. A forte vinculação, embora não exclusiva, dos engenheiros japoneses à esfera da produção, cumpriu um papel fundamental no processo de industrialização do Império, já que deles dependiam tanto a adaptação das maquinarias importadas às condições locais, quanto um pouco mais tarde, a prática de competição industrial que permitiria ao Japão dar um salto na hierarquia das nações: a engenharia reversa.

De volta à "orientação do engenheiro nacional"

Esse mesmo John Alexander Low Waddel, que leva a engenharia norte-americana ao Japão, também tinha lá suas idéias acerca do melhor sistema de formação de engenheiros, bem como do papel que a eles estava reservado no mundo. Após retornar para os EUA, em 1886, condecorado pelo Império japonês, fixa moradia e abre escritório na cidade de Kansas, Missouri, executando, no entanto, projetos de engenharia (na maioria das vezes, pontes) pelos EUA, Canadá, Nova Zelândia, Rússia etc. Em algum momento da primeira década do XX, atravessando um dos membros de sua família dificuldades de saúde, Waddel escreve para um engenheiro estrangeiro do qual as únicas informações que tinha eram o nome, o endereço e o cargo, demandando informações acerca das características climáticas e geográficas de seu país. O engenheiro em questão não é outro senão Victor da Silva Freire.

Aparentemente, Freire envia a Waddel uma profusão de dados e descrições do Brasil suficientes para que merecesse em retribuição uma também abundante e regular leva de textos. Segundo o engenheiro brasileiro (e isso tudo é contado em sua conferência de 1917), ele passa a receber uma cópia de tudo o que Waddel publicava. Nos textos, utilizados por Freire como fonte de informações acerca do contexto norte-americano, Waddel propõe reformas curriculares para as escolas de engenharia norte-americanas que comportavam, além da idéia de um aumento do tempo dos cursos de engenharia, a perspectiva de uma formação continuada, estendendo-se para além do término do curso.

O que demandava tal prolongamento do período de formação de engenheiros era a necessidade, para o exercício da engenharia naquele momento, de conhecimentos aprofundados em humanidades, economia e língua estrangeira. Se a necessidade de humanidades e economia é fácil de ser explicada, tendo em vista a ambição da engenharia por comandar os homens, a necessidade de língua estrangeira (em especial o espanhol) para Waddel toca questões que envolvem os intercâmbios entre as nações e, em particular, lances fundamentais que deveriam ser executados pelos EUA no jogo geopolítico. O que não deixa de atemorizar um pouco Victor da Silva Freire e justificar a escrita de sua conferência de 1917. Freire cita Waddel.

O nosso país está fadado a dominar a atividade das nações latino-americanas; é chegado o momento de nos atirarmos a essa empresa sem tardar. Precisam elas de capital de fora para o seu desenvolvimento; durante o próximo decênio não encontrarão na Europa quem lhes possa emprestar.

E mais adiante:

Se somos nós que iremos dominar a atividade latino-americana, deveremos enviar grande número de engenheiros nossos para tomarem conta de construções importantes, projetar e levar a cabo estradas de ferro, estudar e relatar econômica e financeiramente empresas que envolvam conhecimentos técnicos, aconselhar os capitalistas daqui. De fato, é pelos seus engenheiros que os EUA se apoderarão dos negócios na América Latina; é, portanto, imperativo que a nossa gente domine completamente a língua espanhola[45].

Tais trechos dizem respeito à capacidade de dizer "verdades" que possam ser reconhecidas como verdades ao passarem pelos procedimentos de verificação mais ou menos consensuais, impostos como parte das regras do jogo pelas camadas sociais dominantes dos países dominantes. Não seria, pois, o ato de "relatar econômica e financeiramente" empresas, tarefa para os engenheiros norte-americanos, uma forma de normatizar e controlar a atividade econômica a partir da determinação de sua "verdade"? E verdade validada não apenas pelos procedimentos técnicos, como também pelo poder de convencimento resultante da conexão entre o sistema de formação de engenheiros e o poder econômico-militar norte-americanos.

O que dá a deixa para que se apresente, em chave semelhante, mais um episódio, ocorrido anos depois da conferência de Freire, cheio de implicações e que põe em movimento um sem número de dilemas. O engenheiro Luís Américo Pastorinho é quem conta o episódio de quando trabalhava no DAE do estado de São Paulo, em meados da década de 1940. A capital paulista passava então por terrível enchente. De automóvel, o engenheiro toma o caminho de Parnaíba, descobrindo, ao chegar a seu destino, que as comportas da barragem estavam completamente fechadas, representando desse modo a água do Tietê. O fato é denunciado e se dá, no gabinete do secretário, reunião à qual comparecem cinco engenheiros da Light and Power e apenas Luís Américo Pastorinho, na qualidade de engenheiro do DAE. Os representantes da Light trazem uma batelada de gráficos, dados, plantas, fluviogramas, cálculos etc. Quanto ao Estado, este não tinha um único dado sobre o rio Tietê. O depoimento é do engenheiro:

(N)essa reunião fui completamente derrotado pelos engenheiros da Light, pela simples razão de que às alegações dos mesmos de que estavam com razão, eu não podia responder, porque eles mostravam gráficos, cálculos e trabalhos que eu, evidentemente, não poderia estudar, interpretar e rebater!!

"Relatório da Comissão Especial para estudo das Enchentes do Tietê e seus Afluentes", São Paulo, Câmara Municipal de São Paulo, 1963, In: *História e Energia*, n. 5, 1995, p. 100.

Uma escola americana em São Paulo

Quase sem querer, o debate difuso acerca do melhor sistema de formação de engenheiros, bem como as aplicações práticas dos resultados desse debate, que percorre o mundo, acabavam por constituir algo como um esquema evolutivo dos sistemas de formação, o qual se constituía em uma história da engenharia associada ao próprio progresso da civilização ocidental. Tomava-se assim a engenharia como causa dos êxitos econômicos. Como exemplo, pode-se inferir que o sucesso das indústrias alemã ou norte-americana, a que se assiste a partir do último quartel do XIX, proporcionava um argumento que se supunha comprobatório da utilidade prática e da excelência dos estabelecimentos de ensino de engenharia daqueles países. A contrapartida para a aproximação buscada pelas escolas técnicas alemãs e norte-americanas das características da demanda industrial por trabalhadores técnicos, no caso, foi a exigência da aplicação intensiva das ciências nos procedimentos gerais dos trabalhos técnicos, que transferia para as escolas de engenharia responsabilidades renovadas, além da autoridade e do prestígio correspondentes. Com o quê, parte dos processos decisórios do mundo industrial passava a depender de conhecimentos desenvolvidos no interior das escolas de engenharia. Isso, posteriormente, levaria os engenheiros norte-americanos a reivindicar, atualizando posições saint-simonianas, o comando da economia nacional tanto do ponto de vista macro, da gestão global das variáveis econômicas, quanto do microeconômico, ou seja, a administração das unidades de produção etc.[46]

De todo modo, qualquer escola de engenharia que surgisse em uma região, tendia a fazer referências àquela história, procurando responder a questão do que era ela, em relação aos modelos prévios de sistemas de formação de engenheiros. Ou seja, produzia-se uma interpolação da nova escola na história da engenharia, procurando atribuir-se valor. Se é assim, a Escola Politécnica de São Paulo constitui sua identidade como uma crítica ao modelo academizante da Escola Politécnica do Rio de Janeiro, fazendo referência à atualidade das Tecnische Hochschulen frente à tradição poderosa, mas supostamente passadista, da École Polytechnique de Paris. De forma similar, pode-se perguntar qual teria sido o sentido da criação de uma escola americana de engenharia na cidade de São Paulo e como ela teria afetado a posição da Escola Politécnica de São Paulo, nesse campo que ela organizava.

A Escola de Engenharia do Mackenzie College, cujos cursos são inaugurados em 1896, constituiu-se na segunda escola de engenharia a funcionar regularmente no estado de São Paulo, e na primeira escola superior de caráter privado no Brasil. Do ponto de vista mais episódico, ela teria sido o encontro contingente, na cidade de São Paulo, de duas trajetórias: a primeira, a do advogado norte-americano John Theron Mackenzie[47], que quando criança teria lido certos artigos sobre o Brasil, escritos por José Bonifácio de Andrada e Silva e publicados em jornais pelo mundo, forjando esse encontro uma espécie de curiosidade durável pelas coisas do Brasil, animado, parece, por um desejo generoso de, inspirando-se talvez no próprio José Bonifácio, ver surgir uma nação próspera ao sul do Equador, produzida pela aplicação das ciências sobre as supostas potencialidades naturais. Esse John Theron Mackenzie colecionaria pela vida inteira informações e notícias sobre o país que ele nunca visitaria, além de cultivar correspondência com o próprio José Bonifácio, com quem compartilhava interesses mineralógicos.

Fato é que, já próspero advogado do Foro de Nova Iorque, John Theron Mackenzie faria figurar em seu testamento dotação de US$ 30.000,00 para que fossem invertidos na criação de uma escola no Brasil, para formar engenheiros informados nas modernas tecnologias do transporte ferroviário. Ao falecer, em 1892, o valor seria acrescido, já que as duas irmãs de Mackenzie, que fechavam o círculo dos beneficiários citados no testamento, para as quais eram reservados US$ 60.000,00, divididos em partes iguais, resolveram acompanhar a idéia do irmão, transferindo assim para o empreendimento, cada uma, US$ 10.000,00. O que elevava a dotação da futura escola a US$ 50.000,00. É claro que tal intenção colocava o testamenteiro em dificuldades: como levar adiante o propósito de seu cliente se isso implicava na criação de uma escola em um país distante e mal conhecido?[48]

É aqui que a trajetória de Mackenzie se encontra com a de uma escola surgida inicialmente como resposta a certos obstáculos encontrados pela missão presbiteriana no Brasil em suas tarefas de proselitismo, devido às restrições a cultos não católicos no contexto do Estado monárquico. Nos anos de 1890, época da

Engenharia e poder

criação da escola de engenharia, a Escola Americana (chamada inicialmente de Protestant School) vinculada à missão presbiteriana, havia evoluído de uma pequena sala da residência do reverendo George Chamberlain, na qual sua esposa Mary Annesley começara a dar aulas, em 1870, a meninas presbiterianas impedidas de estudar em instituições oficiais; para um *college*, em 1886, isto é, uma sociedade civil de caráter laico, criada para administrar a estrutura de ensino constituída até então e ampliá-la, ganhando com isso o departamento de ensino da igreja autonomia frente à missão religiosa. Para o cargo de diretor do *college* é designado o Dr. Horace Lane.

A instituição congregaria assim escolas dos níveis inferiores aos superiores segundo um mesmo princípio pedagógico, ou seja, desde o jardim da infância e o primário aos cursos superiores que se iniciariam com os de ciências e de filosofia, passando pelos cursos de nível "médio", dos quais se destacavam a escola normal, para formação de professores, e o preparatório, ou de "madureza", com vistas à preparação para o curso superior, tudo temperado por "princípios e ética calvinistas". De todo modo, fato é que, começando como um braço educacional (departamento de ensino) da missão presbiteriana, ligada ao Board of Foreign Missions da Presbyterian Church in The United States, com sede na cidade de Nova Iorque, a escola americana paulatinamente ganha prestígio entre as elites paulistas, recebendo, além de alunos talentosos pobres aos quais se concediam bolsas de estudo, filhos de imigrantes, especialmente de praticantes de ofícios técnicos e herdeiros de famílias prestigiosas de várias tendências religiosas e políticas, especialmente de republicanos e abolicionistas, contando, aliás, entre seu corpo docente na década de 1880, com a figura dos republicanos e abolicionistas Francisco Rangel Pestana, Júlio Ribeiro e, mais tarde, do padre dissidente Francisco Rodrigues do Santos Saraiva, igualmente engajado nas mesmas lides.

É nesse momento de autonomização administrativa do departamento de ensino que, sabendo que o Board of Foreign Missions mantinha sob seu encargo na cidade de São Paulo uma instituição de ensino a partir da qual se intentava a criação de escolas de nível superior, o testamenteiro de Mackenzie propõe a essa Board a montagem de uma escola de engenharia, tendo em vista a intenção declarada de John Mackenzie de legar parte de sua fortuna para a criação de escola de engenharia no Brasil.

De modo que, em 1887, um grupo de educadores indicados pelo Board de Nova Iorque visita São Paulo a fim de averiguar se o *college* de São Paulo tinha reais condições de abrigar uma escola de engenharia de nível superior[49]. À resposta afirmativa, aceita-se o legado e autoriza-se a criação da escola. Mas uma preocupação ainda persistiria: como postar a nova escola superior, de talhe norte-americano, diante da legislação educacional brasileira, que não previa tal coisa. Recorre-se então a Rui Barbosa para aconselhá-los acerca do melhor modo de instituir-se a nova escola de engenharia, harmonizando-a com a legislação educacional brasileira. O jurista sugere que o *college* fosse incorporado ao Board of Regents of the University of the State of New York, incumbindo tal instituição de fiscalizar o curso e emitir diplomas, como se de escola norte-americana, equiparando-os aos de universidades como as de Columbia, Union e Cornell[50].

Todavia, a prudência dos presbiterianos os faria postergar o lançamento da escola de engenharia, enquanto persistissem dúvidas acerca da recepção que a esperava em um contexto ainda marcado pela presença do Estado monárquico. O que se desvanece em 1889, ano em que a igreja presbiteriana dos EUA autoriza a criação do Board of Trustees of Mackenzie College, de caráter leigo, para a qual se transfere o controle das unidades de ensino no Brasil, exatamente no mesmo momento em que, na recém-proclamada república, simpatizantes da escola americana, já rebatizada de Mackenzie College, ocupam os postos principais da administração estadual e asseguram que a criação da escola viria em boa hora. Logo depois morria John Theron Mackenzie, em 1892. Nesse mesmo ano, Horace Lane viaja aos EUA para receber o legado de Mackenzie, com o qual se inicia, em 1893, a construção do prédio que abrigará a escola de engenharia, o que motivou cerimônia pública que contou com a presença de diversas figuras da política e da intelectualidade paulistas[51]. O término da construção do prédio, em 1896, marca o início das atividades da escola, que seria dirigida nesses primeiros anos pelo engenheiro William Alfred Waddel.

A princípio, o único curso oferecido pela escola seria o de engenheiro civil, ao qual seriam acrescentados o de Química Industrial (1916), dirigido pelo Dr. Alfred Cowley Slater, o de Arquitetura (1917), organizado pelo arquiteto Cristiano Stockler das Neves, e o de engenheiros mecânicos-eletricistas (1917), cujo responsável foi o Dr. Wayman H. Holland[52]. Quanto aos estudantes, sabe-se que, da primeira turma de sete matriculados, apenas dois formaram-se no ano de 1900, obtendo diplomas emitidos pela Universidade de Nova Iorque, tal como aconselhara Rui Barbosa, o que fazia com que fossem tratados no Brasil como diplomas de estabelecimento estrangeiro. Tal situação perduraria até 1923, quando o Decreto Federal n. 4659-A, de 19 de janeiro de 1923, equiparava o Mackenzie College às suas congêneres brasileiras.

Com o surgimento da escola de engenharia do Mackenzie College, mantém-se a tendência de situar as instituições de ensino de engenharia por referência a uma tipologia definida pelas diferenças entre modelos-ideais de escola nomeados segundo a sua suposta origem nacional, um modo de importação de credibilidade. Significava isso, de certo modo, vincular o espaço das escolas de engenharia brasileiras a um enfrentamento que se fazia no exterior, no qual se contrapunham juízos sobre a eficiência, a utilidade e as vantagens advindas de cada um dos modelos de escola, relacionando-os aos resultados econômicos e sociais que podiam ser averiguados nas nações das quais originavam.

Se a Politécnica do Rio de Janeiro trazia referências de Paris, e a de São Paulo reivindicava inspiração nos Technische Hochschulen germânicas, a escola de engenharia surgida no espaço da antiga Escola Americana e vinculada à Universidade de Nova Iorque obviamente se apresentaria segundo um figurino norte-americano, no caso, uma adaptação do currículo da escola de engenharia da Union University.

O que parecia dar esse caráter norte-americano ao curso de engenharia, além do fato de ele se integrar a uma estrutura de *college*, dotada de unidade pedagógica, e contar com uma preponderância de professores norte-americanos ou brasileiros formados no EUA, era o seu viés marcadamente profissionalizante e aplicado, com estrutura curricular flexível, que se pretendia ajustada às demandas do mercado de trabalho e às necessidades técnicas da economia. Havia também a intenção de articular os pontos teóricos a seus respectivos contextos de praticagem[53]. No caso, se se toma "pesquisa em laboratório", "matemáticas/conhecimentos abstratos" e "praticagem" como as principais variáveis presentes nos diversos modelos de escolas de engenharia, talvez se pudesse dizer que, no Mackenzie, a ênfase recaía na aplicação prática da teoria em ambientes profissionais simulados, como os exercícios no Acampamento de Topografia[54], ou em ambientes reais, representados pelos estágios obrigatórios, que eram feitos em estradas de ferro, na Light and Power, Docas de Santos etc. (muito embora a escola fosse relativamente bem servida de laboratórios, tendo executado diversos ensaios para demandantes externos)[55].

As primeiras turmas de engenheiros formados pelo Mackenzie seriam bastante modestas, variando entre dois, na primeira formatura, e nove, nos anos de 1907 e 1910. Apenas em 1914 é que se superaria a marca, já que nesse ano se formaram 13 alunos. Nos anos seguintes, a dimensão das turmas flutuaria, atingindo um mínimo de seis, no ano de 1917, e um máximo de 39 em 1922. Ao todo, entre os anos de 1900 e 1931, sairiam um total de 493 engenheiros formados pela instituição. Alguns deles terminariam seus estudos em escolas de engenharia nos EUA, especialmente nas de Cornell e Union, ambas do estado de Nova Iorque, pela própria facilidade que tinham como portadores de diplomas emitidos pela Universidade de Nova Iorque.

A maioria deles iria fixar-se na região de influência da capital paulista, embora houvesse casos como o do engenheiro José Ferreira da Silva Júnior, formado em 1906, que, nascido no Amazonas, voltou para sua cidade natal, Manaus, onde desenvolveu carreira, ou o de João Olympio Barbosa, da turma de 1914, catarinense, que retorna a seu estado, em um primeiro momento, mas parte a seguir para assumir posto na Inspetoria Federal de Obras Contra as Secas, em Fortaleza, Ceará. Nos primeiros vinte anos de existência da escola, parece haver uma tendência, com relação à distribuição dos formados, ao seu direcionamento para os trabalhos ferroviários, administração de fábricas e serviços públicos, nessa ordem. Todavia, nesses primeiros anos, deve-se destacar a participação da The San Paolo Tramway Light and Power como grande empregadora de egressos do Mackenzie College. Conforme avança a década de 1920, contudo, aumenta o número de engenheiros que se empregam em indústrias, quer como administradores, quer como técnicos, especialmente nas firmas estrangeiras que se instalam no período, a partir das quais descrevem uma trajetória ascensional, atingindo postos de direção, organizando empresas, ou então engrossam as fileiras de uma crescente classe média como funcionários, *white collars*.

Nessas bases, a presença da Escola de Engenharia do Mackenzie College, que ao final da década de 1920 parece caminhar para afirmar-se definitivamente naquele campo da engenharia paulista, parece ter ocasionado uma espécie de deslocamento na posição da própria escola oficial do estado, na medida em que o caráter "prático" do ensino era objeto de uma ressignificação: se esse caráter prático e aplicado do ensino de engenharia, sobre bases científicas, bem entendido, era a qualidade que fazia com que a Politécnica de São Paulo divergisse da Politécnica do Rio de Janeiro, a mesma qualidade, valorizada em outros termos, diferenciaria por sua vez o ensino do Mackenzie do da escola oficial do estado de São Paulo, que sofria assim um processo de envelhecimento comparativo, ocupando dessa feita o posto que era o da Politécnica do Rio de Janeiro, isto é, o de instituição consagrada, ortodoxa, à qual se contrapõe o desafio de uma heterodoxia renovadora.

Todas essas tensões iriam desaguar nos eventos que levaram à cassação dos diplomas da Escola de Engenharia do Mackenzie College em 1932.

3. Engenheiros e a construção social da crença

A verdade de uma idéia não é uma propriedade estagnada inerente a ela. A verdade acontece a uma idéia. A idéia se torna verdadeira, é feita verdadeira pelos eventos. Sua verdade é de fato um evento, um processo, o processo notadamente de se verificar a si mesmo, sua verificação. Sua validade é o processo de validação. (grifos meus)

William James. *Pragmatismo* (1974).

Sempre que proposições existenciais (a França existe) se escondem sob enunciados predicativos (a França é grande), somos expostos ao deslizamento ontológico que faz com que se passe da existência do nome à existência da coisa nomeada, deslizamento tanto mais provável e perigoso, na medida em que, na realidade mesma, os agentes sociais lutam pelo que se chama poder simbólico, cujo poder de nominação constituinte, o qual nomeando faz existir, é uma das manifestações mais típicas.

Pierre Bourdieu. *Choses dites* (1981), p. 70.

De qualquer modo, ainda no vício do bacharelismo ostenta-se também nossa tendência para exaltar acima de tudo a personalidade individual como valor próprio, superior às contingências. A dignidade e importância que confere o título de doutor permitem ao indivíduo atravessar a existência com discreta compostura e, em alguns casos, podem libertá-lo da necessidade de uma caça incessante aos bens materiais, que subjuga e humilha a personalidade.

Sérgio Buarque. *Raízes do Brasil* (1975), p. 116.

Entre 1893 e 1894, padre Landell de Moura (1861-1928), então vigário de uma paróquia localizada em Campinas, realizaria uma série de experiências com aparelhos de emissão e recepção de sons por ondas eletromagnéticas. Alguns anos antes de Marconi, o padre brasileiro conceberia e construiria aparelhos que lhe permitiriam, sem o concurso de fios, comunicar dois pontos da cidade de São Paulo (avenida Paulista e Alto de Santana) distantes aproximadamente oito quilômetros um do outro[1]. A notícia se espalha e, certo dia, voltando de uma visita a um doente, Landell encontra a porta da casa paroquial arrombada e seu modesto laboratório destruído pela ação de alguns fiéis, que viam, nas experiências de transmissão e recepção de vozes através do espaço, indícios de práticas espíritas, de magia ou bruxaria.

Tal desdobramento, que hoje se julgaria, em certos meios, surpreendente, quase inexplicável ou apenas explicável por meio dos sempre vigilantes métodos antropológicos, teria tido como contrapartida, por parte da sociedade ilustrada do tempo, nada mais do que indiferença e incredulidade. Construtor de diversos aparelhos, alguns patenteados no Brasil e nos EUA (entre os quais um telefone sem fio), padre Landell não obteria em sua trajetória, seja das instituições científicas, seja das autoridades governamentais, ou mesmo da imprensa, nenhuma atenção ou reconhecimento. Para além do registro biográfico, as desventuras do padre inventor parecem índices tanto da situação social das instituições científicas do tempo, quanto da ausência ou fragilidade da ciência nos sistemas de classificação populares. O episódio põe em relevo, e de um modo um tanto quanto patético, os processos sociais de construção da autoridade, isto é, das condições que tornam possível que este ou aquele agente, ao proferir palavras, produza efeitos nas estruturas sociais por meio da crença que essas palavras conseguem entre indivíduos ou grupos sociais (condições de felicidade).

Para o caso em questão, talvez seja possível oferecer uma conjectura: Landell não estava autorizado a fazer o que fazia, não dispunha de autoridade para proferir discursos científicos da posição na qual se encontrava (padre da igreja católica). Na verdade, quer em suas experiências, quer em suas pesquisas, ou através de suas palavras, Landell parecia operar uma espécie de confusão, de mistura de espaços sociais díspares (religioso e científico) e, desse modo, ocupar uma posição marcada pela impossibilidade estrutural. Por um lado, os fiéis da paróquia do padre Landell não podiam contar com um *background* que os permitisse interpretar as ações do padre fora do registro religioso, tanto pelo pertencimento do padre à instituição da igreja, quanto pela relativa invisibilidade das instituições científicas (o contrário dependeria em geral de uma grande taxa de alfabetização entre a população).

Por outro, as instituições científicas da época não viam credenciais que habilitassem Landell a um papel de protagonista legítimo nos debates científicos (embora ele as tivesse), fato que era agravado pela pequena densidade das estruturas científicas capazes de viabilizar procedimentos de teste de hipóteses (experiências), o que limitava as controvérsias científicas, no mais das vezes, a um confronto de citações e exegese de autoridades originárias dos principais centros científicos estrangeiros, quando não a simples polêmicas retóricas. Fora dessas duas possibilidades polares (espaço da religiosidade popular católica e instituições científicas) não haveria outros circuitos sociais capazes de julgar ou compreender as práticas de Landell, ou seja, de validá-las socialmente e de fazer com que elas fossem revestidas de crença, independente de sua validade ontológica (o que seria o caso se houvesse uma camada de industriais em competição afeitos à pesquisa de inovações tecnológicas, por exemplo, ou possibilidades de financiamento que permitissem que iniciativas desse tipo frutificassem, como ocorreu com Thomas Edson nos EUA etc.)[2].

No interior dos processos sociais que estruturam a vida das sociedades humanas, a "verdade" parece ser sempre algo a ser colocado em jogo, havendo então poucos bens mais preciosos do que a capacidade de controlar os processos de validação da verdade, de nomear os fatos do mundo, ou seja, de dizer simplesmente as suas "verdades". As sociedades modernas, ao se dividirem em espaços específicos de produção (economia, religião, cultura etc.), parecem ter aumentado ainda mais a dependência dos indivíduos em relação aos que, dominantes nas suas esferas sociais específicas, controlam a verdade legítima de cada diferente parcela da vida cotidiana, dotando esta última, desse modo, de uma certa impressão de estabilidade e fixidez. Ora, essa autoridade que faz com que se possa controlar a "verdade" de um aspecto específico da vida social certamente não é um produto fortuito da natureza, ou uma necessidade emanada de processos históricos que lhe são exteriores. Ela é território conquistado em meio a lutas que visam, a um só tempo, impor categorias de divisão social (grupos, classes, castas etc.), instituir monopólios de grupos específicos sobre determinadas dimensões do real e constituir vínculos de dependência que subjuguem os atores sociais às "verdades" monopolizadas. De fato, para dizer uma "verdade", é preciso que antes tenham sido constituídas as condições de felicidade dessa verdade, ou seja, que os indivíduos que a dizem pareçam autorizados a dizê-la por uma instituição, ou uma convenção, e que os indivíduos aos quais ela é dita possuam um *background* – que pode ser desde o medo de punição para a descrença, o reconhecimento da legitimidade e da presença das instituições, que avalizam tal verdade, até o simples conhecimento de que outros reconhecem como verdade aquilo que é dito, ou, ainda, a exposição durável dos indivíduos a certas regularidades – cuja função é naturalizar o ato de pronunciar a "verdade", permitindo, aos indivíduos expostos ao ato de dizê-la, fazer a economia dos procedimentos de prova, de averiguação de sua validade ontológica.

Para a engenharia paulista de fins do século XIX, tais condições sociais de reconhecimento da verdade e da autoridade da engenharia eram tanto obra a ser construída, quanto objeto visado nas lutas sociais que viriam a ser empreendidas pelos engenheiros. Depreende-se daqui uma série de "tarefas" que vão surgindo à medida que os engenheiros politécnicos se agrupam socialmente, e a luta por reconhecimento, mercado e autoridade (contra práticos, mackenzistas, engenheiros de escolas sem prestígio etc.) fazem com que possam ver com clareza seus interesses específicos: tarefas de agrupamento ao redor da Escola Politécnica, de introjeção de certos valores passíveis de serem reconhecidos pelos leigos nos corpos dos engenheiros por ela formados, de imposição dos sistemas de classificação da engenharia nas estruturas materiais e sociais. Sobretudo, de criação de estruturas de validação da verdade, que certificasse a opinião dos engenheiros autorizados por elas, submetendo as demais opiniões.

E é assim que se pode dizer, exatamente, que a Escola Politécnica estrutura o campo, promovendo o surgimento de um grupo ao seu redor, cujos componentes entretém com os demais agentes do campo da engenharia relações de afinidade ou oposição, ao mesmo tempo em que vão se tornando reconhecíveis socialmente em sua diferença, constituindo estruturas que lhes concedem um certo controle epistemológico sobre a produção do real e da "verdade" sobre ele.

1) A estruturação de um campo da técnica territorialmente associado à cidade de São Paulo e às suas regiões econômica, política e financeiramente tributárias replicava um mesmo padrão observável em diversas outras dimensões da formação social paulista de fins do XIX. Nesse momento, processos homólogos e simultâneos fazem surgir espaços sociais estruturados que compartilhariam entre si não apenas uma certa dependência dos capitais cafeeiros, como também uma certa distância, quase autonomia, em relação ao centro do poder político nacional e pólo irradiador de cultura nacional: o Rio de Janeiro. O enraizamento das atividades intelectuais e artísticas em São Paulo, que buscavam uma atualização frente aos grandes centros de cultura, sem passar pela mediação da Corte, assinalado pela trajetória de Benedito Calixto nas artes plásticas, pelo crescimento

do mercado editorial paulista nas primeiras décadas do século XX, ou, ainda, pela criação de um circuito de produção cultural que, agressivamente, visa uma posição hegemônica no país (modernistas de São Paulo), tem conexões evidentes com a estruturação da economia, a montagem da máquina estatal paulista e, principalmente, com as determinações da política paulista. Esta tinha como escopo evidente a defesa do regime federativo e da autonomia política do estado de São Paulo, o que levou os políticos de São Paulo, inclusive, ao menos a três momentos de mobilização armada: em 1893, por ocasião das instabilidades decorrentes da Revolta da Armada e do Movimento Federalista; em 1910, com a vitória de Hermes da Fonseca nas eleições presidenciais, que gera o temor de uma intervenção federal em São Paulo, a pretexto do massacre dos índios Kaingangs; em 1932, com o movimento constitucionalista. O estado, aliás, seria responsável não apenas pela interiorização de um ambiente intelectual e científico, centralizado em grande medida na capital paulista, por meio da montagem de institutos de ensino, pesquisa e/ou serviços de caráter técnico-científico (o que lhe facilitaria, por exemplo, empreender políticas de saúde pública autônomas em relação às iniciativas federais[3]), "mas também pela abertura de postos de trabalho para os egressos dessas instituições".

Quanto à engenharia paulista, a ruptura com o sistema nacional de alocação de engenheiros, comandado a partir do Rio de Janeiro, começaria a ocorrer logo com a fundação das escolas de engenharia paulistas, a Escola Politécnica (1893) e o Mackenzie College (1894), afirmando-se a partir do processo de agrupamento dos técnicos paulistas em instâncias de representação como o Instituto de Engenharia de São Paulo e, por fim, consolidando-se com a regulamentação estadual do exercício profissional da engenharia em 1924. Com a regulamentação federal de 1933, que cria órgãos de representação corporativos, o sistema Confea/Crea, bem como com a transformação econômica operada pela implantação das indústrias de base em finais da década de 1940, inaugura-se um novo período, com novas configurações de mercado, estrutura ocupacional e esquemas de formação de engenheiros. A partir de então, os engenheiros poderiam fazer economia das lutas simbólicas abertas, porque suas prerrogativas passavam a ser previstas em lei. O que não evitou que certos fragmentos de discursos inventados no período de formação do campo persistissem, compondo ainda parte da identidade profissional tanto de engenheiros quanto de arquitetos, até os dias de hoje.

Obviamente, a interiorização do ensino superior técnico em São Paulo em finais do XIX coincidiria, desse modo, com as maciças inversões no espaço territorial estruturado pelos interesses do capital cafeeiro, bem como no espaço urbano da cidade que constituía o ponto nevrálgico desse território, isto é, a cidade de São Paulo (inversões principalmente em redes de serviços de utilidade pública).

Ora, mas se esses fatores aparecem como indutores das demandas pela organização de uma escola superior de engenharia no estado, esta última se apresentaria igualmente como uma resposta aos seguidos abalos sísmicos que desorganizavam a superfície da economia e da sociedade brasileiras naquele momento (abolição, ascensão e crise da cafeicultura paulista, mudança de regime, encilhamento, esfacelamento de parte das relações de dependência no campo levando ao fenômeno de errância das populações pobres pela hinterlândia etc).

Nesse contexto, os engenheiros, como agentes da racionalização, no entanto, ver-se-iam freqüentemente confrontados com um real fora do alcance das matemáticas e das experiências técnicas com os quais estavam instrumentados. E esse real dizia respeito às complexas relações entre as "oligarquias", que comandavam tanto a economia quanto a política, e as camadas populares heteróclitas, que tendiam, em sua busca pela simples sobrevivência, a procurar ajustamentos às flutuações das conjunturas e mudanças estruturais do país, de um modo quase sempre imprevisto e tumultuado. As respostas dos engenheiros para essas questões parecem ter variado dos ajustamentos que apelam para conhecimentos práticos advindos da pura e simples socialização familiar no espaço social paulista e brasileiro, até a limitação dos problemas a certas variáveis matematizáveis, ficando assim as rebarbas sociais relegadas à simples desconsideração[4].

Cada vez mais, o cotidiano e a economia urbanos dependiam da administração das redes de serviços que sustentavam a vida urbana paulistana. Mas tratava-se de sistemas em expansão, que conviviam de modo mais ou menos tenso com modalidades tradicionais de sobrevivência atualizadas segundo as contingências desencadeadas pelo processo de metropolização tumultuária vigente. A população pobre desprovida de rendas suficientes para lhe garantir acesso às modernas redes de serviço precisava recorrer a fontes alternativas de alimentação, transporte e acomodação se quisesse "usufruir" do direito à localização urbana. O fato de isso ser possível permitia aos administradores das redes voltá-las ao máximo rendimento e lucratividade (já que a população pobre devia "se virar como pudesse"), tanto quanto transformar o problema dos serviços públicos em algo estritamente técnico, impondo a engenharia como linguagem fundamental para a representação do espaço urbano, já que esse espaço passava, no que tange ao uso restrito de seus equipamentos, a funcionar segundo as regras da engenharia. De qualquer modo, nas primeiras décadas do XX, o influxo de engenheiros na política municipal[5] é relativamente forte, evidenciando o modo como os problemas municipais começam a ser encarados paulatinamente como questões técnicas dentro da esfera de atuação dos engenheiros, isto é, o modo como a engenharia e os engenheiros tornam-se "conhecimento comum" que se precisa levar em conta na hora de intervir no espaço urbano[6].

A engenharia, ou os cursos de engenharia, melhor dizendo, apareceriam como parte de um amplo processo de transformação das estruturas de distribuição (desigual) de capitais, passíveis de serem utilizados como instrumentos para a apropriação dos recursos socialmente produzidos (assim como os proprietários de capitais econômicos podem utilizá-los para conseguir aumentá-los, exigindo rendas extras na forma de remuneração de capital, capitais escolares permitem a seus proprietários posicionarem-se vantajosamente no interior das estruturas de distribuição de bens socialmente raros).

Daí a importância das lutas pela proteção legal dos diplomas de engenheiro, bem como da dimensão social das práticas dos engenheiros paulistas de então, envolvidos em complexas negociações pelo grau de autoridade e poder discricionário, que poderiam garantir uma maior ou menor capacidade de valorização econômica para os conhecimentos de engenharia, em relação aos demais grupos sociais que se definiam pela posse de seus respectivos capitais específicos (agricultores, capitalistas, bacharéis, políticos etc.)

Questão tanto mais dramática quando se sabe que a deflação dos preços internacionais do café, acompanhada pela febre especulativa dos primeiros anos da República, foi responsável pela ruína financeira de diversas famílias de agricultores ou de empresários ligados ao capital cafeeiro, tanto quanto pelo espetáculo da dança das fortunas que trocavam de mão a cada dia, o que tornava relativamente comum a utilização dessa estratégia "leopardiana" (que vale também para todos aqueles casos de acomodação de agentes originários das camadas inferiores do espaço social) de conversão de capitais econômicos, social-familiares ou políticos em capitais escolares, no caso, da competência técnica, com a qual famílias em declínio tentavam se apropriar de novos circuitos de reprodução social (pela entrada nos corpos técnicos do estado, pelo domínio técnico dos negócios urbanos, ou, mais marginalmente, pela administração de indústrias etc). Mas esse é um movimento que guarda algumas contradições. Ao permitir que técnicos obtivessem ascendência sobre aspectos importantes da vida econômica e social, tornando-os dependentes de procedimentos técnicos, abrem-se as portas para a possibilidade de que posições antagônicas aos interesses econômicos dominantes ganhassem legitimidade e se tornassem hegemônicas tanto no campo da engenharia quanto no campo do poder.

2) Como mostram Elza Nadai e Josianne Cerasoli[7], a fundação da Escola Politécnica de São Paulo insere-se no âmago do projeto político das elites de São Paulo, havendo conexões profundas entre os interesses dessas elites e certas imagens da engenharia, da ciência, do progresso que servem de legitimação tanto para a Escola Politécnica quanto para os quadros técnicos em geral. É possível acompanhar a idéia, presente nas autoras, de um ajustamento entre as camadas de técnicos e as elites políticas que, supostamente, dominam as estruturas estatais paulistas. Porém, até que ponto vai esse ajustamento? O problema é que, mesmo servindo de esteio para o projeto "liberal" das elites paulistas (das quais, via de regra, os engenheiros faziam parte), havia uma tensão entre o uso das idéias de progresso, ciência, técnica etc. nos discursos das elites políticas e as práticas dos técnicos que ganhavam um grau crescente de autonomia.

Se o discurso da ciência era utilizado para legitimar práticas eivadas de clientelismo e estruturadas por uma lógica provinda do jogo de poder oligárquico (mesmo travestido com roupagens civilizadas), ele concedia, no discurso, um *quantum* crescente de autoridade e visibilidade às práticas dos quadros técnicos, entre as quais, havia muitas que poderiam trazer potenciais dificuldades para a administração de interesses do poder oligárquico (um exemplo óbvio: critérios técnicos são, ou deveriam ser, impessoais. Se contratações para empregos estatais fossem regidas por essa lógica, isso atrapalharia bastante as negociações políticas intra-oligárquicas).

Esgrimidos para legitimar o poder das elites políticas republicanas em São Paulo, os argumentos, que constituem o "discurso da ciência", favorecem a constituição de estruturas de poder técnicas tanto quanto as pretensões de ascensão dos engenheiros no campo do poder. Favorecem de fato a uma demanda pela autonomia da técnica. No entanto, a assunção de que deveria haver, em certas dimensões da vida social, preferência pela argumentação racional (em especial, no interior das estruturas do estado e da economia), segundo procedimentos autorizados por instituições de perfil técnico-científico, para regular as práticas diárias e fundamentar os processos de tomada de decisão, obviamente não permite qualquer deslizamento para o terreno das escolhas morais.

Não se trata de uma disputa (necessariamente) entre boas e más condutas, mas, concretamente, de lutas que envolvem o domínio (muitas vezes compartilhado) sobre as estruturas sociais, que responderiam a comandos constituí-

Engenharia e poder

dos por lógicas diferentes. Esta a do jogo político oligárquico, das fidelidades quase senhoriais, patriarcais, aquela das demonstrações matemática e tecnicamente fundamentadas (que bem podem esconder interesses econômicos). Da confrontação dessas duas lógicas a princípio irreconciliáveis derivou, paulatinamente, uma situação na qual os técnicos se colocavam como mediação necessária para o relacionamento dos interesses econômicos com o estado, portanto, em uma posição estratégica que permitirá aos engenheiros transformar a formação escolar de engenharia em um eficiente instrumento de captação de excedentes socialmente produzidos. A presença dos técnicos muda as regras do jogo, obrigando os grupos oligárquicos a complexas operações de ajustamento, já que se estabelecem redes de dependência de mão dupla entre, por um lado, os agentes que acumulavam as maiores quantias de capitais econômicos e políticos, e, por outro, aqueles que reivindicavam um monopólio sobre as representações matemáticas e científicas do mundo, bem como dos procedimentos técnicos de elaboração e resolução de problemas, dos quais as estruturas estatais passavam a depender cada vez mais.

Um indício, ao mesmo tempo, desse choque entre sistemas de classificação antagônicos e do crescente efeito de autoridade derivada das práticas tecnicamente fundamentadas aparece nas desventuras do engenheiro baiano Theodoro Sampaio (1855-1937), em sua passagem pela província, depois estado de São Paulo, entre 1873 e 1903[8].

A vinda de Theodoro Sampaio para a província de São Paulo encaixa-se perfeitamente no padrão de evolução da carreira de engenheiro, típica dos egressos da Escola Politécnica do Império do Brasil, na qual se formaria em 1877: acumulação de capitais escolares na Corte, itinerância por províncias tanto mais afastadas quanto pior fosse a estrutura de capitais à disposição do jovem engenheiro, tendência à reaproximação do centro, determinada por um arranjo complexo de forças contingentes que iam desde a qualidade das relações mantidas na Corte, que podiam tanto atrair quanto repelir, até a capacidade dos poderes e interesses locais de enraizarem os técnicos nas províncias. No caso de Theodoro Sampaio, o aparente desinteresse pelos seus talentos no Rio de Janeiro (mesmo tendo seu trabalho reconhecido, não conseguia colocações à altura de suas habilidades[9]) combinou-se com o esforço do geólogo Orville Derby, que recomendaria a sua contratação ao governo provincial de São Paulo, por ocasião da montagem da Comissão Geográfica e Geológica paulista, na qual viria a desempenhar os postos de engenheiro de 1ª. classe e chefe de topografia. Tendo seu valor reconhecido, principalmente como geógrafo e erudito, integrou-se Theodoro Sampaio nos circuitos sociais, intelectuais e técnicos paulistas, granjeando a amizade dos Prado e participando, por exemplo, da fundação do Instituto Histórico e Geográfico de São Paulo. Seu crescente prestígio intelectual e reputação como engenheiro preparado, bem como a escassez de técnicos qualificados na província, o levaria quase simultaneamente a contratos para trabalhos de engenharia de caráter privado e ao recrutamento para os quadros técnicos do governo do estado já no período republicano, quer em regime de comissão (como a de que participaria em 1892, ao lado de Paula Souza, dedicada aos problemas de saneamento da capital), quer ocupando postos permanentes na administração pública, dedicando-se, em grande medida, à organização das repartições técnicas estatais. Desse modo, em 1898, tornava-se engenheiro, chefe da secção da capital da Repartição de Água e Esgotos do Estado, a qual acabaria por fundir-se à Repartição de Águas e Esgotos de âmbito estadual, passando Theodoro Sampaio a chefiar a repartição assim reformulada, o que significava para ele um aumento considerável de poder e prestígio. Um acréscimo de responsabilidades, sobretudo, cujas implicações determinariam posteriormente sua queda, já que, entre essas novas responsabilidades, figuravam os problemas em torno das obras de saneamento de Santos[10].

O núcleo do problema parece referir-se a um projeto para obras de esgotos em Santos, assinado pelos engenheiros e docentes da Escola Politécnica de São Paulo José Brandt de Carvalho, Augusto Carlos da Silva Telles e João Pereira Ferraz, mas que reunia ao seu redor uma massa de interesses cujos representantes iam desde Ramos de Azevedo até a Cia. Docas de Santos, passando pela Cia. City Improvements de Santos (à qual estava ligado o Dr. Bernardino de Campos) etc. Muito bem apadrinhado, portanto. A proposta, que tinha contra si as forças políticas locais, seria alvo de críticas ásperas contidas em parecer redigido pelo diretor da RAE, que enfatizava sua inviabilidade econômica e questionava algumas soluções técnicas, contribuindo assim para a decisão de rejeitá-la, tomada pelo então governador Rodrigues Alves.

Ora, em 1903, quando o Dr. Bernardino de Campos assume o governo do estado, inicia-se uma série de iniciativas para desestabilizar e atingir o diretor da RAE, revelando uma estratégia de captura dos poderes controlados por Theodoro Sampaio. Este, tão logo percebe a manobra, apresenta um pedido de demissão não aceito pelo governo. Argumentava-se então que seus serviços ainda eram imprescindíveis ao estado, muito embora as verbas de sua repartição diminuíssem, ao mesmo tempo em que o pressionavam a demitir funcionários, e as cobranças por resultados cresciam, na mesma proporção em que os serviços eram sacrificados pela falta de verbas e funcionários. Ato contínuo, a responsabilidade pelo saneamento de Santos seria deslocada para uma comissão dirigida pelo engenheiro José Pereira Rebouças. Com o que se contrabalançava o prestígio de Sampaio, curiosamente, com o do irmão mais novo do célebre André Rebouças, tendo sido todos os três engenheiros em questão descendentes de africanos, formados pela Escola Politécnica do Império do Brasil, famosos pela perícia técnica e simpatizantes da monarquia. A gota d'água viria por conta de uma série de intrigas e conspirações envolvendo subalternos que minam a autoridade de Theodoro Sampaio. Sobrevém novo pedido de demissão, que é aceito.

Tais episódios, narrados pelo próprio Theodoro Sampaio nos diários que escreveu durante sua estada em São Paulo, muito embora devam ser colocados em suspeita por reproduzirem as impressões de um agente diretamente interessado, ao menos têm um ponto fora de dúvidas: eles categoricamente dão ao conhecimento a atmosfera psicológica de Theodoro Sampaio, que atribuía o ocaso de sua carreira à testa da repartição da Secretaria de Agricultura e Obras Públicas ao desejo de vingança dos interesses contrariados pelo seu parecer acerca do projeto de saneamento da cidade de Santos. O que, em sua positividade, permite uma série de questões. Por que da estratégia tortuosa? Se se admite a validade do registro escrito pelo engenheiro baiano, se ele consegue descrever e interpretar o ocorrido de modo correto, isto é, se os fatos ocorreram como ele os conta, parece claro que, para atingi-lo, os interesses contrariados sentiram a necessidade de burlar os efeitos de sua autoridade e reputação, ou então se preocupavam com a possibilidade de que amigos poderosos de Theodoro Sampaio (os Prado, por exemplo) viessem em seu socorro, no caso de uma confrontação muito direta.

Ora, a amizade de famílias importantes e influentes decorria um pouco talvez da simpatia mútua que os unia, – no caso dos Prado, uma certa fidelidade monarquista compartilhada –, mas também, presumivelmente, do efeito do prestígio propriamente técnico de Theodoro Sampaio, de sua reputação quer como engenheiro (que remete a disposições extratécnicas como probidade, seriedade, exatidão etc.), quer como erudito que conhecia profundamente os diversos aspectos da realidade do país. Esse efeito de credibilidade, que afetava seus amigos, fazia com que seus inimigos, paradoxalmente, reconhecessem-lhe a competência, quando almejavam destituí-lo de seu cargo e afirmassem continuamente seu mérito quando atuavam para lhe desgastar a posição. De uma forma ou de outra, terá sido determinante para o desenrolar do episódio a dificuldade de se justificar o eventual afastamento do diretor da RAE, se o fato fosse imediatamente relacionado pelo público com o relatório técnico acerca das reformas de Santos, ou, mesmo, a uma arbitrariedade política que atingia um engenheiro ilustre. Logo, era preciso atingir o homem, mas os argumentos técnicos deveriam ser preservados e esquecidos (um típico caso de esquecimento ativo).

Por outro lado, a despeito de contar com estima e reconhecimento em certos círculos intelectuais e governamentais, Theodoro Sampaio indispôs-se com boa parte dos mais prestigiosos engenheiros paulistas, a começar por Paula Souza e Ramos de Azevedo. Devido à particularidade de sua trajetória profissional e intelectual, ele acabava se subordinando aos juízos de um público diferente daquele dos engenheiros de São Paulo, devendo o seu prestígio em grande medida à sua carreira extratécnica. Prestígio que lhe valeria, inclusive, um lugar ao lado de Francisco de Salles Oliveira e do Coronel Jardim na comissão que redigiu a lei definitiva que fundou a Escola Politécnica, estabelecendo seu primeiro regulamento. Todavia, não um lugar no corpo docente da escola[11]. Paula Souza, aliás, manifestaria seu descontentamento com os trabalhos da comissão liderando um processo de revisão dos regulamentos da Escola Politécnica, logo no ano seguinte ao da sua fundação, que teve como resultado diretrizes bastantes diferentes das originais. Desse modo, sem integrar-se ao grupo dominante da engenharia paulista, devendo seus créditos a circuitos sociais extratécnicos, Theodoro Sampaio parecia encontrar-se em difícil posição: fazendo reconhecer sua autoridade, ele conseguia sustentar seus pareceres técnicos, obrigando os agentes a levá-los em consideração. Ao mesmo tempo, porém, ele não parecia estar "na posição" de dotá-los de um efeito de permanência, independente de sua presença, já que a autoridade da qual estavam investidos provinha da sua "pessoa" e não de entidades abstratas, as quais poderiam sacralizar seus pontos de vista.

Estratégias e posições: processo de agrupamento

À medida que a autoridade de engenheiros proeminentes passava a ser socialmente reconhecida e atribuía-se um número crescente de atividades à alçada da engenharia, fenômeno a que se assiste nos primeiros anos republicanos, surgem tanto condições de possibilidade quanto demandas efetivas para que essa autoridade, ainda incorporada a certos indivíduos, se objetivasse na forma de instâncias de representação, produção de conhecimento e validação da "verdade", operando uma espécie de generalização da capacidade de gerar efeitos de autoridade e crença, que seriam postas à disposição da totalidade daqueles agentes que se constituíam em grupo social exatamente ao agruparem-se em torno dessas instâncias, dentre as quais, a Escola Politécnica ocuparia a posição fundamental.

Todavia, no momento em que as primeiras turmas de engenheiros se formavam na Escola Politécnica de São Paulo e a produção de conhecimento técnico passava a ocorrer no interior dos gabinetes e os politécnicos começavam a ocupar espaços sociais, duas questões conexas surgem ao mesmo tempo: 1) como pôr em regra os que, não fazendo parte do campo de influência da Escola Politécnica, podiam agir sem se reportar à sua autoridade, caso dos construtores práticos, que aprendiam seu ofício empiricamente, ou em relações mais ou menos informais de mestres e aprendizes; mestres-de-obras; engenheiros formados em escolas de pouca reputação ou de reputação recente etc.?; 2) como elevar a autoridade politécnica e dos engenheiros formados em instituições congêneres ao estatuto de conhecimento comum? No mundo fora dos muros da Escola Politécnica, em grande medida, as coisas continuavam a funcionar como antes, mantendo-se as profissões técnicas em sua definição predominantemente "ocupacional" (é engenheiro quem pratica o ofício), e muito pouco "escolar" (é engenheiro quem se diplomou "engenheiro").

Objetivando-se as práticas de engenharia na forma de leis, regulamentos, de instituições de representação de classe, de ensino e pesquisa, ou mesmo de modos que afetam as técnicas construtivas, estilos arquitetônicos etc., era a presença dos engenheiros que se naturaliza e se torna, paulatinamente, um elemento do jogo, como se sempre tivesse existido desse modo. Essa obrigatoriedade de se falar a linguagem da engenharia para usufruir das lucrativas atividades geradas pela expansão geral das estruturas urbanas e econômicas leva à criação daquilo que Morales de Los Rios se referiu como "as pseudo-academias superiores que a troco de 60$000 concediam diplomas de toda a ordem e sem ordem", atribuindo-as à vigência do regime de liberdade de ensino determinada pela reforma Rivadávia Correa, de 1911[12]. Todavia, como se vivia de fato um regime de liberdade do exercício profissional da engenharia, a questão de se ter, ou não, um diploma reconhecido pelo Estado era quase irrelevante, desde que se pudesse contar com um campo de ação vasto e lucrativo. Este era o caso de São Paulo, estado e município, nas primeiras décadas do XX. É assim que surge, voltando-se para necessidades puramente pragmáticas e aplicações práticas, a Escola de Engenheiros Constructores[13], que, em meados da década de 1910, mantinha sede no segundo andar do número 53-A, da rua Direita. Dirigida pelo engenheiro Alberto Kuhlman, segundo panfleto de divulgação, a escola teria oferecido um curso teórico e prático de construtores, graduando em três anos de estudos. Além disso, mantinha, como anexo, um curso de línguas (inglês, francês e alemão), a título de complemento à formação dos construtores.

De Kuhlman sabe-se pouco ainda[14]. Em 1884, vence o concurso para a construção do segundo matadouro da cidade de São Paulo, terminando sua construção no ano seguinte. O Almanaque da Província de São Paulo do ano de 1888 faz referência a um Alberto Kuhlman, engenheiro residente à rua São Caetano, 44. Nesse mesmo ano, requere lavratura de contrato à municipalidade, alegando que uma lei provincial autorizara a Câmara Municipal a lhe conceder, por 50 anos, privilégio de exploração de uma via férrea elevada pela rua São João, entre a rua São Bento e o largo do Paissandu[15]. Entre 1883 e 1900 constrói a Companhia de Carris de ferro de São Paulo a Santo Amaro, de sua propriedade. Engenheiro empreendedor atraído pelas oportunidades que o crescimento da cidade abria, Kuhlman parecia bastante integrado à economia e à sociedade locais, além de contar com uma excelente reputação e um bom capital de reconhecimento. Isto é, não parece que Kuhlman estivesse inabilitado para realizar as atividades que realizou, ou, ao menos, não parece que fosse visto de tal modo[16].

Aos politécnicos, rapidamente, tornou-se claro que a liberdade de exercício profissional no que tangia aos ofícios técnicos, princípio consagrado na Constituição de 1891, vedava-lhes oportunidades de reconhecimento social como um grupo à parte, diferenciado em termos de competência e instrumentação para o trabalho, dada a inexistência de demanda suficiente por trabalhos especialmente complexos, por parte da economia exportadora, bem como das atividades construtivas de então. Também não ajudava o fato de que não conseguissem na prática fazer com que se fossem percebidas as diferenças entre trabalhos efetuados por engenheiros formados em bancos escolares, e aqueles concluídos por simples práticos. Era preciso que os engenheiros consagrados por instituição escolar se agrupassem, diferenciando-se dos "mestres-de-obras ignorantes", ou dos engenheiros e construtores formados em escolas que se considerava "fajutas".

Sobretudo, era preciso que os leigos notassem as diferenças, isto é, que as hierarquias constituídas a partir do sistema de classificação constituído ao redor da escola oficial do estado se objetivassem no real, moldando o mundo segundo as suas categorias de visão e divisão (os títulos escolares, honrarias como os prêmios para os melhores formandos, prestígio decorrente da publicação de estudos referenciais, as categorias com as quais se tentava subordinar os agentes desprovidos de capitais escolares e, mesmo, todas aquelas categorias pelas quais o real se transformava em problema de engenharia). Isto é, que houvesse uma forma de coordenação entre as demandas por trabalhos técnicos (expressas pelo "mercado"), as hierarquias impostas pelo campo da engenharia em formação e as competências atribuídas a cada estrato hierárquico.

A partir do momento em que professores e egressos da Escola Politécnica são engajados em postos da administração pública, ou são eleitos para cargos legislativos, as categorias difundidas nos cursos transformam-se de categorias de percepção em componente intrínseco do real, pois fornecem a linguagem pela qual se opera a administração do real. Por outro lado, por meio das publicações da escola, *Anuário da Escola Politécnica de São Paulo* e *Revista Politécnica* (órgão do grêmio politécnico), era o "estado da arte" (na visão da escola) que se oferecia ao público de especialistas, mas também de curiosos, marcando uma visão da melhor prática (ou do melhor gosto, no caso da arquitetura), que se reivindicava referencial. São nessas publicações que os temas discutidos em pequenos círculos buscam elevar-se a "conhecimento comum", um pouco para além dos muros politécnicos. Forjando imagens, palavras e temáticas para a mobilização. Exemplo disso é o editorial da *Revista Politécnica* de setembro de 1905, em que se lamentava a inexistência de um órgão de classe dos engenheiros em São Paulo, como era o Club de Engenharia do Rio de Janeiro, que lograsse unificar os esforços em torno de interesses comuns. E o maior deles, segundo o editorialista (provavelmente o presidente do grêmio politécnico, Alexandre Albuquerque[17]), dizia respeito a alguma lei de regulamentação do exercício profissional que protegesse os engenheiros da

> concorrência desleal e assustadora de uma legião de exploradores; uma lei que arranque essa digna classe à situação tristíssima em que se debate, em que se vê nivelado ao arquiteto, ao artista, ao mestre-de-obras boçal e grosseiro, em que o engenheiro civil, formado em longo e penoso curso de escola oficial, deve ainda lutar com a concorrência absurda dos engenheiros de arribação, portadores de títulos incompreensíveis, caçados em rápida viagem de recreio aos Estados Unidos, ou dos bacharéis de engenharia, imitação destes últimos falsificada bem perto de nós[18].

Obviamente, o texto não pecava pela sutileza. Consistia isso em toda uma tentativa de expropriação da legitimidade das posições rivais, bem como de concentração de capitais simbólicos entre os agentes politécnicos. O trecho parece bastante explícito até em suas alusões que, em duas menções – às viagens de recreio aos EUA e aos "bacharéis de engenharia falsificados perto de nós" –, pretendem tocar a posição do Mackenzie College. Tentativa de imposição de limites e divisões no espaço social, separando aqueles que estariam autorizados a exercer ofícios técnicos e os que não teriam as qualificações (simbólicas) exigidas, o discurso é um ato pelo qual se quer controlar a carga semântica da palavra "engenheiro" fazendo-a remeter exclusivamente àqueles legitimamente investidos desse direito. Isso se àquele momento se tivesse suficiente poder de dispor sobre as coisas, o que talvez fizesse com que o editorialista pudesse economizar o tom estridente da queixa. O caso é que não se tinha, e esta ausência elevava-se a alvo prioritário para esses engenheiros em processo de agrupamento.

Para essa tarefa de mudar o caráter da profissão técnica tornando-a predominantemente escolar, ao invés de quase puramente "ocupacional", e, ao mesmo tempo, incorporar a autoridade dos engenheiros educados em instituição de ensino de prestígio ao senso comum, a Escola Politécnica apresentava limites óbvios: ela não tinha capacidade de influenciar agentes vinculados a outras instituições que pudessem exibir prestígio igual ou superior a ela. E mesmo essa noção do prestígio da escola oficial, contraposto às escolas que eram vítimas do discurso rebaixador, não parecia muito estabelecida no senso comum: o próprio professor da Escola Politécnica Carlos de Souza Shalders teve diversos de seus filhos formados pelo Mackenzie[19], o mesmo acontecendo com o geólogo Alberto Löefgren[20] e homens da política paulista como Washington Luis Pereira de Souza[21]. Os motivos para que isso ocorresse (familiares, de incompatibilidades com a Politécnica) não vêm ao caso. O fundamental é que o Mackenzie, malgrado o combate que lhe faziam, era certamente uma possibilidade de educação superior para os filhos das elites de São Paulo. O mesmo não acontecia com a escola de Alberto Kuhlman, cujo neto, Alberto Kuhlman Amaral, diploma-se pelo Mackenzie em 1919, ilustrando uma certa tendência de herdeiros ou descendentes de antigos construtores e empreiteiros enriquecidos de São Paulo no sentido de converter capitais econômicos em culturais e escolares.

Paradoxalmente, para estabelecer-se como a posição fundamental do campo em vias de formação, demarcando suas fronteiras, seria preciso denegar a centralidade da Politécnica, em benefício de uma instância que aparecesse como representativa da totalidade dos engenheiros em processo de agrupamento, fossem eles politécnicos ou egressos de escolas congêneres, quando, na verdade, tratava-se tão-somente da objetivação desse sistema classificatório estabelecido a partir da Escola Politécnica. Isso será tentado, em 1917, com a fundação do Instituto de Engenharia de São Paulo.

A procura por meios de viabilizar esse processo de agrupamento dos engenheiros politécnicos e concentração de toda legitimidade no grupo encontraria em Paula Souza seu fator primordial de coesão. Aliás, a memória coletiva, que envolveria posteriormente a Escola Politécnica (constituída, por exemplo, nas e pelas memórias publicadas por Alexandre D'Alessandro), atribuiria a Paula Souza uma centralidade que seria incorporada à bibliografia sobre a escola.

Tanto que a própria identidade da Politécnica de São Paulo, de seus professores e alunos, reportar-se-ia sem cessar a ele, como um centro de gravidade de toda a Politécnica[22]. A verdade dessa memória, para além da simples mistificação, pode ser encontrada no que se quis fazer com ela, na estratégia utilizada por Paula Souza tanto para se apossar do poder de dispor sobre recursos para a construção da escola de engenharia paulista, quanto para amealhar capitais de reconhecimento derivados do funcionamento dela, promovendo uma fusão entre a sua imagem e a da escola, tendo em vista uma idéia quase utópica de transformar as estruturas sociais paulistas e brasileiras pelo influxo de uma elite de indivíduos educados para o trabalho, que romperiam pela base as relações patriarcais ao promoverem um esquema de enriquecimento e ascensão baseados no esforço pessoal. A idéia era a de que indivíduos trabalhando inteligentemente em prol de seus próprios interesses na escala local criariam, pelo acúmulo de iniciativas, uma situação de melhora coletiva, regional e estadual. Era o exemplo dos EUA, que trazia consigo as idéias de livre associação e empresa[23].

Mas a memória da centralidade de Paula Souza remete, igualmente, à dependência dos politécnicos de sua figura, que os leva a elegê-lo uma espécie de centro consensual do campo e, principalmente, a esforçarem-se por incorporar os capitais simbólicos de Paula Souza nas instâncias do campo. Mas isso é apenas a lógica do fenômeno. Na vida real, tudo estava em jogo, no sentido de que as coisas estavam para ser disputadas, tendo havido inclusive a possibilidade de Paula Souza perder o controle dos eventos, tanto por ocasião do surgimento da Escola Politécnica, quanto na fundação do Instituto de Engenharia. Se não o perdeu, foi um pouco por favorecimento da sorte, um pouco pela perícia com que conduziu seus lances.

Paula Souza, então, encarnaria o próprio grupo dos engenheiros paulistas, fazendo-o existir através dele (no papel de porta-voz privilegiado), primeiro ao vencer as disputas em torno da criação da escola de engenharia do estado de São Paulo (1893); depois, ao funcionar como pólo aglutinador dos engenheiros que fundariam o Instituto de Engenharia de São Paulo (1917), instrumento utilizado pelos egressos da Escola Politécnica para agruparem-se e traçar as fronteiras do que seria o grupo dominante dos engenheiros de São Paulo, a um só tempo escolhendo os indivíduos que poderiam a ele se filiar, e produzindo forças de repulsão, que afastariam aqueles despossuídos de capitais escolares, ou estabeleceriam distinções que tentavam rebaixar simbolicamente os capitais de instituições potencialmente rivais (como o Mackenzie College), com o intuito de criar um mercado de trabalho politécnico protegido (*sheltered labour market*). Coisa tanto mais eficiente quanto conseguisse se objetivar nas estruturas sociais na forma de legislação ou regulamentação estatal, o que seria conseguido em 1924, em nível estadual, e 1934, em nível federal, mesmo que nenhuma das regulamentações reproduzisse fielmente as fronteiras estabelecidas pelo grupo.

Talvez se possa conjeturar que o investimento dos engenheiros politécnicos nesse símbolo de coesão e autoridade, no qual havia se transformado Paula Souza, que explica inclusive a sua transformação em totem de culto politécnico após a sua morte poucas semanas após a fundação do Instituto de Engenharia, tenha sido uma lição aprendida a partir da trajetória da Sociedade dos Arquitetos de São Paulo, instituição de certo modo predecessora do Instituto de Engenharia, mas sem a sua legitimidade e capacidade de aglutinação, já que não contava com a presença, entre as suas lideranças, de nenhuma figura consensual do campo da técnica que se estruturava, tendo sido uma iniciativa de jovens arquitetos, dentre os quais, alguns dos mais prestigiosos egressos da Escola Politécnica, como era o caso do engenheiro-arquiteto e civil Alexandre Albuquerque.

Foi no primeiro semestre de 1911 que um grupo de arquitetos liderados por Victor Dubugras fundou a Sociedade dos Arquitetos de São Paulo, instituição que pretendia não apenas promover a divulgação e cultivo da educação artística na cidade ("concorrendo para a adaptação conveniente das idéias estrangeiras e para estimular o desenvolvimento da arte local"), mas também representar os profissionais de arquitetura diplomados em atividade na capital paulista, distinguindo-os dos "práticos"[24] e dos engenheiros civis, muito embora o estatuto redigido adotasse um tom menos belicoso, determinando que "(f)arão parte da Sociedade dos Arquitetos de São Paulo os arquitetos, engenheiros, engenheiros arquitetos e engenheiros construtores, a juízo da sociedade"[25]. A despeito da tentativa de instituir um órgão de classe dos profissionais de arquitetura, que fora apoiada inclusive pelo arquiteto Bouvard, em sua passagem pela cidade, a instituição reformula-se por volta de maio de 1912, mudando seu nome para Sociedade dos Arquitetos e Engenheiros de São Paulo[26]. A instituição, no entanto, não conseguiria se firmar e desapareceria por volta de 1915, por absoluta falta de coesão, derivada talvez da posição institucionalmente subordinada da arquitetura frente à engenharia em São Paulo, que tornava difícil aos arquitetos empreenderem a sua constituição autônoma como grupo, ou mesmo de se constituírem em fração hegemônica no grupo.

Muito diferente seria o processo de gestação do Instituto de Engenharia de São Paulo. Em primeiro lugar, por tomar como centro gravitacional não tanto a própria engenharia (ou a arquitetura, caso da instituição predecessora), mas um marco simbólico-afetivo capaz de gerar consensos (Paula Souza) e um arranjo institucional prévio (a Escola Politécnica), modelando a sua própria estrutura à estrutura de colocações dos egressos da Politécnica, consubstanciada nos seus currículos. A fundação do Instituto de Engenharia se daria em meio a uma série de três assembléias gerais, que ocorreriam nos primeiros meses do ano de 1917, no anfiteatro de química da Escola Politécnica e nas dependências da Sociedade Rural Paulista. Na primeira, seria eleita uma diretoria provisória, cuja presidência, logo de saída, é atribuída a Paula Souza, além de se apresentar uma primeira proposta de estatuto, chamada de "estatuto da diretoria provisória", a qual contemplava em linhas gerais a visão dos dirigentes da Escola Politécnica acerca da "classe dos engenheiros" e suas tarefas, texto ao qual se opunha outro, subscrito por um grupo de 25 sócios. As discussões ocorreriam na segunda assembléia, a 15 de fevereiro de 1917, quando se definiria o caráter do instituto e do grupo, que deveria ser por ele representado. Entre as disputas que pontuaram a assembléia, há os casos de simples correções ou aperfeiçoamento de idéias que não provocam dissensos, como, por exemplo, a sugestão de Carlos Souza Shalders para que se substituísse o 1º. artigo do projeto da diretoria pelo texto dos 25 sócios, e a expressão "defesa dos interesses da classe dos engenheiros", presente no 1º. artigo do texto dos 25 sócios, por "e do bem público em geral", simples lance estratégico que visa dotar os interesses dos engenheiros de uma aura retórica de universalidade, merecendo aceitação unânime dos presentes.

    Disputas mais acirradas, no entanto, emergiriam da ação de engenheiros que divergiam em um ou outro ponto, expressando assim opinião individual ou de pequenos grupos; mas, principalmente, da presença do grupo dos 25 sócios[27]. Este, ao lado de um mar de pontos consensuais, divergia do texto-base em um ponto crucial: no tocante aos critérios de admissão de sócios. Enquanto o texto da diretoria provisória previa a entrada de "homens notórios pelo saber e pela prática", desde que seus nomes fossem submetidos à aprovação por uma Comissão de Sindicância, o texto dos 25 sócios rejeitava o ingresso de qualquer um que não pudesse apresentar credenciais (diplomas) que atestassem a sua passagem por curso regular de engenharia em escola oficial brasileira ou estrangeira. Estava em jogo ali a definição dos contornos do grupo representado pelo instituto, mas igualmente a composição de forças no interior do próprio instituto, definindo-se, ao mesmo tempo, uma oposição difusa entre os engenheiros estabelecidos e os novos, isto é, aqueles que, egressos da Politécnica, esperavam encontrar no Instituto de Engenharia um instrumento para suas lutas.

A configuração descrita pode ser ilustrada pelos próprios debates, de suma importância, que definiram os contornos do grupo a ser representado ("engenheiros diplomados em escolas superiores oficiais", "engenheiros diplomados em escolas oficiais", ou "engenheiros diplomados") e os critérios de admissão de sócios (apenas diplomados ou abertura para o notório saber e a notória prática). As possibilidades de texto surgidas correspondiam, é claro, a possibilidades estratégicas de organização.

Munido de procuração do Sr. Dr. Aureliano Botelho, Achilles Nacarato (engenheiro civil, Escola Politécnica, 1906) proporia a supressão do termo "escolas oficiais" do texto-base do estatuto (2°. parágrafo do 2°. artigo) que definia como objetivo central do Instituto de Engenharia o de defender, "tanto quanto possível", os interesses dos engenheiros "diplomados em escolas superiores oficiais", no que foi secundado pelo professor da Escola Politécnica Carlos de Souza Shalders, que criticaria o "exclusivismo das escolas oficiais". Em contraposição, o porta-voz do grupo dos 25, Francisco Cornélio Pereira Macambira (engenheiro civil, Escola Politécnica, 1911), defendendo o texto alternativo, sugeria a supressão da palavra "superior", permanecendo assim "escola oficial". Feita a votação, a posição de Macambira sairia vencedora. A aparência de uma algo bizantina disputa de palavras apresentava, entretanto, implicações óbvias relativas ao alcance do Instituto de Engenharia e das fronteiras sociais do grupo que se estruturava. Duas palavras a menos (escolas oficiais) e as portas do Instituto de Engenharia se abririam, por exemplo, para os engenheiros mackenzistas, o que somente ocorreria após os eventos de 1932.

O mesmo engenheiro Achilles Nacarato voltaria à carga criticando duramente o texto dos 25 sócios, que, ao contrário do texto-base, impedia a aceitação pelo Instituto de Engenharia de "homens notáveis pelo saber e pela prática", mas não diplomados em escola oficial, como sócios efetivos. Ato contínuo, o próprio Sr. Presidente pronuncia-se, pedindo pela aprovação do artigo tal como constava no texto-base, "lembrando porém, que a garantia da associação devia repousar antes na escolha dos membros da comissão de sindicância, à qual competia ajuizar da notoriedade técnica dos candidatos que não tivessem efetuado um curso regular em escola de engenharia". A polêmica se instalaria de vez quando, tendo apresentado procuração recebida do Sr. Clodomiro Pereira da Silva, João Lindemberg Jr. pede licença para ler uma memória escrita pelo engenheiro representado, na qual este se manifesta, segundo as palavras do secretário do Instituto, encarregado de registrar em ata o ocorrido na Assembléia, Francisco Pereira Macambira, "decididamente adversário da engenharia oficial e dos diplomas" que para ele jamais haviam sido "uma garantia de idoneidade, é antes uma garantia de mediocridade". E continua, desta vez, com citação textual do discurso de Clodomiro Pereira:

> Se o objetivo é reduzir tudo a oficialismo, começando pelos diplomas oficiais, não trabalha de certo o Instituto pela engenharia, e sim, por uma classe que só quer explorá-la, mercantizal-a (sic/?) à sombra da lei. (...) Assim a engenharia, ciência e arte (grifos no original), fica ameaçada pelas 'vistas' do Instituto, da tirania oficial, não sendo de admirar que, em vez de fazer engenharia, venha ele transformar-se numa grande agência de negócios oficiais, dirigidos por uma coterie, um consilho (sic), que tudo poderá conseguir, menos elevar o nível moral da classe.

Ao que Pereira Macambira retrucaria, protestando contra os "termos e as alusões contidas no discurso", reafirmando a posição dos 25 sócios favorável à admissão no Instituto restrita apenas aos diplomados em escolas oficiais e aos seus lentes, concedendo apenas que,

> (...) futuramente, quando a ocasião se lhe ofereça propícia, quando os créditos do Instituto não possam sofrer na sua estabilidade, então as exceções poderão ser feitas e os homens notáveis pelo poder e pela prática profissional, que não sintam aversão pelos engenheiros diplomados, que desejem o seu convívio, serão muito honrosamente recebidos no Instituto.

Postas as posições em votação[28], verificou-se a vitória do texto mais restritivo dos 25 sócios e a conseqüente derrota da diretoria provisória. Engenheiro notável pelas contribuições na área da engenharia ferroviária, professor da Escola Politécnica de São Paulo, Clodomiro Pereira (engenheiro civil, Politécnica do Rio de Janeiro, 1891) seria um dentre os engenheiros que, talvez por discordarem das modalidades de agrupamento instituídas pelos estatutos, se retirariam dos quadros da nova associação.

A polêmica entre as duas posições polares, representadas por Clodomiro Pereira e Francisco Pereira Macambira, resolvida por meio do voto dos associados, que mostra a força das teses dos 25 sócios e a sua tendência a grupo majoritário, parece indicar não apenas a direção que tomava o processo de agrupamento desses engenheiros (aparentemente uma tentativa conspícua de transformar a posição privilegiada da Politécnica, como escola oficial do estado, em posicionamento hegemônico no mercado, por meio da criação de um pólo de atração e repulsão de técnicos, o Instituto de Engenharia, isto é, de lutar pelo monopólio do exercício legítimo da profissão), mas também todo um posicionamento estratégico da facção vencedora (liderada por Pereira Macambira) que visava, a um só tempo, pela negação aos não diplomados da representação de seus interesses no Instituto:

a) eliminar a possibilidade dos não diplomados de influir no equilíbrio de forças do Instituto. Era mais provável uma coalizão de forças juntar engenheiros diplomados e não diplomados já largamente estabelecidos no mercado, tendo em vista hipotéticas histórias profissionais em comum, ou mesmo posições assemelhadas no espaço social, do que os novos diplomados, que buscavam afirmação profissional, e os não diplomados em geral;

b) criar uma situação que levasse ao reforço dos capitais à disposição dos novos, isto é, os capitais escolares objetivados na forma de diplomas de engenheiro, em detrimento dos capitais de reconhecimento originários, quer do prestígio dos indivíduos no mercado (entre clientes ou patrões leigos), o "nome no mercado", a "reputação profissional", quer do relacionamento profissional entre engenheiros diplomados e não diplomados em trabalhos técnicos que levam à admiração e ao respeito mútuos. Para os novos, essa estratégia tinha implicações óbvias: por um lado, quebrava solidariedades entre os engenheiros já estabelecidos no mercado e, por outro, pelo rebaixamento do valor das reputações, aproximava os estabelecidos dos novos no espaço da engenharia, como pares diplomados.

Pereira Macambira parece dar margem a essa interpretação, por exemplo, ao usar um termo meio ambíguo, "créditos"[29], ao mencionar aquilo cuja estabilidade deveria ser assegurada antes de se permitir que fossem feitas exceções aos "homens notáveis pelo saber e pela prática". Espécie de busca pela diminuição da volatilidade dos capitais de reconhecimento, que se tornam, no discurso, uma "coisa" quase mensurável (com o uso do plural), a estratégia dos novos desejava institucionalizar a autoridade, constituindo um pólo dotador de autoridade (na verdade, um bipolo: Escola Politécnica e Instituto de Engenharia), que funcionasse como um garantidor de última instância da competência dos portadores das credenciais necessárias. O contrário dessa situação se caracterizaria por um exercício imediato e "pessoal" da dominação técnica, que se faz e deve ser refeito continuamente nos diversos contextos de interação entre os técnicos e os leigos.

Essa estratégia do grupo dos "novos" seria exposta de modo contundente, de um lado, pelo discurso de Clodomiro Pereira, que denuncia a intenção de "uma classe" de "explorar" a engenharia à sombra da lei, impondo o diploma, essa "garantia de mediocridade", como um substituto da competência demonstrada na prática profissional, ecoando, assim, a crença positivista na liberdade do exercício das profissões[30]. Sobretudo, ele oporia retoricamente a "engenharia" à classe dos engenheiros diplomados, enfatizando assim o que via como o eixo presumível da nova instituição. De outro, pela derrota de Souza Shalders e Paula Souza, que se empenhariam pessoalmente pela aprovação da possibilidade do ingresso de não diplomados no Instituto[31]. Ora, logo após a definição dos estatutos do Instituto de Engenharia, com grande preponderância do texto dos 25, ocorreria a eleição para os postos de presidente, vice-presidente e dos membros da diretoria. Sendo a votação livre, sem a necessidade da afirmação de candidaturas, os resultados apurados davam a Paula Souza o posto de presidente do Instituto por margem relativamente confortável (35 votos em 61 possíveis)[32].

O Sr. Presidente, então, agradece a sua eleição e declara que não pode aceitar, pelos motivos que apresentará ao reiniciar os trabalhos da presente sessão.

Tais motivos, entretanto, não seriam declinados no decorrer do relato de Macambira. Fato é que a renúncia prévia de Paula Souza seria revertida graças aos apelos do vice-presidente, Veiga Miranda. Este afirmaria que, "sem o apoio e o estímulo do prestigioso nome do Sr. Antônio Francisco de Paula Souza", também não poderia ocupar o cargo para o qual fora recém-eleito, ao que se seguiram outros pedidos vindos de diversos outros sócios, como o próprio Pereira Macambira (citado em primeiro lugar), Pujol Jr., Rodolpho S. Tiago etc. O que por fim indica a ameaça implícita que representava a renúncia[33], isto é, a de dissolução. O presidente agradeceria a essa "prova de confiança", prometendo em seguida por todo o seu empenho em corresponder, no desempenho etc. Porém, quais teriam sido os motivos que Paula Souza não chegou a alegar? Problemas de saúde? Ele faleceria pouco mais de dois meses após a assembléia. Em se acreditando nos relatos de pessoas próximas ao engenheiro, a surpresa que demonstraram com o ocorrido parece desautorizar qualquer especulação de que o "pai" da engenharia paulista estivesse com a sua saúde seriamente comprometida.

Talvez seja possível, no entanto, sugerir uma conjectura mais arrojada: tratou-se o caso de uma espécie de ritual de reafirmação do prestígio de e da fidelidade a Paula Souza, arranhados pela série de contrariedades que marcaram a discussão dos estatutos, e desviaram tanto o Instituto quanto o grupo social que, ao ser representado, passaria a existir pelo processo de representação, da rota traçada por Paula Souza e pela diretoria provisória[34]. A conformação, que o Instituto de Engenharia parecia adotar, devia produzir um deslocamento incômodo para Paula Souza no caráter da Escola Politécnica: ela passava a caminhar no sentido de se tornar uma distribuidora de títulos e honrarias, o que talvez colidisse com uma certa ideologia do mérito, acalentado pelo diretor da Escola Politécnica desde suas origens.

O grupo em processo de constituição parecia exibir provas recorrentes de fragilidade social. Primeiro por sua dependência da figura de Paula Souza como fator de agregação, ou pólo de atração capaz de reunir sob um mesmo teto interesses e visões da engenharia e dos engenheiros que começavam a divergir (fato sugerido nesse episódio da quase desistência de Paula Souza para o cargo de presidente). Depois, pela própria incapacidade dos novos de existirem por si mesmos como grupo, precisando recorrer a Paula Souza para, novamente, fazê-los existir dando-lhes certa visibilidade social por meio do Instituto.

A dependência simbólica parece ser atestada ainda com a elevação subseqüente de Francisco de Paula Ramos de Azevedo para o lugar de Paula Souza, por ocasião de seu falecimento. A terceira Assembléia Geral do Instituto de Engenharia, que tem lugar a 10 de maio de 1917, consagraria o nome de Ramos de Azevedo para o posto, com um total de 74 votos (certamente, morto Paula Souza, não haveria nenhum engenheiro que pudesse, além de Ramos de Azevedo, desincumbir-se dessa missão de encarnar e servir de centro de gravidade para esse grupo de engenheiros paulistas, que pagavam seus tributos simbólicos à Escola Politécnica). Ramos de Azevedo permaneceria à testa do Instituto de Engenharia até 19 de março de 1921, quando o cargo de presidente passaria ao engenheiro civil e arquiteto Alexandre Albuquerque, tendo sido este, portanto, o primeiro egresso da Escola Politécnica a dirigir o Instituto, liderando o processo de sucessão geracional no campo da engenharia paulista.

De qualquer modo, o Instituto de Engenharia parece ter desempenhado desde o início um papel capital nos processos simultâneos de agrupamento e representação dos engenheiros politécnicos. As próprias fronteiras sociais do grupo dominante dos engenheiros paulistas, esboçadas no curso das disputas que estruturaram o Instituto de Engenharia de São Paulo, prefiguram, de certo modo, as lutas em torno da regulamentação municipal (1920)[35], estadual (1924) e federal (1934) do exercício profissional da engenharia, arquitetura e agrimensura. Não é nada casual, a esse respeito, que, pela Lei Estadual n. 2022, de 27 de dezembro de 1924, fosse concedida à Escola Politécnica, formal, mas não efetivamente, a atribuição de validar os diplomas passados por instituições estrangeiras, antes que os pretendentes ao exercício da profissão tivessem seus títulos registrados na Secretaria da Agricultura. O fato parece mostrar a força e a fraqueza do grupo politécnico: embora lograsse a promulgação de um projeto de lei que havia ajudado a formular, o bipolo Instituto de Engenharia/Escola Politécnica não pôde controlar a sua aplicação prática, já que sua autoridade sobre as coisas de "responsabilidade técnica" não era de fato dominante no campo do poder, embora o fosse no campo da engenharia. Além dos filhos de Souza Shalders, também o filho do presidente do estado, Washington Luis Pereira de Souza, havia optado por uma educação de engenharia mackenzista, o que parece mostrar, por fim, uma certa tendência nas elites políticas, e mesmo técnicas, de evitar tanto uma concentração excessiva de regalias no grupo dominante dos engenheiros de São Paulo, quanto uma crença exclusivista nas instâncias dominantes do campo.

O ser e o aparecer dos engenheiros paulistas

A fundação do Instituto de Engenharia de São Paulo, portanto, parece ter sido um momento fundamental no processo de agrupamento dos engenheiros de São Paulo, de formação de fronteiras e estabelecimento de alvos para a ação, o mais importante deles tendo sido a proteção legal para os diplomas de engenheiro politécnico. No curso de sua criação, é toda uma estratégia de luta que se esboça. Ocorre, todavia, que os privilégios demandados (os monopólios epistemológicos e de mercado) não eram vistos como uma qualidade natural imanente ao grupo de engenheiros em busca de hegemonia. Se o "público" de leigos, as elites políticas e econômicas não conseguiam diferenciar, e viam ainda a classe dos engenheiros como uma quantidade meio opaca de praticantes de ofícios técnicos, era preciso fazer as diferenças, apontá-las e, principalmente, realizá-las concretamente produzindo um tipo social diferenciado, o "politécnico". Nesse caso, as representações e os objetos representados (engenheiros paulistas) deveriam derivar de um mesmo esquema de produção.

É claro que as exigências acadêmicas, os rituais, as normas de comportamento, tipos de sociabilidade etc. cultivados na Escola Politécnica e zelosamente defendidos pelo seu diretor, Antônio Francisco de Paula Souza, já funcionavam indicando, aos futuros engenheiros, certos valores que deveriam ser incorporados (por exemplo, abnegação, modéstia, paciência, integridade, rigor etc.) aos seus corpos físicos (na forma de posturas corporais, modo de falar etc.)[36], a título de credenciais corporificadas. Como escreve Bourdieu:

> Há, em toda atividade, duas dimensões, relativamente independentes, a dimensão propriamente técnica e a dimensão simbólica, espécie de metadiscurso prático pelo

qual aquele que age – é o avental branco do cabeleleiro – faz com que se veja e se valorize certas propriedades notáveis de sua ação[37].

Desse modo, tais valores incorporados nos jovens engenheiros podiam funcionar como orientadores da ação (entre as quais, por exemplo, a de aparecer para os outros), colocando em destaque as práticas que os denotassem. Eles permitiam ainda que os engenheiros que os realizassem pudessem capitalizá-los, aumentando seus capitais de reconhecimento. Isso ocorreria já que tais engenheiros exibiriam práticas que corresponderiam aos valores com os quais a "engenharia" era definida, desde que eles encontrassem as condições de felicidade necessárias para agir.

Nem sempre isso era possível. Embora a Escola Politécnica abrisse um espaço para a ascensão social para jovens provenientes de extratos médios ou remediados (raramente de extratos inferiores), a prática de converter capitais de sociabilidades[38] em capitais de cultura (mesmo que seja de cultura técnica) tendia a render àqueles expostos a melhores oportunidades de educação básica e secundária, além de menores pressões das necessidades materiais, vantagens que faziam toda a diferença entre, por um lado, um filho de engenheiro civil e capitão de indústria, como Luís Ignácio Romero de Anhaia Mello, à sua época, melhor aluno do Colégio São Luís, então em Itu, formado engenheiro-arquiteto em três anos pela Escola Politécnica e eleito, em 1929, presidente do Instituto de Engenharia, e, por outro, um Alexandre D'Alessandro, ou um Salvador Basile, engenheiros de origens modestas. Não que isso fosse uma regra inflexível, mas era certamente uma força suficiente para separar, com muita probabilidade, aqueles destinados às posições superiores daqueles destinados às posições subordinadas. Obviamente, tal favorecimento era alcançado, e não prejudicado, pelo próprio esforço de Paula Souza por criar uma escola baseada em critérios meritocráticos, que levavam a uma naturalização do diferencial de pecúlios/estrutura de capitais entre estudantes de origem diferenciada.

Parte importante desse processo de estruturação de um grupo social – cuja interação entre os agentes que o compunham tendia a ser regulada com base no *quantum* de reconhecimento pela capacidade técnica atribuível a cada um dos agentes tomados individualmente, isto é, com base em uma hierarquia segundo valores técnicos, de competência técnica – seria produzida pelas experiências práticas e cotidianas dos agentes, tanto no trato com empregadores, quanto com clientes (fossem eles particulares, organizações estatais ou econômicas de caráter privado), mas igualmente em outras ocasiões, tanto as estritamente técnicas (quando se tratasse de fazer valer ou aceitar um ponto de vista acerca de soluções técnicas), quanto outras que pareciam totalmente estrangeiras às considerações técnicas – como as situações que envolviam as sociabilidades (casamentos, por exemplo) –, todas elas experiências de molde a mostrar qual era o devido lugar de cada agente e seu espaço de autonomia e autoridade. Estruturavam-se assim expectativas futuras e definia-se a melhor estratégia a ser posta em prática por cada um. É como se, em cada situação, cada agente tentasse mobilizar seus capitais (na forma de prestígio técnico, conhecimentos, habilidades, apelo a autoridades, mas também sociabilidades, capital econômico etc.) para maximizar as chances de que seus atos fossem coroados de êxito, além de, inversamente, ajustar seus atos às estimativas de êxito, pesados os "capitais" a seu dispor.

A partir da exposição a essas determinações estruturais é que os agentes do campo da engenharia podiam constituir um conhecimento prático das regras dos jogos sociais que os envolviam, conhecimento este definido como interiorização das estruturas objetivas. O que passava, antes de tudo, por uma percepção realista de sua posição individual no interior do campo da engenharia (posição relativa aos demais agentes neste campo), tanto quanto no interior do campo do poder (posição relativa aos agentes portadores dos maiores capitais independentemente de seu campo de origem). Tal "conhecimento prático" estaria na origem das estratégias utilizadas por cada agente (que aparecem como "objetivação" do subjetivo), que, para serem efetivas, precisavam levar em consideração o modo como os demais agentes "mais provavelmente" reagiriam diante delas[39].

A categoria de "meio social", nos discursos dos engenheiros, parece ter sido a porta através da qual tais coerções sociais e limitações estruturais foram interiorizadas por esses agentes, legitimando certos ajustamentos, bem como certas "vistas grossas" que deveriam ser feitas em relação a práticas que, divergindo dos procedimentos técnicos, respondiam a demandas de todos aqueles com suficiente poder para implementá-las. As práticas dos engenheiros modelam-se assim, por esse lado, às regras do jogo oligárquico, levando-as em consideração, e resultando em soluções de compromisso delicadas e provisórias. Sem prejuízo, todavia, do puro auto-interesse à procura de lucros econômicos.

As tais "condições locais", determinadas pelo "meio social", não poderiam deixar de imprimir sua marca nas consciências dos técnicos. As angústias produzidas pelos limites impostos pelo "meio social" às habilidades e práticas orientadas pelos conhecimentos técnicos levavam o discurso dos agentes a derivas nas quais eram comuns os matizes estóicos e as expressões resignadas. Disso dá um testemunho, por exemplo, um trecho famoso do discurso proferido pelo engenheiro e diretor da Escola Politécnica de São Paulo Francisco de Paula Ramos de Azevedo, por ocasião do jubileu de sua carreira[40]. Eis o que ele diz:

> A obra do engenheiro, e particularmente do arquiteto, é meramente coletiva – depende sempre da cultura e do progresso do meio social, da fortuna de seus promotores e até da oportunidade de sua realização. Cabe ao engenheiro interpretar as condições do meio e avançar etc.

Já em 1905, todavia, Antônio Francisco de Paula Souza, discursando como paraninfo da turma de engenheirandos que se formava então, comentava:

> Como sabeis, os trabalhos do engenheiro civil (...) são empreendimentos que só podem ser realizados pela coletividade. – A ação individual em tais casos é relativamente pequena. – Conseqüentemente tais serviços não poderão ser empreendidos e realizados a vosso bel prazer; mas vossos conhecimentos vos habilitam a influir beneficamente para que tais serviços sejam lembrados e encetados[41].

Ao longo de suas trajetórias, os engenheiros brasileiros, em geral, e os atuantes em São Paulo, em particular, compartilhariam certas experiências relativas a essa confrontação entre hierarquias de valores antagônicas. Exprimem-se elas, concreta e exatamente, no processo de constituição de um campo da engenharia (no caso, em São Paulo) no interior de um campo do poder dominado pelas regras do jogo oligárquico. Ao lado dessa espécie de pedagogia espontânea, que sinaliza aos engenheiros seu lugar social e as possibilidades inscritas em suas posições (que podem ser até possibilidades de aumentar as possibilidades), há todo um espaço das instâncias socialmente instituídas, que objetivam a autoridade dos técnicos: Escola Politécnica, Grêmio Politécnico, Instituto de Engenharia.

Morto em fevereiro de 1930, mereceu o engenheiro politécnico Salvador Basile sentida homenagem por parte do amigo e colega de turma Plínio de Queiroz nas páginas do *Boletim do Instituto de Engenharia* número 58[42]. Em uma descrição com poucos dados biográficos, Plínio de Queiroz aparentemente recorre à memória para lamentar a trajetória desse Salvador Basile, "tão nobre em sua infelicidade quão grande na sua bondade e firme caráter". Que, não obstante sofresse os "rigores do infortúnio", dedicava-se com rigor às pesquisas de termometria, colaborando na *Revista Politécnica* com os resultados de sua prática "incansável nas pesquisas de laboratório e nos trabalhos de gabinetes de resistência". Diplomado engenheiro civil pela Politécnica de São Paulo em 1913, "vendo-se só, sem amparo", decide manter-se no "modesto cargo de funcionário dos Correios de São Paulo". Engenheiro de algum talento, teria elaborado projeto "interessante e original" para a sede da repartição de Correios. O projeto, bem como a maioria de seus estudos, jamais teria passado "do conhecimento de seus íntimos porque em conseqüência de sua *modéstia*, ele nunca quisera deixar de ser apenas o funcionário exemplar e o trabalhador infatigável que procurava vencer todos os duros golpes do destino com coragem e resignação" (grifos meus).

Aparentemente, trata-se da transformação da carência em valor, um ajustamento entre as possibilidades objetivas e as expectativas sociais. Ao se observar a trajetória desse infeliz, mas "forte", "bom", "resignado", que sofria as agruras da existência "sem jamais proferir a mínima queixa e nem se lastimar das duras contingências de sua vida", não é possível determinar as causas reais de seu evidente malogro, malogro que as palavras de Plínio Queiroz escondem ao mesmo tempo em que iluminam. Tais palavras são pistas que apontam para um certo desajuste entre as condições materiais e sociais do engenheiro morto e as aspirações que como engenheiro poderia e deveria legitimamente acalentar.

As disposições valorizadas em Basile (resignação, modéstia, abnegação etc.), marcas de condescendência, transformam uma situação de ausência de possibilidades sociais para a prática da engenharia em algo semelhante a escolhas mais ou menos livres ("nunca quisera deixar de ser apenas o funcionário exemplar", etc.). No entanto, pode-se conjeturar que é como se Basile tivesse feito uma estimativa das possibilidades de êxito como engenheiro e se descobrisse em uma situação social que o impossibilitava, apesar de ter-se mostrado intelectualmente apto para isso. Era como se ele dissesse: "isso não é para mim". Naturalmente, Salvador Basile não se julgava "em posição" de propor coisas que eram fora da alçada de um simples, embora dedicado, funcionário dos Correios. Faltava-lhe aparentemente os capitais iniciais que permitiriam a ele abrir mão de seu ordenado modesto nos Correios, e investir em uma carreira de engenheiro, na qual as recompensas materiais demorariam para chegar.

É nesse sentido, provavelmente, que, para Bourdieu, toda ação é uma conjuntura, uma espécie de encontro entre o produto de práticas geradas pelos agentes e as estruturas de um mercado[43]. Este pode estar mais ou menos disposto a aceitar aquilo que é produzido pelos agentes, muito embora estes tendam a ajustar-se às suas demandas e expectativas, além, é claro, de estar na posição de produzir e oferecer coisas. Obviamente, transformar as expectativas desse "mercado", tornando-as mais favoráveis ao próprio produto, deve ter sido uma ambição bastante freqüente entre os agentes, ao menos entre aqueles mais aquinhoados com recursos de habilidades técnicas.

Ora, mas as palavras que Plínio Queiroz utilizou para marcar os limites da posição de Basile, marcas de condescendência que pontuam a homenagem fúnebre, não diferem muito, aparentemente, das utilizadas para referenciar as qualidades dos engenheiros ilustres, aparecendo com relativa abundância nas homenagens a engenheiros como Saturnino de Brito, Ramos de Azevedo e Paula Souza, tanto no que concerne aos valores morais (abnegação, modéstia, disposição para o trabalho, honestidade), quanto à perícia técnica e espírito científico[44]. Obviamente, palavras iguais, quando usadas para descrever indivíduos diferentes, são palavras diferentes. Mas elas possibilitam também, pensando melhor, que indivíduos diferentes compartilhem de um mesmo núcleo de identidade, isto é, elas articulam uma identidade entre desiguais. Para isso, provavelmente, os obituários, necrológicos, homenagens póstumas de engenheiros venerandos, ao cultivarem o "exemplo" e a reverência ao passado coletivo do grupo, parecem ter sido instrumentos adequados para essa espécie de pedagogia profissional[45].

Tanto mais que, no que tange à formação politécnica, a heterogeneidade dos estudantes, nivelados no curso preliminar pelo professor Shalders, esse "providencial selecionador de valores", segundo Taunay, repetindo o que dizia ter ouvido de Ramos de Azevedo[46], estendia-se aos docentes, que se viravam como podiam para ministrar seus cursos, desenvolvendo métodos pedagógicos na prática, ou recorrendo a experiências muito diversificadas provindas dos diversos estabelecimentos de ensino dos quais eram egressos. A esse propósito, D'Alessandro lembra a existência de uma Comissão de Inspetores do Ensino, que atuava na Escola Politécnica no período em que dela foi estudante, na década de 1920. Formada por "três conspícuos mestres", sua função era assistir a determinadas aulas como se fossem alunos, relatando depois a "performance" dos professores[47]. Controle, portanto, sobre o próprio corpo docente. Daí se infere a enorme necessidade da difusão de imagens e exemplos de engenheiros e professores ilustres, que funcionariam como um farol, um dar-se ao conhecimento comum das disposições e capacidades exigidas de um engenheiro, e, principalmente, de um professor engenheiro.

Muito embora adjetivos com cargas semânticas próximas pareçam costumeiramente qualificar engenheiros com perfis tão opostos como Ramos de Azevedo e Salvador Basile, é notável o abismo que separa as narrativas de uma vida e de outra. Porém, qual a razão para essa ênfase em valores que elevam rebaixando, caso de abnegação, modéstia, discrição etc.?

Uma resposta poderia ser procurada no modo como os engenheiros percebiam sua situação social, articulando identidade e estratégia a partir dessa percepção. Para além dos registros de vidas exemplares, esse tema do processo de aprendizagem das disposições que os jovens engenheiros deveriam, convenientemente, exibir, marcando com elas a sua imagem pública de engenheiro (o que significa uma postura estratégica frente ao outro), apareceria desenvolvida na conferência "A Orientação do Engenheiro Nacional", de Victor da Silva Freire, publicado no *Boletim do Instituto de Engenharia* em seu número de estréia, no ano de 1917.

Identificando parte dos problemas da classe dos engenheiros na grande dificuldade que encontravam para fazer valer e reconhecer, no mercado, os seus símbolos distintivos, separando assim, supostamente, o joio do trigo, os competentes certificados pelo grupo (ou seja, pela Politécnica e pelo Instituto de Engenharia) e os "incompetentes, aventureiros, inescrupulosos" que lhes faziam "concorrência desleal" (o número de anátemas dirigidos a mestres-de-obras, engenheiros diplomados em escolas desconhecidas, ou mesmo pelo Mackenzie College, autodidatas etc. é imenso e cumpriam um papel de destaque na formação da identidade de grupo dos engenheiros politécnicos), Silva Freire traçaria duas linhas de ação que, segundo ele, permitiria ao Instituto de Engenharia colocar em prática parte dos seus deveres estatutários, de defesa dos interesses da classe dos engenheiros.

O cliente do engenheiro, esse, se bate a má porta, se é logrado pela incapacidade ou má fé do técnico, ou de quem dolorosamente como tal se anuncia, perde a vontade de tornar a meter-se n'outra. Exista embora essa vontade, nem sempre lhe terão sobrado os necessários recursos. É por vezes todo o pecúlio que se lhe terá escoado na negregada aventura.

Pulula, ao invés, de outro lado os que nos fazem concorrência em tais condições, alguns por falta de escrúpulo, outros por presunção demasiada nas próprias forças. É que o campo da nossa atividade envolve o de uma porção de profissões elementares, e não é raro que, como no conto de Apelles, tenha aplicação o *ne suttor utra crepidans*.

Não é com frases que endireitaremos o mau vezo, tanto mais freqüente quanto nosso meio é ainda moço e indisciplinado. O que nos impõe é a ação. E, esta, (...) para ser profícua, deve exercer-se em dois sentidos, duas diretrizes quiçá paralelas, mas distintas.

A do "meio externo", do público, a quem nos cabe esclarecer, fazer compreender com segurança e exatidão as possibilidades da classe, o que esta sabe, o que pode, e o que não sabe e nem pode realizar.

A "do nosso próprio meio"; pesa-nos sobre os ombros a estrita obrigação de alargar, por todos os processos exeqüíveis, a nossa capacidade, a nossa produtividade, o nosso rendimento profissional; assistirmo-nos mutuamente perante as dificuldades da prática; criar o ambiente de probidade e sisudez indispensável ao crédito, proveito e engrandecimento da classe[48].

Esse público, ao qual os engenheiros deveriam se reportar para esclarecer, era tanto o de clientes e empregadores potenciais, quanto o das elites políticas e intelectuais que controlavam o poder legislativo e procediam à interpretação das leis. Diz Freire, ao mesmo tempo formulando uma estratégia de luta e situando o grupo de engenheiros paulistas no campo do poder, como grupo dominado entre dominantes:

Atribui o dicionário ao advogado os sinônimos de patrono e protetor. Trairíamos a nossa descendência e tradições de comunários se não nos dirigíssemos antes de tudo ao padrinho, ao patriarca, ao poder supremo para o auxílio que supomos carecer.

E assim é que um dos primeiros artigos do nosso compromisso associativo [defesa dos interesses de classe] é todo ele consagrado ao esforço a desenvolver para alcançar a promulgação de certas leis, revogação de certos regulamentos[49].

O argumento central de Silva Freire sustentava que o diferencial da engenharia e dos engenheiros, em relação aos praticantes leigos, seria a aplicação da ciência na formulação de procedimentos que propiciariam uma constante elevação da capacidade de "conjugação, coordenação, concentração de esforços" nos processos produtivos. Ou seja, racionalização dos processos produtivos. Isso parece, de fato, uma característica presente nos discursos das "profissões" organizadas em geral, que enfatizam a sua capacidade de produzir conhecimentos renovados e profundos, dificultando o trabalho dos leigos que, tendo de recorrer aos conhecimentos já vulgarizados, não conseguem acompanhar o "estado da arte" da profissão, qualquer que seja ela.

Tratava-se, é claro, de um argumento em favor da constituição de mercados protegidos, que traçava desde as origens a estratégia fundamental que governaria o ser e o aparecer do grupo dos engenheiros, agrupados em torno da Escola Politécnica e do Instituto de Engenharia de São Paulo, nas três primeiras décadas do século XX, quando se dá o seu processo de agrupamento e de institucionalização. Tal estratégia consistia em propor uma aliança com o poder (com as elites políticas e com o campo jurídico, com os bacharéis), prometendo modelar

Engenharia e poder

a conduta do grupo de engenheiros politécnicos a certos princípios diferenciais, que garantiriam supostamente probidade e competência nos trabalhos técnicos (mediante as devidas sanções do campo aos infratores), em troca de reconhecimento e proteção legal.

De fato, tem-se aparentemente um movimento coordenado de constituição de identidade e diferenciação do "outro", que culminam em um "aparecer aos outros" que deveria ser já uma propaganda em prol da criação de um mercado protegido. Essas demandas por identidade e reconhecimento social de certas qualidades diferenciais, marcadas no corpo e na alma dos engenheiros de São Paulo, que constituiriam sua própria marca identitária de coesão (o "meio interno" e o "externo" de Freire), seriam sintetizadas, posteriormente, na forma de um "código de ética", curiosamente vinculado a uma representação do engenheiro quase exclusivamente "profissional liberal", veiculado pelo Instituto de Engenharia por ocasião da lei estadual de 1924[50], com a qual o Instituto de Engenharia teria "atingido talvez o ponto capital de seu programa, quiçá mesmo a principal razão de sua fundação"[51].

Código de Ética
É considerado em desacordo com a ética profissional:

1) Aceitar qualquer remuneração além da que é devida pelo cliente.

2) Tentar injuriar falsamente ou maliciosamente, diretamente ou indiretamente, a reputação profissional de outro engenheiro.

3) Concorrer com outro engenheiro, reduzindo tarifa, depois de conhecer as pretensões do colega.

4) Intervir nos trabalhos de outro engenheiro, para o mesmo cliente, salvo com o consentimento do colega.

5) Anunciar-se em linguagem laudatória.

6) A solicitação de serviços por meio de agentes e o pagamento de comissão a intermediários.

Era preciso fundar distinções, dar existência social aos engenheiros diplomados, autorizados pelas instâncias de consagração técnicas, isto é, aparecer socialmente, o que pressupunha todo um investimento simbólico (o tal ambiente de probidade e sisudez que proíbe por exemplo a auto-apresentação em tons laudatórios), ao lado de um esforço de acréscimo da capacidade técnica capaz de se converter em capital simbólico para o grupo. Conquistada a legislação estadual de regulamentação do exercício profissional de engenheiros, arquitetos e agrimensores, os porta-vozes dos engenheiros paulistas procuravam cumprir suas "promessas", procurando fazer com que os engenheiros protegidos fizessem jus à proteção, além de agradecerem ao poder supremo a outorga dos seus direitos. A 25 de janeiro de 1925, o presidente do Instituto de Engenharia, Alexandre Albuquerque, oferece, no hotel Terminus, "banquete íntimo" em homenagem ao senador estadual professor Alcântara Machado, membro honorário do Instituto e "iniciador dos trabalhos parlamentares para o estabelecimento da lei", no que teria sido secundado pelo senador Reynaldo Porchat, e pelos deputados Raphael Sampaio e Luiz Pereira de Queiroz, engenheiro e professor da Escola de Agronomia de Piracicaba. Nessa ocasião, cercado pelos "dirigentes da classe", discursa Albuquerque, dirigindo-se ao Dr. Alcântara Machado.

A regulamentação do exercício de engenharia interessa mais à sociedade em que vivemos, do que a nós, engenheiros diplomados. É tão vasta a nossa missão, é tão grande o campo de nossa atividade, que a existência de algumas centenas de "curiosos" em nada prejudica o interesse particular de cada um de nós. Haja engenheiros, que serviço não faltará no dadivoso solo de São Paulo.

Não pese, portanto, sobre nós, os dirigentes da classe, a responsabilidade de querer tirar o pão daqueles que trabalham, para que seja maior a nossa ração. Batemo-nos por uma questão de princípio e de justiça; queremos que sobre nós caiam as responsabilidades tanto de nossas vitórias, como de nossos erros.

O Instituto pugna agora, pelos direitos da classe, para depois exigir de seus consócios, os restritos deveres da ética profissional, e a absoluta honestidade perante os nossos clientes.

Um notável professor da nossa Escola chamava, muitas vezes, a atenção dos seus alunos para a honestidade que deve nortear o exercício da profissão. Depois de longos meses (...), de penosos serviços de campo descobre o engenheiro que os trabalhos foram mal executados, e forçoso é recomeçar. Quanta vez, não será ele tentado a evitar este novo trabalho, no remanso do seu escritório, temendo apenas o testemunho de Deus e de sua consciência? E quanta vez é esta falsificação realizada por esta chusma de aventureiros que mudam de nome e de terra, com a mesma simplicidade com que mudam de camisa[52].

Vinte e dois anos depois da conferência de inauguração do Instituto de Engenharia, em 1939, portanto, o engenheiro civil José Maria de Toledo Malta (1885-1951), ao tomar posse da presidência da instituição de classe dos engenheiros de São Paulo, proferiria um discurso no qual tece comentários acerca da situação social dos engenheiros brasileiros. A despeito da linha de ação projetada por Silva Freire, sua descrição não é nada alentadora:

> O que caracteriza a engenharia entre as demais profissões científicas é ser ela a única profissão liberal hermética, isto é, hermeticamente fechada ao profano. Porque os objetivos das outras é o próprio homem, somos nós mesmos, é claro que nenhuma delas é indevassável. Elas nos interessam e nos apaixonam porque as sentimos dentro de nós.
>
> Mas, em assuntos de engenharia quem mais senão o próprio engenheiro terá gosto por essas questões obtusas onde só entram matéria e energia, tudo regido por leis de expressão matemática? Claro que ninguém mais. Das atividades do engenheiro o público profano apenas observa as aparentes que se manifestam na forma de negócio, transações entre pessoas, como todas as seduções irresistíveis do elemento humano.
>
> Quanto aos trabalhos de gabinete, que são a alma de tudo, o profano ignora por completo o que são, como se fazem e quem as faz. Pior do que isso: não sabe e não quer saber, pois nada disso lhes diz respeito. Daí vem que o público só considera engenheiros aqueles dentre nós que, por tendência inata e necessários recursos em capital, se põem à frente de empresas comerciais. Os outros que elaboram trabalho técnico, desde o simples auxiliar até o verdadeiro criador de formas e de soluções científicas, esses mourejam anonimamente, sujeitos ao salário mínimo regulado pela lei da oferta e da procura, em regime de mão-de-obra racionalizada. Como qualquer betoneira devem dar a máxima produção pelo mínimo custo.
>
> O público ignora até a própria existência de tais trabalhos e de tais trabalhadores, e imagina que cada uma dessas obras grandiosas, que justamente admira, é uma nova Minerva, concebida inteira na cabeça de um único Júpiter[53].

E eis que Salvador Basile torna-se representação do grupo de engenheiros paulista. Entre Freire (1917) e Toledo Malta (1939) ocorreram não apenas a regulamentação estadual da profissão de engenheiro (1924), como também a nacional (1933). Especialista em cálculo de resistência de concreto armado, Toledo Malta sabia certamente o que estava dizendo. Sua apreciação dramática e, talvez, levemente cômica (aliás, sob o pseudônimo de Hilário Tácito, Toledo Malta escreveria a deliciosa sátira de costumes *Madame Pommery*), dependendo de como tenha se desenrolado sua interpretação durante a leitura do discurso, faz com que se compreenda, de um jato, tanto a dependência dos engenheiros politécnicos das figuras de Paula Souza e Ramos de Azevedo (os quais poderiam exemplificar as referências a engenheiros reconhecidos pelo público profano), quanto a utilização do sema da modéstia e abnegação na montagem do núcleo identitário dos engenheiros paulistas. Era a experiência de relativa subalternidade social que caracterizava a engenharia em São Paulo no período estudado, marcada pelo anonimato e reclusão, levando a demandas simbólicas pela identificação a engenheiros que trouxessem em si não apenas os valores simbolicamente partilhados pelo grupo, como trabalho e probidade, mas também que lançassem sobre os indivíduos uma aura de heroicidade e arrojo, que infunde orgulho e desejo de pertencimento ao grupo. Mas era também a predominância do assalariado sobre o profissional liberal, e uma certa defasagem entre o aparecer social do engenheiro e a institucionalização, por lei, de sua existência. Exatamente quando os engenheiros obtinham seu *droit de cité* legal, pareciam vítimas de um aparecimento/desaparecimento social.

Validar o conhecimento

Outro problema, colateral ao surgimento dessa "autoridade" da engenharia, e estreitamente ligada à possibilidade do exercício da violência simbólica legitimada pela técnica, refere-se ao fato de que os "debates técnicos" muitas vezes envolviam cidadãos mais ou menos comuns, preocupados com questões urbanas que diziam respeito a suas propriedades ou vidas cotidianas (redes de serviços, condições de moradia, vizinhança etc). E é exatamente nesse ponto, em que os "leigos" procuram por soluções técnicas adequadas a seus interesses, que a autoridade dos engenheiros devia se afirmar, produzindo uma convenção social capaz de fazer com que a voz do engenheiro fosse acatada e acreditada.

Está claro que tal autoridade não é aquela incorporada na figura de um engenheiro específico, na forma de prestígio pessoal, ou de reputação, mas a da "engenharia", entidade abstrata, que aparece aos leigos representada pela presença concreta dos engenheiros. Tratava-se, no fundo, de um processo de constituição de instâncias técnicas capazes de conceder credibilidade e autoridade a engenheiros anônimos e desconhecidos, todavia portadores de treino e conhecimentos ajustados a um real cada vez mais organizado, formalmente, segundo códigos e normas provenientes da esfera da engenharia, isto é, decididos no interior daquelas mesmas instâncias técnicas (Instituto de Engenharia e Escola Politécnica). A incorporação da engenharia ao senso comum visava a uma situação tal que, parodiando Lenin, se um cidadão pretendesse sugerir intervenções, por exemplo, no urbano, sem ser engenheiro, isso poderia ser considerado tão absurdo como alguém querer curar um doente sem ser médico.

Embora houvesse, em todos esses casos de controvérsia técnica, um espaço para a objetividade, ou para aquilo que Habermas chamaria talvez de razão comunicativa, ou seja, um processo de interlocução racional baseado em ajustamentos contínuos que termina em consenso, os quadros técnicos se veriam em meio à necessidade de resolver as contendas por um meio mais rápido, fazendo economia dos procedimentos de demonstração. Ora, mesmo incorporando o debate racional, a engenharia não deixava de possuir certos pontos de obscuridade, de arbitrário[54], de antinomias que teimavam em escapar das soluções consensuais ou dos argumentos racionais decisivos. O apelo a golpes de força simbólicos deveria resolver as situações.

Nesse ponto, as pesquisas de Josianne Francia Cerasoli mostram, amparadas em farta documentação, que a linguagem técnica difundia-se pela cidade, em setores da população, já em finais do XIX[55]. A pesquisa tem grande interesse, já que pode indicar a presença dos técnicos no espaço social, e a sua incorporação às regras do jogo urbano. A estruturação dos setores de obras, bem como o aparecimento de uma legislação de organização físico-territorial no município (código de obras, zoneamento rudimentar etc.), fundamentados na linguagem da engenharia e a institucionalização do ensino de engenharia na cidade condicionaram o modo como as disputas em torno do espaço urbano deveriam se realizar, isto é, segundo certos procedimentos de debate técnico.

Significa que a presença dos quadros técnicos define linguagem, práticas e problemáticas mais ou menos obrigatórias para todos aqueles que quisessem influir legitimamente no espaço urbano. Obviamente, as práticas dos técnicos criam a necessidade de se recorrer a outros técnicos para decifrar e intervir nos negócios urbanos. Ora, na medida em que a linguagem técnica dissemina-se, e se pode recorrer a técnicos informados, quem pode decidir a quem caberá a razão no momento de conflitos? Como dar um ponto final a debates que ameaçam se tornar infinitos, mesmo porque passava-se a recorrer a engenheiros para contrapor-se às práticas dos engenheiros municipais?[56]

O que estava em jogo era a pretensão a um monopólio do conhecimento e das práticas técnicas legítimos, por parte dos engenheiros diplomados (segundo padrão politécnico), que permitisse a entrada no campo somente àqueles agentes cujas disposições os prontificavam a se submeterem aos juízos consensuais do campo. Isto é, às suas coerções e censuras. Regular a entrada de novos agentes no campo, para além de apenas e tão-somente propiciar um aumento do valor social dos técnicos pela produção de sua raridade, conduzia a uma situação de maior homogeneidade do campo. Isso favorecia tanto a afirmação da autoridade (posta continuamente em jogo) dos que ocupavam suas posições dominantes, quanto a aceitação dessa autoridade pelos dominados (no interior do campo), como parte das regras do jogo. Foi isso que se quis fazer apelando-se para a presença do pólo dotador de autoridade (na verdade, um bipolo: Escola Politécnica e Instituto de Engenharia), que deveria funcionar como um garantidor de última instância da competência dos portadores das credenciais necessárias. O contrário dessa situação se caracterizaria por um exercício imediato e "pessoal" da dominação técnica, que se faz e deve ser refeito continuamente nos diversos contextos de interação entre os técnicos e os leigos.

Por volta de 1912, a Companhia Paulista de Construções, fundada e dirigida pelo engenheiro-arquiteto Alexandre Albuquerque, projeta e constrói diversas residências e prédios particulares, utilizando-se algumas vezes de estruturas metálicas independentes das alvenarias. A adoção de tal partido técnico não se faria sem conflitos. A partir do momento em que tais procedimentos são postos em prática, por exemplo, no caso de um projeto de Albuquerque para um prédio, que seria construído em 1912, na rua 24 de maio n. 25, isso acabaria por criar um ponto de controvérsia com os engenheiros da prefeitura, que se encarregavam de apreciar os projetos de edifícios novos, julgando sua adequação ao Código de Posturas Municipais. O fato é que o projeto de Albuquerque feria as espessuras mínimas de alvenaria determinadas por lei, e parecia natural que os engenheiros da prefeitura resolvessem por indeferir o pedido de permissão para construir. Absorvendo a função de sustentar os prédios, as estruturas metálicas permitiam que as paredes de alvenaria tivessem sua espessura diminuída, já que perdiam sua função estática, determinando, desse modo, respectivas diminuições do custo total da obra. Pelo menos era o que argumentava Albuquerque em longa correspondência com o engenheiro encarregado do processo em questão, com o qual entreteve uma espécie de duelo em que argumentos técnicos são esgrimidos de lado a lado[57].

Ora, na medida em que situações desse tipo tornam-se comuns, cresce a demanda por um espaço institucional por meio do qual se possa validar um ponto de vista técnico fazendo-o passar pelo crivo do exame de técnicos conceituados, o que o habilitaria a predominar sobre os demais pontos de vista possíveis, passando a representar não mais o ponto de vista de um agente individual, mas o do grupo. Ou, seja por uma instância cujo poder sacralizador dotasse os agentes de um poder de um exercício da violência simbólica legítima, submetendo, por exemplo, os engenheiros municipais à uma "verdade técnica" estabelecida segundo os procedimentos de validação da instância.

No ano anterior, em 1911, o sempre militante Alexandre Albuquerque formularia essa demanda de modo contundente, por ocasião da controvérsia gerada pelo enfrentamento entre duas propostas de "planos de melhoramentos" para o centro da cidade. O primeiro, formulado pelo engenheiro agrônomo Samuel Augusto das Neves, sob encomenda estadual, da Secretaria de Agricultura e Obras Públicas do Estado de São Paulo, seria publicado nas páginas do Correio Paulistano de 23 de janeiro de 1911, revelando uma perspectiva haussmaniana, que previa, entre outras coisas, a transformação do Vale do Anhangabaú, em um *boulevard* margeado por edifícios.

O segundo, apresentado pelos engenheiros Victor da Silva Freire e Eugênio Guilhem, respectivamente, diretor e vice-diretor da Diretoria de Obras Municipais, seria dado a público em conferência na Escola Politécnica de São Paulo, no dia 15 de fevereiro do mesmo ano, aparecendo, posteriormente, na íntegra, nas páginas da *Revista do Grêmio Politécnico*. A conferência de Freire, intitulada "Melhoramentos de São Paulo"[58], amparava-se na literatura urbanística internacional, inclusive promovendo por esse meio a recepção de *Der Städtebau nach seinen künstlerischen Grundsätzen (1889)*, de Camillo Sitte, para desfechar crítica arrasadora ao projeto de Samuel das Neves, apresentando-o não apenas como inconsistente para as necessidades de São Paulo, como também ultrapassado em seus princípios urbanísticos[59]. Ora, o caso é por demais conhecido: não obtendo consenso, por sugestão de Freire, recorre-se ao juízo do arquiteto francês Joseph Antoine Bouvard, de passagem por São Paulo. Bouvard, contratado pelo governo estadual, propõe uma solução de compromisso entre as duas posições, resultando em um plano que é aprovado. O evento, considerado marco fundador do urbanismo paulistano, define-se como uma vitória do poder municipal, em especial do seu setor de obras, que demarcava sua autoridade sobre o espaço urbano da cidade, demonstrando uma superioridade epistemológica sobre seus adversários, mesmo que, no final das contas, tenha sido a autoridade de Bouvard que acabaria por deter a última palavra. E é sobre isso que comentava Alexandre Albuquerque:

> Para organizar o tão decantado projeto de melhoramentos de São Paulo, os poderes municipais julgaram imprescindível a presença do Sr. Bouvard, a quem nós, como novéis discípulos, devemos preito de homenagem. Contudo, desculpem os leitores a ousadia do conceito, não faltam em nosso Estado, arquitetos e engenheiros, que passaram seis longos anos nos bancos da academia, recebendo das mãos dos mestres diplomas científicos, todos aptos para estudar e organizar um projeto geral de melhoramentos da capital paulista (...). Se para dar conselhos técnicos sobre os melhora-

mentos da capital, é necessária a presença do Sr. Bouvard, parece-nos lógico aconselhar o Governo do Estado que se dispense do luxo de manter uma escola superior de Engenharia, de Arquitetura e de Indústria[60].

Uma das funções primordiais do Instituto de Engenharia seria satisfazer essa demanda pela institucionalização da autoridade técnica, fato que se depreende da leitura do Artigo 9º. dos Estatutos do Instituto de Engenharia, no qual se determinava, com termos semelhantes até ao utilizado neste texto, que:

> O Instituto atenderá qualquer consulta técnica ou bibliográfica e resolverá sobre quaisquer questões técnicas que lhe sejam submetidas pelos seus sócios ou estranhos à associação – pelo órgão de um Conselho Técnico constituído de comissões especiais, compostas de cinco membros cada uma.

E no parágrafo 2 do mesmo artigo:

> Nenhum parecer poderá ser expedido com a autoridade do Instituto sem que antes tenha sido discutido pelo Conselho Técnico, em reunião em que hajam comparecido pelo menos três membros de cada comissão especial. A estas reuniões poderá prestar seu concurso qualquer sócio ou especialista notável estranho à associação, a convite do presidente, mas sem voto deliberativo.

As comissões mencionadas[61] seriam compostas por sócios eleitos em assembléia, por um período de dois anos, podendo o mesmo sócio participar de mais de uma comissão. Caberia ao vice-presidente receber e encaminhar para as respectivas comissões as demandas por soluções técnicas que chegassem ao Instituto de Engenharia, tendo sido decidido que os pareceres que resultassem do trabalho do Instituto de Engenharia seriam remunerados, salvo se se tratasse de questão de interesse público, "a juízo do Conselho Diretor", caso em que poderiam ser gratuitos. Caberia ao conselho técnico, ainda, constituir o corpo de redação do Boletim do Instituto de Engenharia, decidindo sobre a conveniência e a oportunidade da publicação de matérias relativas ao mundo da engenharia[62].

Os primeiros relatórios anuais da diretoria do Instituto de Engenharia, entretanto, admitiam a pouca efetividade das comissões e do conselho técnico. O número das demandas por soluções técnicas era pequeno e certas comissões apresentavam sérias dificuldades para reunir seus membros. A exceção ficaria por conta das relativas a "Engenharia sanitária e construções civis" e a "Interesses profissionais e legislações". Esta última concentraria os debates acerca da regulamentação do exercício profissional da engenharia, arquitetura e agrimensura, os quais, ao fim de três anos, em 1924, resultariam em projeto de lei que, enviado à Assembléia Legislativa de São Paulo, seria submetido à votação e aprovado, mesmo com as "deturpações" apontadas por Adolpho Morales de los Rios, em sua *Legislação do exercício profissional da engenharia, arquitetura e agrimensura* (1947). Mas seriam talvez as questões urbanísticas da cidade de São Paulo que realmente empolgariam o Instituto de Engenharia e seu órgão de informações, o *Boletim do Instituto de Engenharia*. Virtualmente todos os debates relevantes que diziam respeito à legislação urbanística ou intervenções do poder público sobre o espaço urbano da capital passaram pela comissão encarregada dessa temática e/ou pelas páginas do *Boletim*. A lista não é extensa, mas emblemática: código de obras do município (1918-1920), perímetro de irradiação (1924), Plano de Avenidas (1926-1930), *zoning* (a partir de 1930), regulamentação dos serviços de utilidade pública (1930) etc.

Aliás, as revistas da classe desempenharam um papel apreciável nesse processo. Lançado no final de 1917, o *Boletim do Instituto de Engenharia*, além de informar os sócios acerca das questões que envolviam o Instituto, publica textos técnicos, de autores nacionais e estrangeiros, notícias de obras em andamento, informações de interesse da classe dos engenheiros, necrológios[63], propostas para a resolução de problemas nacionais, e encarrega-se de pôr em debate a situação da engenharia nacional, muito embora quase sempre se tratasse da engenharia paulista. Por meio da publicação, os engenheiros podiam colocar em jogo o produto de seu trabalho, fazer ver e reconhecer os seus méritos, procurando consagrar seus pontos de vista como "verdade", mobilizando para isso toda autoridade disponível, seja ela própria ou emprestada à literatura técnica estrangeira. Aparentemente, embora os engenheiros paulistas recorram fundamentalmente, em seus textos, aos métodos matemáticos de demonstração, boa parte dos argumentos poderiam ser classificados como "argumentos de autoridade", lembrando muito os métodos de demonstração das ciências jurídicas[64].

A esse respeito, um exemplo provindo da literatura técnica publicada em São Paulo: no décimo número do *Boletim do Instituto de Engenharia* de São Paulo (agosto de 1920), o ex-engenheiro-chefe do Saneamento de Santos e de Recife Francisco Saturnino de Brito publica o artigo "Nota sobre o traçado das ruas", em que discute, baseando-se em seu *Tracé sanitaire de Villes* (1916), o problema da relação entre o traçado das ruas e a topografia do terreno, "para facilitar-se a execução dos esgotos pluviais e sanitários". A polêmica não vem ao caso. No entanto, ao longo do artigo, a defesa do ajustamento do traçado das ruas à topografia, mesmo que isso resultasse em ruas grimpantes, contra os planos geométricos, cede lugar a um questionamento do poder da engenharia, um tanto quanto longo, mas fundamental:

> Não será para admirar que, no futuro, outros administradores municipais, sob a influência das injunções dos proprietários – eleitores, pretendam alterar a ordem agora estabelecida em os novos planos de expansão; – o pretexto será, ou voltar ao xadrez, ou fazer cousa melhor, mais artística; não lhes será difícil obter alvitres dos técnicos que sujeitam as opiniões aos desejos dos mandões. Teremos então a campanha sofística contra a que está feito, à semelhança perfeita do que aconteceu em Santos. Para evitar o mal das intervenções locais, discricionárias e caprichosas, será conveniente que os planos sejam aprovados pelo poder central, ao qual serão submetidas as propostas de alterações razoáveis, em algumas ruas, dos esquemas gerais, bem como as revisões necessárias e os estudos das novas extensões dos planos, em prazos mais ou menos longos, de conformidade com o progresso local.

> Mas, para que esse programa seja aceito com facilidade pela maioria dos interessados, e seja mantido com severidade pelo poder julgador, é indispensável convencê-los da racionalidade do processo posto em prática nos esquemas de previsão; – para isto concorre, às vezes, – mais que os argumentos do autor do plano – o conhecimento das opiniões insuspeitas, de autoridades respeitadas, sobre o processo adotado.

> Precisamos fazer útil e duradoura; assim, devemos, sem apego, abandonar o que ficar provado ser menos satisfatório; mas devemos, com tenacidade, manter e defender o que for julgado útil por essas autoridades competentes e insuspeitas.

> Poderíamos estar em dúvida sobre a valia técnica da solução dada ao problema do traçado sanitário das cidades se não tivéssemos tido os mais significativos aplausos de distintos engenheiros nacionais e estrangeiros, além da recompensa, em grau máximo, com que a Exposition de la Cité Reconstituée distinguiu *Le tracé sanitaire des Villes*, e da referência que lhe fez a *Technique Sanitaire*, em 1916 ou 1917[65].

Saturnino de Brito continua referindo-se à carta que teria recebido do "notável arquiteto paisagista de Bruxelas" Louis Van Der Swaelmen, carta na qual este declarava ter lido *Le tracé sanitaire* e constatado – "muito feliz" – a rigorosa coincidência de pontos de vista que os unia. Citação de autoridade no texto de um dos mais reconhecidos engenheiros brasileiros? O que Saturnino de Brito faz com essas palavras?

Por volta de 1920, era o engenheiro Saturnino de Brito (1864-1929) um dos poucos técnicos a gozar de um prestígio nacional e conexões com instituições técnicas internacionais como a Comission Internacionale des Ponts et Égouts e a Association Générale des Hygiénistes et Techniciens Municipaux. Engenheiro civil, forma-se em 1886 pela Escola Politécnica do Império do Brasil, inicia sua vida profissional em trabalhos ferroviários, como, aliás, era de praxe para engenheiros de sua geração. Todavia, seria certamente nos planos de saneamento das cidades brasileiras que faria seu nome, isto é, como engenheiro sanitário. Em 1894 chefia a secção do abastecimento d'água na construção de Belo Horizonte; em 1895, ocupa-se do plano de saneamento e extensão de Vitória[66]. Entre 1896 e 1898 engaja-se na Comissão de Saneamento do Estado de São Paulo, organizando projetos para Campinas, Piracicaba, Ribeirão Preto, Limeira, Sorocaba e Amparo. A lista é imensa e completá-la não parece necessário. É preciso, no entanto, enfatizar a abrangência geográfica dos trabalhos de Saturnino, indo de Santos (1905-1912) a Recife (1909-1917), passando por Petrópolis (1898), Santa Maria (1919) etc. Segundo um de seus biógrafos[67], Saturnino teria trabalhado para "metade dos estados do Brasil", conseguindo um "milagre em nosso meio político administrativo":

> Era um ditador nas Comissões que exerceu. Não havia empenhos políticos que o fizessem conservar um mau empregado ou despedir um outro que fosse cumpridor de seus deveres. Não havia injunções políticas que o fizessem desviar-se do programa preestabelecido, de acordo com os seus princípios e convicções que defendia com independência bravia[68].

Reconhecido nacionalmente, Saturnino parecia estar na posição de impor seus pontos de vista técnicos às administrações estatais. Daí talvez, tomando-se como verdade o depoimento do biógrafo, certa disposição de "manter as distâncias", exibida diante dos dirigentes políticos, como se quisesse evitar qualquer contaminação por considerações extratécnicas no trato com as autoridades políticas. "Por força do temperamento", manteria uma atitude "meio inóspita" diante daqueles com quem tinha relações de dependência[69].

Tal capital de reconhecimento, que permitia a ele ocupar posições prestigiosas nos contextos técnicos estaduais (inclusive o paulista), é mobilizado em "Nota sobre o traçado das ruas" para reforçar a contraposição entre uma hierarquia de valores calcada no jogo da política e outra, calcada no domínio da técnica, contraposição essa que se diluiria na medida em que não faltavam técnicos "que sujeitam as opiniões aos desejos dos mandões". Trata-se aqui da montagem de um sistema de coerção social com base nos juízos técnicos emitidos ou asseverados pelas "opiniões insuspeitas de autoridades respeitadas". Isso demandaria, é claro, toda uma estrutura social que pusesse os agentes técnicos em relações recíprocas e hierárquicas, impondo pontos de vista consensuais aos "de baixo", pontos de vista estes definidos a partir das posições dominantes (ocupadas pelos engenheiros portadores dos maiores capitais de reconhecimento entre os pares). Na falta ou na insuficiência dessas coerções, restava o apelo a autoridades estrangeiras, as quais levavam a vantagem tanto de exibir uma imagem de validade decorrente das suas instituições de origem, quanto a de provirem dos países que compunham, em geral, o "centro orgânico do capitalismo", aportando no Brasil como utopias já realizadas. O que parece estar em jogo, desse modo, é a possibilidade do exercício de uma violência simbólica legítima, amparada em credenciais técnicas. Todavia, que Saturnino de Brito precisasse, ele mesmo, apresentar a aprovação de engenheiros estrangeiros como demonstração da validade das suas posições, isso era, certamente, um sinal de debilidade.

Ora, o Instituto de Engenharia de São Paulo, como espaço de controvérsias por excelência dos engenheiros paulistas agrupados ao redor da Escola Politécnica, competindo com os demais circuitos de difusão de idéias (dentre os quais a imprensa parece ser o mais potente) pelo monopólio dos procedimentos de validação das soluções técnicas (concepção e solução de problemas), tentaria fundar e interiorizar parte daquela capacidade de dotar de autoridade, de legitimar, que Saturnino de Brito persegue com seu apelo à aprovação da autoridade estrangeira. Esse era o alvo, mas quanta dificuldade para atingi-lo!

Por todos os lados, era uma pluralidade de procedimentos, de tradições de engenharia, de sistemas pedagógicos, ou então de lógicas adversas de ação sobre o real que reaparecia, minando a perspectiva de um centro único de legitimação e autoridade no campo da engenharia paulista. Algumas vezes eram os "mandões", de que fala Saturnino de Brito, que se empenhavam por ajustar as melhores soluções técnicas a seus próprios interesses, como fazem, por exemplo, os vereadores de São Paulo na década de 1930, que põem por terra a tentativa do engenheiro Luiz de Anhaia Mello, legitimada por seu reconhecimento como principal especialista em urbanismo na cidade, de controlar a expansão urbana de São Paulo, fazendo com que os projetos de abertura de novas ruas fossem submetidos à aprovação do poder municipal. O golpe de Anhaia foi neutralizado pela invenção da categoria de "ruas particulares", com a qual se liberavam os proprietários de qualquer controle sobre os loteamentos que viessem a empreender. Ou então uma decisão do governo do estado, que contrariava consensos politécnicos, como aquela que, na década de 1910, toma partido pela adução de águas para o abastecimento da cidade via Cantareira, buscando suprimentos ao norte da cidade, contra a opinião dominante entre o quadro docente da Escola Politécnica, que prefere tratar as águas do Tietê, dentro do perímetro urbano. Sobretudo, existia a Escola de Engenharia do Mackenzie College, atuando como um fator de dispersão de forças, fragmentando a noção de autoridade politécnica, ao oferecer um tipo de educação de engenharia diferenciado.

Por esses mesmos motivos, desejava-se dar ao conhecimento público as credenciais que habilitavam cada engenheiro ao exercício do direito de opinião técnica, segundo uma classificação hierárquica definida a partir das instâncias fundamentais do campo. No caso, Escola Politécnica, Instituto de Engenharia e, crescentemente, Diretoria de Obras Municipais. Tais credenciais, reconhecidas pelo "campo", inscreviam-se nas estruturas mesmas de suas instâncias fundamentais (na forma de cargos, posições, títulos, menções elogiosas nas publicações de classe etc.).

A perspectiva de incremento de poder e autoridade, embutida nesse processo, é evidente. Trata-se de uma luta não apenas pelo controle interno do trabalho em engenharia por representantes do grupo, isto é, pela construção dos alicerces de um poder discricionário na prática da engenharia (o grupo exercendo controle sobre o trabalho de seus membros, mas exigindo em contrapartida que se concedesse aos engenheiros a capacidade de decidir autonomamente acerca das questões que envolviam o trabalho de engenharia). Sobretudo, evidencia-se o modo como os processos de hierarquização, agrupamento e constituição de espaços de validação dos pontos de vista técnicos são solidários entre si. Assim, parecem se delinear os contornos simultâneos tanto de um grupo social definido majoritariamente pela relação de seus membros com a Escola Politécnica, quanto o aparecimento de circuitos sociais de validação da "verdade técnica".

Objetivação

Parece claro, então, que havia vínculos inextricáveis entre, por um lado, uma tendência de centralização da legitimidade de produzir e utilizar conhecimen-

nicos, centralização essa operada a partir de determinadas instâncias que se constituem no período em questão; e, por outro, todos aqueles processos pelos quais um grupo social com fronteiras e critérios de aceitação definidos se estrutura. A montagem de instâncias produtoras de conhecimento de engenharia e o agrupamento dos agentes que se autodefinem como legítimos operadores práticos desse conhecimento (ao produzir ou fazer a sua recepção, tanto quanto ao instrumentalizá-lo na manipulação do real) aparecem mutuamente solidários, já que a performatividade dos conhecimentos de engenharia modela o real e faz com que ele possa ser convenientemente operado por meio das categorias que compunham o acervo de conhecimento dos engenheiros. O mundo modelado pela engenharia faz da efetividade prática de suas categorias uma demonstração cabal de sua necessidade. Um exemplo óbvio desse processo é a naturalização das redes de serviços de utilidade pública, concebidas e geridas tecnicamente, percebidas pelas populações como um dado da natureza não sujeito a escolhas, expandindo-se segundo leis próprias, ao infinito.

O que é o mesmo que dizer que a engenharia se objetivava, tornava-se "objeto", impondo as suas determinações às práticas dos agentes. Ao mesmo tempo, percebe-se uma tendência paulatina para a centralização do poder tanto na esfera da política educacional, quanto no tocante à codificação de normas para o trabalho especializado, especialmente a partir da década de 1920, centralização essa que teve no Estado em seus diversos níveis e poderes o protagonista principal. Ora, o Estado aqui não é entendido como um aparelho sob as ordens seja de uma classe, seja de agentes exclusivos. Ele é um espaço de disputas em que grupos e agentes lutam pelo poder de transformar, ou conservar por meio do poder do Estado, o campo de racionalidade dos agentes[70], ou seja, o universo das expectativas que estruturam de fato as práticas sociais. Pode-se assim perceber marcas tanto da autoridade dos engenheiros e da engenharia (do valor social dos engenheiros objetivado em instituições técnicas), quanto das correlações de forças nacionais entre engenheiros e instituições de engenharia. Porque o Estado procurará nos engenheiros mais prestigiosos nacionalmente amparo para a definição de suas políticas concernentes ao ensino técnico e à "profissão de engenheiro". Assim, no início da República, a Constituição de 1891, nos artigos 420 e 421, definiria a Escola Politécnica do Rio de Janeiro como escola oficial por excelência. Isso significava mandar todas as instituições "livres", isto é, criadas por iniciativa não federal, que se pusessem em regra com currículos e regulamentos da escola do Rio de Janeiro, como condição para que obtivessem o reconhecimento dos diplomas pela União e, conseqüentemente, validade nacional.

Como, pela mesma Constituição, vigorava o regime da liberdade do exercício das profissões liberais (mas condicional, para a advocacia e a medicina), as disposições constitucionais não tinham de fato um grande efeito, salvo no que tangia aos empregos federais nos estados ou na capital. É que o decreto imperial n. 3001, de 9 de outubro de 1880, não revogado em 1891, que regia matéria concernente à contratação de técnicos pelo governo central, determinava que "engenheiros civis, geógrafos e os bacharéis formados em matemáticas, nacionais ou estrangeiros, não poderão tomar posse de empregos ou comissões de nomeação do Governo sem apresentar seus títulos ou cartas de habilitação científica", concedendo um prazo de três meses, aos empregados na Corte, e seis meses, aos atuantes nas províncias, para se regrarem de acordo com o Decreto, sob pena de perda do posto.

O *Almanak dos engenheiros*, publicado pelo Ministério da Agricultura, em 1908, apresenta apenas três engenheiros da Escola Politécnica de São Paulo com títulos registrados em alguma repartição do ministério[71], ou seja, apenas três engenheiros formados em São Paulo com passagem no serviço público federal. Predominam, é claro, os egressos da escola de engenharia do Rio de Janeiro, em suas diversas nomenclaturas. Porém, apenas para um termo de comparação com a Politécnica de São Paulo, a Escola de Recife, fundada pelo governo do estado de Pernambuco, um ano após a de São Paulo, contava, em 1906, com sete de seus ex-alunos no corpo de engenheiros da Federação. Ora, Recife formaria sua primeira turma de engenheiros civis (única especialidade) em 1901 (cinco alunos), e em 1904, quando fora extinta de modo meio nebuloso, tinha formado 26 alunos. Continuaria na ativa, no entanto, devido à abnegação de seus professores. A primeira turma de engenheiros civis da Politécnica de São Paulo se formaria em 1899 e contaria nove alunos, mantendo a média até a década de 1920.

Ora, segundo os dados de Love, o estado de São Paulo aparece como um dos que menos recebia recursos da União, e que mantinha, proporcionalmente em relação ao número de funcionários estaduais, o menor contingente de empregos federais. Passando São Paulo por sucessivos processos de expansão econômica, ligada ao complexo cafeeiro, a partir de finais do XIX, constituía-se em mercado de trabalho, ele mesmo, suficientemente grande para comportar os engenheiros formados por sua própria "escola oficial", a Escola Politécnica de São Paulo. O mesmo acontecia com a Escola de Engenharia de Porto Alegre (1897), iniciativa particular subsidiada pelo estado riograndense. Com a grande diferença que, no Rio Grande do Sul, o estado capitaliza-se mediante imposto territorial, que recai, portanto, sobre os grandes estancieiros, o que,

te imposto territorial, que recai, portanto, sobre os grandes estancieiros, o que, juntamente com a repressão aos contrabandos platinos, cria estímulos ao mercado interno, à economia urbana e industrial. Na medida em que não quiseram ceder às exigências legais e reformular seus regulamentos tomando como referência os de sua congênere do Rio de Janeiro, é apenas em 1900, por conta do decreto federal n. 727, de 8 de dezembro, que os diplomas das duas escolas de engenharia acabariam equiparados aos de sua congênere do Rio de Janeiro, em regime especial, passando a ter validade nacional.

Como contraste, a Escola Politécnica da Bahia aparece com uma trajetória totalmente outra. Fundada em 1897, em cerimônia na qual um de seus fundadores e primeiro diretor, Arlindo Fraga, faz discurso alusivo à Escola Politécnica de Paris (o que significava uma filiação simbólica a Paris e ao Rio de Janeiro), além de contar com a presença de representantes da Escola Politécnica do Rio de Janeiro e alunos do colégio militar da mesma cidade; a escola baiana obteria a sua equiparação logo no ano seguinte, por meio do decreto federal n. 2.803, de 9 de maio de 1898[72]. O mesmo aconteceria com a Escola de Engenharia do Recife (fundada em 1895, equiparada em 1898). Com isso, na primeira década do século XX, Salvador e Recife (escolas equiparadas) constituiriam com a Escola de Minas de Ouro Preto e a Escola Politécnica do Rio de Janeiro (escolas federais) uma espécie de sistema nacional de escolas técnicas em cujo vértice encontrava-se a última (embora a Escola de Minas possuísse um estatuto diferenciado)[73], diplomando um contingente de técnicos bastante dependentes das oportunidades de emprego criadas a partir da capital federal. A escola Politécnica de São Paulo e a Escola de Engenharia de Porto Alegre se agregariam a esse sistema, mas com um estatuto diferenciado, tendo sido ambas reconhecidas por decreto especial[74].

Essa tendência à centralização das decisões pedagógicas, pela qual se exprime a hegemonia nacional da Escola Politécnica do Rio de Janeiro, se reafirmaria posteriormente nas correções de curso efetuadas após a reforma educacional posta em prática com o Código Rivadávia Correia, de 1911, que concedia liberdade irrestrita de ensino e, por isso, caminhava no sentido oposto ao da centralização, ou seja, no sentido da liberdade das congregações de estabelecer as grades curriculares e a seriação que julgassem mais adequadas. No sentido da centralização uniformizadora, revelou-se a promulgação tanto da reforma Carlos Maximiliano (Decreto Federal n. 8659, de 5 de abril de 1915), quanto a João Luiz Alves (Decreto Federal n. 16782-A, de 13 de janeiro de 1925), que retomavam o regime da equiparação, abandonado pela reforma Rivadávia, e exigiam, no que tange ao ensino de engenharia, a harmonização dos currículos aos da Escola Politécnica do Rio de Janeiro, concedendo à União tarefas e poderes de fiscalizar os estabelecimentos de ensino, por meio de suas instâncias reguladoras (Conselho Superior de Ensino, em 1915, depois, Conselho Nacional de Ensino, em 1925, e, finalmente, Conselho Nacional de Educação, em 1931). Ora, isso significava pouco sem uma regulamentação apropriada que cerceasse o próprio exercício da engenharia[75].

É aqui que a tentativa da conquista de posições no estado (ou do poder de influenciá-lo) se torna fundamental para mudar correlações de forças dentro do campo, acrescentando valor a 'capitais' e 'trunfos' específicos (como é o caso de diplomas, por exemplo), e/ou expropriando outros (como a reputação dos práticos).

Isso parece ficar claro quando se toma em consideração três momentos de choque entre a posição da Escola Politécnica de São Paulo e a da Escola de Engenharia do Mackenzie College, os dois primeiros descritos no livro de Marcel Mendes *Mackenzie no espelho*: 1) em 1922, por ocasião dos trâmites que levariam à aprovação no legislativo nacional de projeto que previa a equiparação condicional do Mackenzie às congêneres oficiais (regime semelhante inclusive ao da Escola Politécnica). Coincidentemente, no ano seguinte, em São Paulo, o exercício da engenharia seria regulamentado com a Lei n. 2022, de 27 de dezembro de 1924, redigida segundo projeto preparado no interior do Instituto de Engenharia de São Paulo. Estabelecia-se, assim, a exigência de diploma de escola oficial registrado na Secretaria de Agricultura e Obras Públicas, ficando a Escola Politécnica encarregada de julgar os casos de diplomas estrangeiros ou de escolas não oficiais; 2) em 1932, quando da cassação da validade dos diplomas emitidos pelo Mackenzie, coincidentemente, no ano anterior ao da regulamentação federal do exercício profissional de engenheiros, arquitetos e agrimensores, que criou o sistema Confea/Crea, com instâncias de auto-regulamentação e fiscalização; 3) em 1943, quando se elege o primeiro presidente do Instituto de Engenharia mackenzista[76], ponto de culminância de um processo de estabilização do campo, determinado pela união simbólica das duas escolas nos batalhões paulistas em 1932, tanto quanto, pelo irremediável da situação da escola de Engenharia do Mackenzie College, que ganha seu direito definitivo de existência em 1934.

O primeiro momento (1922), de certo modo, estava ligado à tentativa de regulamentação do exercício de engenharia, decorrente do projeto de lei, versando sobre o padrão municipal de construções, do vereador engenheiro-arquiteto pela Escola Politécnica Heribaldo Siciliano, que reservava as atividades técnicas ligadas à construção civil aos engenheiros formados em escola oficial. Proposto em 1917, o projeto passaria pelas Comissões Técnicas do Instituto de Engenharia e, muito modificado, seria submetido a plenário. Todavia, ainda em 1920, quando se decidiu pela não competência dos poderes municipais para legislar sobre exercício profissional (já que esse era "livre", pela Constituição de 1891). Horace Lane repercute e interpreta, segundo a posição do Mackenzie, o lance politécnico:

(...) Os jovens engenheiros da Escola Politécnica de São Paulo viram em quase todos os quarteirões da cidade razões para querer afastar o pessoal do Mackenzie de seu caminho (...). Esses engenheiros da Escola Politécnica conseguiram um projeto de lei para proteger a dignidade da profissão de engenheiro. Ostensivamente a lei iria cassar os profissionais que não têm formação superior, mas o texto da lei foi de tal forma redigido, que os engenheiros formados pelo Mackenzie seriam também atingidos. A Assembléia do Estado, mesmo antes que nos movimentássemos para evitar tal injustiça, cuidou de impedir que o projeto se transformasse em Lei (...). O presidente do Estado havia, também, assegurado que vetaria uma lei nesse sentido[77].

Esses jovens engenheiros politécnicos não são outros senão os que fundam o grêmio politécnico em 1904, logo de saída em combate contra as posições rivais no mercado de engenharia; em 1911 estão por detrás da iniciativa da Sociedade dos Arquitetos Paulistas e, em 1917, ao mesmo tempo em que elegem Paula Souza como centro simbólico na fundação do Instituto de Engenharia, fazem caminhar a nova instituição no sentido dos interesses do grupo em formação, sob a difusa hegemonia do que aqui foi chamado de grupo dos "novos".

Quando em 1922, prevenindo talvez uma era de regulamentações profissionais, começa-se a discutir no Congresso Nacional, segundo consta, por iniciativa da bancada de São Paulo (é preciso lembrar a influência e o enraizamento do Mackenzie College no interior das elites republicanas paulistas, dentro das quais, era visto como velho aliado de lutas), a equiparação dos diplomas do Mackenzie às escolas oficiais, porém em um regime diferenciado (semelhante aos casos da própria Escola Politécnica de São Paulo e da Escola de Engenharia de Porto Alegre, em 1900), a Congregação da Escola Politécnica de São Paulo "(...) fez um apelo aos Congressistas para que não aprovassem o projeto, alegando que isentava o Mackenzie das exigências da fiscalização comum"[78].

Esse "apelo aos congressistas", dirigido ao presidente da Câmara dos Deputados, e assinado pelo diretor da Escola Politécnica de São Paulo, Ramos de Azevedo, acompanhado por alguns professores catedráticos da casa como Alexandre de Anhaia Mello, Rodolpho Baptista de Santiago, Theodoro Augusto Ramos, Victor da Silva Freire etc., seria lido em sessão do Senado Federal a 25 de setembro de 1922. Nele, argumentava-se, entre outras coisas, que a escola era dirigida por estrangeiros, que menosprezava os métodos de ensino nacionais, que fazia propaganda religiosa etc. Seguindo a isso, vinha a condenação pedagógica:

> São do domínio público, e essa Câmara não pode desconhecer a insuficiência dos programas e a feição exclusivamente prática do ensino das diferentes disciplinas do Mackenzie College[79].

Ambivalências e ambigüidades nesse processo de constituição da verdade e da autoridade: o que provavelmente unificava os discursos tanto de politécnicos quanto de mackenzistas no tocante ao ensino de engenharia no Brasil (além da defesa de um estatuto diferenciado em relação ao ensino oficial ministrado pela Politécnica do Rio de Janeiro, ênfase prática, educação para o espírito de iniciativa, trabalho e auto-esforço competente etc.) era o apelo à idéia de adaptação às condições locais[80].

A posição da Escola Politécnica não podia deixar de ecoar pela imprensa, como testemunha o artigo da *Gazeta do Rio de Janeiro*, datado de 31 de outubro de 1923, no qual se afirma que o reconhecimento federal do Mackenzie College se daria "em detrimento e prejuízo da Escola Politécnica de São Paulo, onde o estudo é uma coisa séria e a ação sábia e criteriosa de Paula Souza é continuada pelo caráter superior de Ramos de Azevedo etc."[81]. Da mesma forma, parecem ser as palavras de Silva Freire, advertindo para a intenção dos norte-americanos de conquistar pela engenharia os negócios latino-americanos, que ecoam na longa polêmica entre Júlio de Mesquita Filho, d'*O Estado de São Paulo*, e o então presidente do Mackenzie College, William Waddell. A crítica d'*O Estado* recaía sobre o caráter norte-americano do ensino do Mackenzie, formando levas de "engenheiros desnacionalizados", favorecendo, por meio dessa estratégia de "penetração espiritual", "um desígnio de conquista pacífica"[82]. A resposta do Mackenzie foi extremamente eloqüente, dispondo-se a indicar o nome de Júlio de Mesquita Filho para integrar o Conselho do Mackenzie College, o que, embora não tenha se consumado[83], é significativo, já que parece reproduzir as estratégias de empresas estrangeiras no Brasil, que tradicionalmente buscaram integrar a seus conselhos figuras locais influentes.

Tudo isso tem o poder de mostrar, talvez, os contornos de relações estruturadas entre essas posições diferentes (Politécnica, Mackenzie), tanto quanto das práticas que buscavam a sua transformação ou conservação. No caso, a perspectiva de que viessem a ser promulgadas legislações regulamentadoras do exercício da engenharia intensificava o combate, já que tudo, então, se tornava matéria de vida ou morte para as escolas e grupos ocupacionais. Conquistado o reconhecimento oficial dos diplomas mackenzistas, em 1923, no ano anterior à promulgação da lei estadual de regulamentação da profissão, se seguiria ainda um segundo *round*, ocasionado pelo parecer n. 122, de 28 de abril de 1932, do Conselho Nacional de Educação, redigido pelo professor da Escola Politécnica de São Paulo e membro do Conselho, engenheiro Theodoro Augusto Ramos, que pedia, e obteria, a cassação dos diplomas mackenzistas, o que seria remediado apenas em 1934. Ora, entre 1932 e 1934, haveria o decreto federal n. 23.569 de 11 de dezembro de 1933, que regulamentava nacionalmente a profissão de engenheiros, arquitetos e agrimensores, que amplificaria os efeitos da cassação levando à transferência de boa parte dos estudantes do Mackenzie para a Escola Politécnica.

Após 1934, todavia, com os diplomas assegurados, os primeiros engenheiros mackenzistas passam a ser aceitos como sócios do Instituto de Engenharia, traduzindo a posição de força obtida por esses agentes, que obriga a sua absorção pela instituição de classe dos engenheiros paulistas. Em 1943 seria eleito o primeiro presidente mackenzista do Instituto de Engenharia, Cícero da Costa Vidigal, que morreria poucos meses depois da posse. Porém, é provável que, a essas alturas, as questões fundamentais já estivessem resolvidas. O Instituto de Engenharia perdia parte de sua importância, na medida em que o grupo dos engenheiros paulistas era institucionalizado por lei[84]. Os órgãos de representação "oficiais", Crea/Confea, ganhariam o primeiro plano.

A tarefa do campo estava concluída, por ora.

4. A gênese do urbanismo a partir da engenharia

> Formou-se, antes, uma "ralé" que cresceu e vagou ao longo de quatro séculos: homens a rigor dispensáveis, desvinculados dos processos essenciais à sociedade. A agricultura mercantil baseada na escravidão simultaneamente abria espaço para a sua existência e os deixava sem razão de ser.
>
> Maria Sylvia de C. Franco.
Homens livres na ordem escravocrata, p. 14.

A fase de formação das fazendas utilizava trabalhadores livres, em vez de escravos, que trabalhavam por empreitada em troca do direito de cultivarem nas novas terras gêneros alimentícios. Obrigavam-nos, em contrapartida, durante alguns anos, a desmatar o terreno e a plantar as mudas de café fornecidas pelo fazendeiro. Entre as jovens plantas de café podiam, durante algum tempo, plantar milho e feijão para seu consumo e até para venda. Ou seja, os fazendeiros preferiam reduzir seus dispêndios financeiros com a fase de formação das fazendas para aplicá-los no seu funcionamento produtivo normal, ainda que, nesse caso, com a compra de escravos negros. Essa é a característica que não se perdeu no caso da Amazônia atual e das frentes pioneiras.

José de Souza Martins.
Fronteira: a degradação do outro nos confins do humano, pp. 98-99.

Urbanismo paulista entre a cruz e a espada

Para o Brasil, o mesmo conjunto de externalidades (crescimento da demanda internacional por *commodities* de origem tropical, intensificação dos fluxos de capital financeiro que migram do centro orgânico do capitalismo para as bordas etc.) que, no último quartel do século XIX, levariam de roldão, quase simultaneamente, os sistemas político, econômico e financeiro monárquicos, e imporiam sensíveis ajustes às estruturas sociais tradicionais, calcadas nas instituições da escravidão e do favor, fez-se representar, do ponto de vista das estruturas materiais, tanto pela reestruturação do espaço urbano das cidades que funcionavam como pontos de conexão entre o país e os mercados internacionais (especialmente as cidades portuárias: Santos, Vitória, Rio de Janeiro, Recife, Salvador), quanto pela construção de redes de comunicação e de serviços de utilidade públicos especialmente de âmbito regional, formando, assim, sistemas de circulação de capitais, qualquer que fosse a forma em que estivessem: dinheiro, força de trabalho, *commodities* exportáveis ou, na direção oposta, mercadorias a serem comercializadas em um nascente mercado interno, energia etc.

O impacto desses processos sobre as populações pobres teria sido notável: liberadas de seus vínculos tradicionais (de cunho escravista ou de "favor"), quer pela quebra da ordem jurídica monárquica, quer pela decadência econômica das velhas elites, do Nordeste, principalmente, mas também das fluminenses, massas de despossuídos vagavam pelos sertões, aglutinando-se em certos pontos que se lhes afiguravam, algumas vezes, como fontes de esperança calcados em fervor religioso e, em outras, como vias de integração a esse novo mundo que se estruturava, caso que corresponde perfeitamente ao papel desempenhado pela capital federal como ponto de concentração populacional. Ao mesmo tempo, levas de imigrantes impactavam demográfica, econômica e socialmente os centros urbanos para os quais se deslocavam, via de regra, demandando as regiões economicamente mais dinâmicas. Nessa modalidade, a capital paulista seria soberana. Em São Paulo, a combinação de excesso de liquidez nas praças financeiras internacionais com a concentração do capital cafeeiro que se diversificava e um processo explosivo de crescimento demográfico, a partir de 1870, propiciaria a transformação de seu espaço urbano em espaço de exploração econômica capitalista[1], tanto pela implantação de redes de serviços de utilidade pública, quanto pelo surgimento de um próspero ramo de negócios baseado na especulação com terrenos e construção civil. Havia ainda todos aqueles casos de demandas por

Engenharia e poder

estruturas destinadas a servir de base de sustentação material para as atividades econômicas, viabilizar minimamente a ocupação e o aproveitamento de terreno, além de fundar simbolicamente, por meio da criação de espaços urbanisticamente diferenciados, um espaço urbano organizado segundo as hierarquias sociais que se redefiniam.

Havia, pois, todo o peso da dinâmica do crescimento populacional: ao mesmo tempo em que o surto demográfico representava para o capital abundância de força de trabalho barata, o modo como as relações capitalistas se implantavam na cidade acabavam por determinar uma espécie de pressão malthusiana sobre os recursos naturais e o meio ambiente do sítio em que São Paulo se espraiava. Por um lado, a renda da população pobre, insuficiente até mesmo para generalizar o bonde da Light como meio de transporte popular, também estava, obviamente, aquém das suas necessidades em termos de despesas alimentares ou de habitação. Por outro, as elites econômicas, concentrando poder e riquezas, tendiam a espoliar[2] essas populações pela venda da precariedade por um valor superior ao justo, em uma especulação desenfreada dos gêneros essenciais à existência e à localização urbanas. Dada a escassez de moradias confrontada com a rápida expansão demográfica, sobrados antes imponentes transformavam-se em cortiços imundos alugados a preços, a um só tempo, módicos e extorsivos[3]; terrenos nas áreas suburbanas ou rurais eram loteados no mais das vezes cabendo os custos das redes de serviços essenciais ao novo proprietário ou aos governos. Vastas parcelas da população compensavam sua dificuldade de resolver seus problemas de inserção no mercado auto-regulado (de trabalho, para adquirir renda e de bens e serviços, para dotarem-se de condições gerais de vida na cidade) procurando nos arredores da cidade, nos rios ou nos fundos de vale ainda não urbanizados, meios de subsistência, na forma de peixes, areia ou mesmo de consolação moral.[4]

Tal população, que sobrevivia precariamente por expedientes "não-produtivos" (informais e de subsistência), assemelha-se às camadas populares pobres cujas estratégias de sobrevivência são descritas por Maria Odila Leite da Silva Dias em *Cotidiano e poder*[5], muito embora as circunstâncias em que se veriam enredadas apontem para uma chave totalmente outra: tais camadas populares participarão, pelo seu peso quantitativo, tão bem explorado pelas estratégias de reprodução do capital imobiliário, de modo tenso e sob coação, do processo pelo qual as áreas circunvizinhas da São Paulo oitocentista se transformaram em mercadoria e os recursos naturais rapidamente foram consumidos. De certo modo, a São Paulo hoje existente nada mais é que o encontro infeliz de uma massa populacional sem renda, com as modernas técnicas de engenharia, que possibilitaram que um aglomerado populacional de proporções crescentes ocupasse um sítio cujas características topográficas e fluviais claramente eram inadequadas. Populações pobres aliadas às obras de engenharia foram em grande medida o grande fator mobilizado pelas camadas dominantes para a domesticação das áreas que passavam a ser incorporadas ao espaço urbano, representando, a seu modo particular, objetivação de trabalho humano (que se objetiva na forma de capital, ao produzir solo urbano vendável) que seria apropriada, na forma de lucros imobiliários, tanto pelos grandes proprietários pertencentes à elite econômica da cidade, quanto pelas grandes companhias dedicadas à exploração dos negócios urbanos paulistanos: a Cia City e a Light and Power. A perversidade do processo revela-se mais acentuada quando se sabe que essas populações rapidamente aprenderam a tirar partido desse processo de valorização predatório da natureza, utilizando-se extensivamente da sua capacidade de produzir solo urbano, construindo moradias na zona rural da cidade, ou seja, objetivando seu trabalho na forma de capital incorporado ao solo urbano e às construções, descobrindo assim seu interesse particular nesse trabalho de abertura de fronteiras para o capital imobiliário[6].

Seja como for, a característica notadamente técnica dessa "nova ordem" não se resumia, obviamente, à mera implantação (projeto e execução) de obras de engenharia. Ela revelava-se principalmente no imperativo da gestão racional dos capitais, o que demandava o uso das soluções técnicas mais produtivas, lucrativas e que propiciassem o melhor controle sobre o capital investido, exigência natural que visava dar confiabilidade, garantias e rentabilidade aos investimentos. Do mesmo modo, na medida em que, como entes político-administrativos, o estado de São Paulo e o município da capital paulista ganhavam autonomia real com a Constituição de 1891, passavam a estruturar serviços e repartições encarregadas de intervir no espaço urbano, bem como controlar e regular as atividades econômicas que nele se implantavam, em especial, as redes de serviços de utilidade pública que funcionavam mediante concessão do poder público.

De qualquer modo, a imagem de São Paulo elevada à capital de vasto território, graças à situação herdada do período colonial e valorizada pelas vias férreas, que a procuram em demanda do porto de Santos, parecia bastante disseminada nos discursos, constituindo parte expressiva do *background* das práticas dos técnicos. Exemplo? Em novembro de 1910, um grupo de homens de negócios ligados ao complexo cafeeiro, do qual faziam parte o conde de Prates, Plínio da Silva Prado, Francisco de Paula Ramos de Azevedo, Nicolau de Souza Queiroz, o Barão de Bocaina, José Paulino Nogueira etc., apresentam ao Governo do Estado e à Câmara Municipal um projeto de remodelação do centro da cidade de São Paulo, que previa a construção de cinco avenidas que rasgariam o morro do Chá, irradiando-se a partir de uma praça em formato de estrela (uma *petite étoile*). Os proponentes demandavam uma série de privilégios, dentre os quais os mais importantes diziam respeito à autoridade para desapropriar imóveis e embolsarem lucros da venda posterior dos lotes sobrantes. Do projeto, apresentado no volume intitulado *As novas avenidas de São Paulo*[7], encarregava-se o engenheiro-arquiteto Alexandre Albuquerque, do escritório técnico de Ramos de Azevedo. Este, em um tópico intitulado "Exposição de motivos", prevê para o porto de Santos importante posição de escoadouro natural da produção tanto dos estados de Mato Grosso, Goiás, quanto das repúblicas andinas, mercados prestes a serem capturados pela expansão projetada das linhas férreas paulistas. Tais caminhos de ferro, ao convergirem para a capital paulista, concediam a ela uma certa primazia no sistema de cidades que se articulava ou se articularia por meio das linhas férreas, ou seja, condições para o exercício de uma hegemonia sobre uma vasta região de contornos incertos e crescentes, tornando-a "tributária". De qualquer modo, era dentro de um quadro de determinações objetivas que se inscreviam tanto a perspectiva de grandes lucros imobiliários (postos em jogo pelas operações que envolviam as novas avenidas), quanto o discurso que os justificavam: a necessidade de dotar o espaço urbano da cidade de São Paulo dos marcos simbólicos distintivos de uma capital de fato e de direito.

A essa concentração projetada de marcos simbólicos na capital paulista, corresponderia uma concentração tanto de engenheiros quanto de estruturas de produção de práticas e de saberes técnicos no espaço da cidade. Organizada em São Paulo ao mesmo tempo em que as repartições técnicas estaduais e municipais, a Politécnica comporá primeiro com seus professores, depois, paulatinamente, com seus alunos, os quadros técnicos dessas instituições. Desse modo, instituem-se as posições dominantes no campo bem como as cadeias de sucessão esperadas, que vão do professor ao aluno encaminhado por ele às repartições técnicas e, por fim, ao retorno provável do aluno à Politécnica, compondo seu quadro docente. A conjunção da Escola Politécnica com a organização das repartições técnicas estatais organiza o campo, estabelece hierarquias entre engenheiros, paulatinamente tornando visível, mesmo que precariamente, o *quantum* de credibilidade que se poderia atribuir a cada agente, além de tornar possível que tal "credibilidade" fosse colocada "em jogo"[8]. O que caminhava no sentido da definição do espaço da cidade, como *locus* de intervenção técnica tanto quanto de inversão de capitais, ou seja, como um espaço cujo acesso se faria pela mediação dos engenheiros.

No entanto, o processo de conversão do espaço urbano paulistano em espaço de exploração econômica e intervenção técnica (da qual os engenheiros diplomados em escola oficial reivindicariam um monopólio) não ocorreria, certamente, sem conflitos. As permanências do espaço urbano colonial (ou monárquico) apresentavam-se carregadas de significações, resultado do seu processo de produção pelos diversos grupos sociais dominantes e dominados, que dele se apropriavam por meio de sistemas de classificação não equivalentes[9].

Do mesmo modo em que há resistência e negociação em um episódio como o da demolição da Igreja de Nossa Senhora do Rosário dos Homens Pretos (1904), por parte das populações negras, que tinham na igreja um marco identitário e de localização no tecido urbano da cidade, as demolições projetadas dos edifícios do conde Prates, quando dos projetos de remodelação do Vale do Anhangabaú (1911), ou ainda o bota abaixo pretendido pelos signatários (dentre os quais figurava Prates) do projeto das novas avenidas de São Paulo (1910) bateram-se com a brava resistência dos proprietários afetados, cuja ordem de preocupações começava com as prováveis perdas de renda que os empreendimentos imobiliários em questão poderiam causar, ao excluí-los, prolongando-se até a possíveis considerações referentes à perda de prestígio decorrente de um deslocamento não voluntário de uma situação tradicional na cidade e a apropriação desse território por grupos rivais. Situação tanto mais dolorosa quanto mais fosse apresentada como um avanço civilizacional contra as rotinas coloniais atrasadas, como ocorreu por ocasião da derrubada do sobrado do barão de Tatuí para dar lugar ao Viaduto do Chá, em 1888[10].

De qualquer modo, a centralidade dos problemas urbanos, bem como da forte atração que a aglomeração em crescimento acelerado exerce sobre os capitais, para os quais os conhecimentos e práticas de engenharia eram vendidos como resposta e condição *sine qua non*, paulatinamente condicionam o surgimento de uma forma de especialização no campo da engenharia: isso que será chamado aqui de "urbanismo", por comodidade. As disputas em seu interior são modelares. Um exame do sentido de que elas se revestiam parece apontar para questões semelhantes àquelas que marcam a experiência dos campos de produção intelectual no Brasil e os dilemas criados pela reivindicação de poder e autoridade por parte dos que neles militam, ou seja, pela pretensão da "ciência" ao exercício de poder sobre os grupos sociais.

As origens do urbanismo como prática e disciplina em São Paulo, nas primeiras décadas do século XX, parecem indistinguíveis da figura de Victor da Silva Freire, engenheiro pela Politécnica de Lisboa e pela École des Ponts et Chaussées de Paris, que, em 1899, é convidado pelo primeiro prefeito da capital paulista, conselheiro Antônio Prado, para chefiar e organizar a recém-fundada Diretoria de Obras Municipais, permanecendo nesse posto por 26 anos. Nesse meio tempo, ocuparia a cadeira de "Tecnologia Civil e Mecânica" do curso de engenheiros civis da Escola Politécnica de São Paulo, tendo sido, como sócio fundador do Instituto de Engenharia de São Paulo, elevado ao cargo de diretor daquela instituição já em 1917, ocupando o lugar de Ramos de Azevedo, que substituiria Paula Souza como presidente. Em 1939, tomaria parte do Conselho Técnico de Economia e Finanças do Estado de São Paulo, no governo de Adhemar de Barros. Já na década de 1940, comporia o grupo diretor da Cia. Light and Power.

Esse livre trânsito do diretor do Setor de Obras Municipais, que ocupava posições simultaneamente em três instâncias fundamentais do campo da engenharia, acabaria por fazer com que a repartição municipal descrevesse uma trajetória em tudo paralela à da Escola Politécnica e do Instituto de Engenharia. As propostas desenvolvidas no setor de obras são apresentadas, primeiro, no espaço da Escola Politécnica (no grêmio politécnico, por exemplo, como faz Silva Freire, apresentando o famoso plano de 1911, de urbanização do Vale do Anhangabaú e de criação de um anel – um *ringstrasse* – ao redor do centro da cidade), depois, no Instituto de Engenharia (que publicaria nas páginas de seu boletim os estudos de Ulhoa Cintra acerca do esquema radial perimetral). O que se demanda dos pares, nessas ocasiões, é a concordância formadora de consensos. É como se os técnicos da prefeitura visassem à formação de "capitais simbólicos", na forma de consensos do campo, para serem utilizados quando se tratava de convencer (e coagir pela autoridade técnica) os poderes legislativo e executivo a colocarem os planos em prática.

Todavia, o fundamental é que esse mesmo quadro, repetindo-se no que tange às trajetórias dos engenheiros, que iriam ocupando os principais cargos da repartição técnica do município, renderia um reforço adicional de credibilidade para a repartição técnica, fundando assim uma espécie de circuito de validação social dos pontos de vista técnicos. Silva Freire, por exemplo, investiria sua tripla autoridade como professor da Politécnica, diretor de obras e publicista para colocar-se em uma posição dominante no conselho técnico do Instituto de Engenharia, fazendo com que o instituto, ao encampar os pontos de vista do diretor de obras (mesmo que com aperfeiçoamentos impostos pelos demais membros) como seus, dotasse os pontos de vista da Diretoria de Obras de uma aura de universalidade, escapando assim da armadilha de ter suas resoluções julgadas segundo o sistema da política oligárquica, ao mesmo tempo em que as próprias idéias desenvolvidas pelos sócios do Instituto e apresentadas ao julgamento dos pares ficavam sujeitas às sanções dos interesses e posições dos engenheiros municipais. O que concedia, ao setor de obras, uma posição invejável de controle da produção e validação das idéias urbanísticas. Não significa isso que o comércio entre essas três instâncias tenha sido sempre pacífico[11].

Em 1917, o recém-empossado vereador Heribaldo Siciliano (engenheiro-arquiteto, Poli, 1914) apresentaria um projeto de lei que pretendia substituir o "padrão municipal" vigente por um novo Código de Obras. Não encontrando consenso, a Câmara decide demandar um parecer técnico ao Instituto de Engenharia, enviando-lhe o projeto. Este é encaminhado às Comissões de "Engenharia Sanitária, Arquitetura e Construções Civis" e "Interesses Profissionais", da qual fazia parte o próprio Siciliano. Ora, da primeira Comissão faziam parte Saturnino de Brito, que, estando em Recife, recebe uma cópia do projeto, e Victor da Silva Freire, nomeado consultor principal[12]. O projeto original seria alvo de tantas modificações que o vereador-engenheiro, membro do Instituto de Engenharia, cogita afastar-se dos trabalhos, deixando-os todos a cargo do diretor do setor de obras e do conselho técnico responsável por apreciá-lo, ou seja, Victor da Silva Freire[13].

É assim que surge algo como uma espécie de linha evolutiva do pensamento urbanístico paulista, sem solução de continuidade por pelo menos quatro décadas, elegendo como pontos nodais o controle das águas, a circulação e a expansão periférica, tudo isso segundo uma imaginação radial-perimetral. Consistiu então o setor de obras municipais no espaço por excelência da produção de um consenso urbanístico na capital paulista. Isso levaria à cristalização de uma série de práticas de intervenção urbana, no nível dos poderes municipais, baseadas em dois princípios: um normativo, dizendo respeito a regulamentações de atividades construtivas, de uso do solo, etc; e outro, de intervenção direta no espaço urbano. Nesse sentido, o "plano" apareceria como um instrumento privilegiado de ação dos técnicos, entendido como um conjunto de projetos de obras públicas encadeadas e ajustadas entre si, abrangendo e afetando a cidade direta ou indiretamente como um todo.

Do "Melhoramento de São Paulo" (1911) à proposta do *périmètre de rayonnement* de Ulhoa Cintra (1926) e o "Plano de Avenidas" (1930), percebe-se a reiteração das mesmas disposições: a percepção de uma linha de desenvolvimento "natural" da cidade, com um centro pitoresco na colina (ou colinas) central de onde partem as vias de comunicação "naturais" com os bairros periféricos, formando radiais. Baseando-se em Stübben, Munford Robinson ou Eugène Hénard, os técnicos defendem a construção de um anel de captação do trânsito de passagem, ao redor do centro, que o protegeria; além de uma série de melhoramentos nas vias já existentes, que partem do centro para os bairros; a expansão e alargamento de certas vias existentes, transformando-as em grandes "radiais"; e de uma série de vias de comunicação bairro a bairro, cortando perpendicularmente as vias radiais, o que resulta em novos "anéis" viários. É a solução "radial-perimetral". Esta "naturaliza" uma tendência de crescimento urbano criada "naturalmente" pelas ações coordenadas (mesmo que de modo contingente) daqueles interessados em produzir valorizações imobiliárias nas áreas periféricas da cidade, tanto quanto espaços diferenciados (um zoneamento de classes sociais), aproveitando as demandas por localização urbana da parte dos grandes contingentes de população trabalhadora pobre, que buscava formas de ajustamento a essa ordem de escassez[14].

À dupla pressão por acesso às frentes pioneiras de valorização imobiliária (periferias afastadas), determinada tanto pelos proprietários, quanto pela população pobre destituída de recursos para a compra de localização central, o setor de obras municipal respondia com a viabilização da exploração das regiões periféricas da cidade, como se dissesse com Bourdieu: "(...) o mundo me compreende, mas eu o compreendo, porque ele me compreende, é zporque foi ele que me produziu, porque ele produziu as categorias que eu aplico sobre ele, que ele me parece evidente em si mesmo".

Dessa forma, o setor de obras pôde afirmar sua autonomia, porque ele já havia sido moldado pelos mesmos princípios que haviam dado origem às tendências de crescimento da cidade, ou seja, pelos ajustamentos recíprocos entre os interesses de reprodução do capital e a presença das massas urbanas depauperadas, contribuindo tanto para reproduzi-las quanto para "naturalizá-las". A autonomia dos técnicos era condicionada à estrita observância das regras segundo as quais se dava o processo de reprodução do espaço urbano, ou seja, passava por um ajustamento prévio aos interesses dos grupos dominantes. Não havia, entretanto, nenhuma censura formal sobre o setor de obras, mesmo porque o ritmo de execução dos projetos e a decisão de implementá-los não estavam em suas mãos. Victor da Silva Freire não se cansava de resmungar acerca desses atrasos e dificuldades orçamentárias que limitavam enormemente a ação da repartição técnica municipal.

A trajetória do engenheiro arquiteto Luiz Ignácio Romero de Anhaia Mello (nasc. 1891) parece demandar naturalmente uma leitura a contrapelo da história do setor de obras municipais. Sua figura parece ter o dom de indicar as tensões por detrás de uma trajetória aparentemente tranqüila. A posição dos engenheiros municipais, marcada pelo ajustamento em relação aos interesses dos grupos dominantes, procurava fundamentar suas ações na literatura urbanística internacional, revestindo-se da autoridade quase automática conferida às idéias estrangeiras. Significa que a autoridade das idéias urbanísticas importadas era mobilizada para legitimar intervenções urbanas, cujo sentido remetia-se claramente aos interesses imediatos da dominação, mas também aos da sobrevivência em condições precárias nos interstícios do poder.

Assim, o esquema radial-perimetral, talvez a grande marca desses engenheiros, deixa-se vincular de modo muito fácil ao processo de ocupação e valorização das áreas periféricas, à descentralização populacional, que dirigiu parte expressiva das demandas por moradia popular para fora da cidade, ou à concentração de capitais nas áreas centrais, sem falar na pura especulação com terrenos. É o urbanismo a serviço do crescimento urbano caótico. Todavia, ao se reconhecer a autoridade dos textos importados, bem como a legitimidade de sua demanda por poder, abria-se a possibilidade para o surgimento de uma posição que, caracterizada pelo domínio dessa mesma literatura urbanística, compete com a posição do setor de obras pelo reconhecimento da maior competência no assunto e exige que se dê ao vencedor (ou seja, ao agente com o maior capital de reconhecimento no campo do urbanismo) o poder de organizar o espaço urbano submetendo-o à lógica do pensamento urbanístico, purgando-o de qualquer interesse individual ou de grupo. Esta será a posição que Anhaia Mello desejará constituir, mas não "do nada". Será a Escola Politécnica de São Paulo, organizada por Francisco de Paula Souza, que propiciará a Anhaia Mello os trunfos de que se servirá. Constituindo-se ela mesma em uma posição vinculada à autoridade da ciência e da técnica, bem como a valores morais como abnegação, trabalho, integridade e modéstia, com os quais se tentava revestir as disposições dos novos engenheiros, a Escola Politécnica, na figura de seu maior líder, Paula Souza, parecia afastar-se um pouco das instâncias de formação de homens de ação para o comando do Estado – como havia sido a Faculdade de Direito – e, embora enfatizando o ensino para a vida prática, ganhava os contornos de uma instância que tomava a verdade como interesse fundamental. Para Anhaia Mello, isso era um ponto de partida.

As linhas de força principais desse jogo de confrontação, que ocorre no interior do campo da engenharia, mostrou-se dotado de um poder estruturador, a partir da década de 1920, produzindo um espaço próprio com crescente autonomia. Cada posição definindo-se em relação às demais, mira aquilo que as suas concorrentes apresentam como trunfo, quer tentando deslegitimá-lo, quer aceitando como uma necessidade, isto é, como parte das regras do jogo. Assim, diante da eloqüência e erudição do professor de urbanismo da Escola Politécnica, Luiz de Anhaia Mello, mas também de Victor da Silva Freire, antes dele, ambos proficientes na mais atualizada bibliografia estrangeira disponível, Prestes Maia obriga-se a custosos esforços de fundamentação do Plano de Avenidas, testemunhados pelo luxuoso volume de 1930, no quadro dessa mesma bibliografia técnica.

Essa lógica de constituição de um campo do urbanismo, gestado a partir das instituições da engenharia paulista, provavelmente teve um de seus momentos decisivos entre os anos de 1925 e 1940, quando Victor da Silva Freire prepara-se para efetuar o processo de sucessão no setor de obras municipais (ele sairá logo a seguir), Luiz de Anhaia Mello institucionaliza o urbanismo como disciplina no curso de engenheiros-arquitetos da Escola Politécnica de São Paulo, e Ulhoa Cintra, juntamente com o engenheiro Francisco Prestes Maia, realiza série de estudos que culminariam com o Plano de Avenidas, de longo curso na história da cidade de São Paulo.

1925: Um momento do setor de obras municipais

> Uma outra situação crítica seria a seguinte: em uma ilha deserta alguém pode dizer-me "Vá apanhar lenha" e eu respondo, "Não recebo ordens suas", ou, ainda, "Você não tem o direito de me dar ordens", ou "Não aceito ordens suas quando você está tentando 'afirmar sua autoridade' (que posso aceitar ou não) em uma ilha deserta". O caso contrário se daria se você fosse o capitão do navio, tendo então autoridade.
>
> J. L. Austin. *Quando dizer é fazer* (1990), p. 40.

Em 1925, a prefeitura de São Paulo faz publicar, pela casa Varnorden, um volume intitulado *Introducção ao relatório da Directoria de Obras e Viação*[15]. Nele, o diretor de Obras e Viação, engenheiro Victor da Silva Freire, comunicava ao prefeito Firmiano Moraes Pinto, em particular, e ao público interessado, em geral, que o município entrara numa nova fase de evolução. Ele projetava tendências, identificava os principais problemas, aconselhava as medidas a serem postas em práticas para enfrentá-los. Novos tempos, novo "urbanismo"?

Anexado como apêndice, o texto "Développement et aménagement des villes dans l'interêt de la circulation: rapport par V. da Silva Freire", ao que parece, escrito para ser apresentado em 1926 ao V Congrès International de la Route-Milan, operaria uma revisão do plano apresentado pela Diretoria de Obras, em 1911, acrescentando algumas novas propostas: a utilização dos parques D. Pedro II e Anhangabaú como áreas para estacionamento, a construção de garagens de vários andares nas encostas da colina central, a utilização do subterrâneo desta mesma para a construção de estações de parada de bondes vindos do leste, a construção de túneis trespassando o maciço central.

Se no volume da *Introdução*... de 1925, Victor da Silva Freire propõe uma revisão do plano de 1911, qual o teor dessa revisão, qual seu sentido por referência à história do urbanismo em São Paulo, levando-se em consideração que um texto quase nunca se limita à sua função de meramente comunicar? Se um texto também é ação com a qual se fazem coisas, seu sentido objetivo depende certamente de uma conjuntura dada[16].

Momento de inflexão? É preciso lembrar que 1925 marcaria tanto o último ano da gestão de Firmiano de Moraes Pinto na prefeitura, quanto o fim da gestão do engenheiro Victor da Silva Freire à testa da Diretoria de Obras e Viação. Como se sabe, o sucessor de Firmiano, o engenheiro José Pires do Rio, convidaria o engenheiro da Secretaria de Agricultura, Comércio e Obras Públicas do Estado Francisco Prestes Maia para realizar, junto aos engenheiros da prefeitura, um plano de obras viárias para a cidade, baseado em estudos prévios levados a cabo pelo próprio Prestes Maia, mas, principalmente, pelo chefe da secção de urbanismo da diretoria de obras, João Florence de Ulhoa Cintra.

Sabe-se ainda que tal plano se confrontaria, logo de partida, com outro, apresentado em 1927 pela companhia São Paulo Tramway, Light and Power, o qual previa linhas de bondes subterrâneos na colina central, uma espécie de protometropolitano, muito semelhante, aliás, ao preconizado por Silva Freire. A eleição do célebre "Plano de Avenidas" de Prestes Maia, em detrimento da proposta da Light, recusada, entre outras coisas, por pressupor a renovação do monopólio da companhia sobre o transporte público na cidade, aumentos tarifários e um lucro para a companhia considerado inaceitável pelo prefeito[17], acabaria significando, também, a eleição de um futuro para a cidade, entre muitos futuros possíveis.

Por outro lado, em 1926, o engenheiro-arquiteto Luis Ignácio Romero de Anhaia Mello inauguraria, na Escola Politécnica, a disciplina "Estética. Composição Geral e Urbanismo I e II", institucionalizando o ensino de urbanismo em São Paulo. Em aparência, ao menos, Silva Freire estava certo ao marcar 1924 como um divisor de águas, tanto em relação ao espaço urbano de São Paulo, quanto às atitudes que, dirigidas ao urbano, procuravam dotá-lo de um sentido, comandando sua evolução, isto que, para simplificar, será nomeado genericamente de "urbanismo".

É quando os agentes, que se achavam portadores do saber urbanístico, tentam aproveitar o surgimento dessas novas variáveis que tumultuam o espaço urbano – fordes, chevrolets, emergência das massas, congestão, construções em altura – para fazer valer seus "capitais simbólicos" (ou saberes "capitalizados"), através da busca por legitimação dessa competência nova: a de planejar cidades[18]. Para isso havia dois passos: primeiro, fazer com que o ofício de urbanista fosse reconhecido como imprescindível para controlar o processo de crescimento urbano da cidade; depois, consagrar a sua visão própria de urbanismo e reivindicar o controle prático sobre as operações concernentes ao urbano. Tal estado de coisas, em sua articulação íntima, permite flagrar o modo próprio como um campo urbanístico foi se constituindo ao longo dos anos de 1920, bem como as divisões que o caracterizam e as estratégias dos agentes envolvidos em sua gênese.

Não por acaso, a literatura acerca da história urbana e urbanística da cidade de São Paulo comumente aponta, nesses anos de 1920, marcos indicativos de inflexões tanto nos processos de configuração de seu espaço urbano, quanto nas práticas que incidiam sobre ele[19]. É um pouco dessa atmosfera histórica de rupturas que o texto de 1925 de Silva Freire parece dar um testemunho. Mas antes de ser simples testemunho para a posteridade, o discurso foi ação com o qual se fizeram coisas[20].

Com a publicação dos textos, por exemplo, Silva Freire tentava operar uma conversão dos trabalhos, coletivos ou não, desenvolvidos na Diretoria de Obras, em capital simbólico[21] apto a consagrar tanto sua posição pessoal – o diretor de obras, assinando os textos, apropriava-se pessoalmente dos capitais –, quanto a da própria Diretoria de Obras, que, no momento apropriado, poderia reconvertê-los na forma de maiores poderes de dispor sobre o espaço[22]. Pode-se especular, ainda, se o texto de 1925 não guardava uma intenção secreta de lucrar simbolicamente seja com os êxitos, seja com os fracassos das intervenções urbanísticas posteriores, controlando simbolicamente os possíveis e transformando seus "conselhos" em explicação ou causa de todas as transformações vindouras, convertendo, nessa operação, os remanescentes ou ingressantes na diretoria de obras em herdeiros e continuadores.

Há, desse modo, toda uma economia simbólica envolvida na constituição e instituição do urbanismo em São Paulo, que obriga a uma abordagem relacional dos fatos: uma idéia urbanística para ser levada em consideração deveria ela mesma levar em consideração, implícita ou explicitamente, todas as posições relevantes no campo do urbanismo e todos os agentes envolvidos na produção do espaço urbano de São Paulo. Era preciso, além disso, ser defendida por alguém investido socialmente de autoridade no assunto, que fosse portador de uma competência reconhecida, legítima. Para que a enunciação de um programa de obras, de um novo instrumento urbanístico etc. deixasse de ser mero palavreado, para se tornar ação sobre as estruturas sociais, os agentes são levados a um ajustamento entre as suas possibilidades objetivas e o teor de seus proferimentos. Um conhecimento prático da hierarquia dos detentores do poder de dispor sobre o espaço urbano e das suas prováveis reações – sejam elas sanções positivas ou negativas – às propostas urbanísticas formuladas, obrigava os "urbanistas" de São Paulo a limitar suas pretensões de poder aos limites de suas posições, tanto quanto maximizar por todos os modos seus capitais de reconhecimento, esperando convertê-los em melhores posições de poder.

Desse modo, é possível que as conexões entre a posição objetiva a partir da qual Victor da Silva Freire traçou suas propostas de diretrizes para a cidade, e a que serve de base para a confecção do "Plano de Avenidas", por Francisco Prestes Maia e Ulhoa Cintra, expliquem muito de suas limitações e possibilidades de êxito. A posição de urbanismo constituída por Silva Freire, bem como a da estrutura burocrática montada durante sua longa gestão de 26 anos à testa da Diretoria de Obras, apareciam como o caminho por excelência para todo aquele que desejasse poderes de dispor sobre o espaço urbano da cidade, sem ter dinheiro ou posição política para tal[23]. Para isso, era necessário a posse de algum capital de competência técnica, talvez algum prestígio artístico e uma aura de "espírito público". A contrapartida era ter que realizar os trabalhos limitado por uma estrutura de poder que se constituiu a partir de um ajustamento tanto ao mercado imobiliário – ou aos interesses dos proprietários – quanto ao legislativo municipal, operando em estrita dependência dessas instâncias, além, é claro, de ter em seu vértice – na posição de comando – o chefe do executivo municipal, o que constituía uma situação de heteronomia.

A aproximação ou o afastamento em relação à "obra" de Silva Freire definirá as duas posições polares do urbanismo paulistano: Prestes Maia e Anhaia Mello. Partindo de uma grande base consensual – a descrição da cidade e de seus problemas adotada pela Diretoria de Obras de Silva Freire, uma bibliografia compartilhada por quase todos, a consciência dos poucos recursos e dos poucos poderes que dispunham para transformar o espaço urbano –, Prestes Maia e Anhaia Mello apresentarão estratégias opostas.

O primeiro seguirá os passos de Silva Freire, potencializando os poderes da Diretoria de Obras, o segundo projetará um poder paralelo ao do estado, que se destinava a interromper o processo de acumulação de poderes e capitais simbólicos da Diretoria de Obras, ao mesmo tempo em que reclamava um monopólio sobre a organização do espaço urbano. De qualquer modo, todos eles buscarão capitalizar as transformações já operadas no espaço urbano, ou as em vias de ocorrer, para demandar poder e reconhecimento para os "capitais" de que eles dispunham, relacionados a disposições técnicas, preceitos urbanísticos supostamente detentores de cientificidade, posições na escola oficial de engenharia, relações políticas, capacidade artística etc.

Vestígios dessa lógica de "maximização de capitais" podem ser observados por toda a produção urbanística dos autores. Como casos exemplares, foram destacados: a *Introducção ao relatório da Directoria de Obras e Viação*, publicada em 1925 pela Diretoria de Obras; o "Plano de Avenidas", publicado em 1930, por Prestes Maia; e o volume de discursos proferidos por Anhaia Mello, *Problemas de urbanismo: bases para a resolução do problema técnico*, de 1933.

Se São Paulo entrava em uma nova fase de evolução, em que consistia ela? Havia inequivocamente um surto construtivo dirigido principalmente à zona rural do município, cujas explicações Silva Freire buscava na carência de habitações para uma população crescente, mas, principalmente, em uma dinâmica de valorização dos terrenos associada à disseminação de meios de transporte com tração mecânica. A valorização anterior das zonas urbana e central levava os investidores a procurar os arrabaldes afastados, com características ainda rurais que persistiam até então. Estes exibiam, no período de 1916 a 1924, um "coeficiente de valorização de quase o dobro do das restantes zonas do município".

Tais fatos, entretanto, que constituíam juntos verdadeira revolução nos usos e costumes, tinham uma importância transcendente, seja porque anunciavam um novo conceito de cidade, seja porque exigiam uma nova configuração da técnica urbanística. De qualquer modo, o município parecia assistir ao desabrochar de um fenômeno entendido como "universal", comum às grandes cidades mundiais, de reversão de tendências:

> À tendência denominada *centralizadora*, graças à qual se haviam formado as metrópoles, as cidades tentaculares com centro comercial único, recheado de arranhacéus, vemos suceder uma outra, *descentralizadora* esta, dando lugar às cidades satélites, dispondo cada uma de per si dos órgãos próprios, capazes de satisfazer a quase totalidade das exigências de uma vida em separado[24]. (grifos meus)

Os bondes e os automóveis tinham, nesse processo, uma dupla participação: ao darem acessibilidade a áreas afastadas, viabilizavam empreendimentos na zona rural. Ao se multiplicarem na paisagem paulistana, pressionavam fortemente a estrutura viária da região central, dando aos munícipes os primeiros espetáculos de congestão urbana, fenômeno, aliás, impulsionado pela verticalização dos prédios no centro. Diante do que aparecia como um "surto de crise da circulação nas áreas centrais", o diretor de obras prognosticava uma ameaça: a de perda de parte das vantagens da localização central, conseqüente desvalorização dos bens imobiliários lá situados, bem como uma tendência forte de expansão periférica que fugia aos congestionamentos, ao mesmo tempo em que procurava terrenos mais baratos e livres da regulamentação municipal. Descentralização, aparecimento de novos centros, desvalorização das áreas centrais, expansão periférica caótica, tais pareciam ser as principais variáveis que aguardavam a cidade, em sua nova fase de evolução[25].

Nota-se, no entanto, que tais variáveis surgem desde já como uma ameaça. A região central precisava receber melhoramentos, sob pena de se desvalorizar, em razão da nova tendência. Tudo leva a crer que, se se estava diante de uma reversão de tendências, isso dizia respeito a uma espécie de movimento "natural" do organismo urbano, não à intervenção da técnica urbanística. Esta deveria prognosticar os males e antecipar seus efeitos, decorrentes de tal fenômeno, impedindo que resultassem em prejuízo para os proprietários de imóveis na área central. Isto é, as propostas de Freire, em grande medida, visam impedir que a tendência de descentralização levasse a uma perda da centralidade da região central.

Distanciando 1911 de 1925[26], algo de novo intrometia-se pouco a pouco no cotidiano da cidade, prometendo impactar fortemente o espaço urbano, tanto quanto mudar o próprio sentido que esse espaço havia adquirido sob a ótica da ciência nascente do urbanismo. Sob a pressão do automóvel[27], os parques da cidade, o Anhangabaú – a oeste do maciço central – e o D. Pedro II – a leste – transformavam-se em reservas de espaço, passíveis de serem aproveitadas. A cidade "bela, salubre e cômoda"[28] cedia lugar, na imaginação do urbanista, à "cidade possível", na qual a circulação de seus habitantes devia se fazer de "um modo aceitavelmente livre e desembaraçado". Era uma transformação que não podia deixar de afetar a nascente profissão de urbanista.

Diante desse quadro, o plano de 1911, terminado com a intromissão do arquiteto Bouvard, tornava-se anacrônico, antes mesmo de ter sido completado. Às vésperas de aposentar-se do posto de diretor de obras da capital, Silva Freire tentaria revê-lo, fazendo menção à necessidade de projetos de "conjunto", categoria difundida nos manuais de urbanismo de então, na qual o autor incluía tanto a proposta da "avenida de irradiação", de autoria de João Florence de Ulhoa Cintra – apresentada aos vereadores no ano de 1924 –, quanto a construção de um *linkbelt* para os trens da São Paulo Railway.

Mas havia um problema: muito embora o traçado da "avenida de irradiação" tivesse sido aprovado pelo legislativo municipal, este, porém, não teria cogitado "dos meios para por em prática o que riscou no papel", o que se repetia com relação a vários outros "melhoramentos indispensáveis, alguns já projetados"[29]. De modo que não havia recursos suficientes. A disparidade entre a visão da Diretoria de Obras acerca dos melhoramentos indispensáveis para a cidade, seu interesse em produzir transformações urbanísticas de peso e a disposição tanto da Câmara quanto dos proprietários, no sentido de dotarem a municipalidade[30] de mais capacidade de intervir no urbano, levava Silva Freire a um tom de grave advertência:

> Arrisco-me mesmo a vaticinar que, se os proprietários da zona urbana não se decidirem a colaborar com a municipalidade, como lhes ditam os próprios interesses, de modo análogo aos da capital do Illinois, não só as obras projetadas nunca serão realizadas, como terão eles de pagar, mediante desvalorização inevitável, contribuição incomparavelmente mais pesada[31].

A "ciência urbanística" – incorporada em Freire e na Diretoria de Obras – "adverte", sustentada tanto na legitimidade de seus métodos, quanto nos exemplos das nações mais adiantadas – adverte os proprietários. Faz isso sem, no entanto, ter o poder para ordenar o cumprimento de suas determinações, já que lhe faltavam os recursos para tal. Se falta à Diretoria de Obras o poder para coagir, a ciência concede-lhe a possibilidade de apelar para uma objetividade ameaçadora – o processo de crescimento da cidade – tornada coisa sua de direito. Ou, ao menos, esta parecia ser a pretensão: o domínio sobre a linha evolutiva da cidade, capaz de produzir juízos autorizados acerca do passado, presente e futuro da cidade (sobre a história, portanto), legitimava a reivindicação de todo um monopólio sobre as competências de intervir no espaço urbano. O que, no fundo, é atribuir-se o dom da clarividência. A ciência garantia um suposto controle sobre o futuro da cidade, e, por aí, define-se a partir dela, legitimada por ela, uma instância técnica estatal (o setor de obras municipais) que se contrapõe às ofuscantes expectativas de curto prazo dos proprietários para deles melhor defender os interesses de longo prazo.

Silva Freire parece buscar aquela "formação de compromisso", que é como Bourdieu chama o ajustamento entre o discurso produzido e as sanções do "mercado"[32] a que se destina. As propostas urbanísticas de Silva Freire passavam por um procedimento de eufemização. Ao demandar a colaboração dos potentados do capital imobiliário – os proprietários que corriam o risco de terem seus imóveis desvalorizados –, Silva Freire mostra um pouco a medida do poder do qual estava investido, mas, principalmente, os limites de sua posição e autonomia. Com efeito, Freire não podia pressupor, em seu texto, mais poder do que dispunha realmente, sob pena de se desmoralizar, de perder credibilidade[33]. Para maximizar os lucros simbólicos a serem obtidos através do ato de proferir um discurso sobre a cidade, o urbanista precisava levar em conta, simultaneamente, o poder do qual estava investido e o dos seus interlocutores em potencial, isto é, a posição relativa dele mesmo – como emissor – e dos receptores, na hierarquia das diferentes formas de capital.

Ele fará isso, como fica claro pela leitura do trecho, declarando uma coincidência de interesses entre a Diretoria de Obras e os proprietários, subordinando a primeira aos segundos no que concerne ao poder – ele pede a colaboração dos proprietários –, mas invertendo as posições ao estabelecer que a Diretoria de Obras, ao defender os interesses de longo prazo dos proprietários, mantinha em relação a eles uma superioridade estratégica. Desse modo, tem-se uma busca de ajustamento entre uma instância e outra: Silva Freire parecia imaginar que os recursos, para sua diretoria, somente poderiam advir a partir da boa vontade dos proprietários. Desse modo, era preciso conquistá-la, fazendo da Diretoria de Obras uma paladina dos interesses imobiliários de longo prazo, o que servia para legitimar medidas que os contrariavam, no curto prazo.

Tal formação de compromisso seria produzida por uma "antecipação prática das leis do mercado em questão", como diz Bourdieu, sendo, por isso, um bom indício de como a Diretoria de Obras situava-se frente aos demais agentes envolvidos na produção do espaço, bem como das acomodações aos interesses econômicos que deve ter caracterizado a constituição dessa repartição pública. Freire continuava aconselhando que se mandasse uma missão de estudos para os Estados Unidos, composta de gente inteirada nos problemas de São Paulo e representantes dos proprietários, com o objetivo de lá conhecer como os problemas urbanos deviam ser tratados, antecipando entretanto as suas conclusões:

> A sua conclusão – da missão – quanto a mim, seria em resumo: a cidade de São Paulo – coletividade e fortuna particular – será ameaçada de grave crise de circulação,

crise capaz de lhe afetar seriamente o próprio crescimento natural e a valorização da propriedade privada; *crise evitável pela certa se todos, os que por ela se sentirem ameaçados, manobrarem em estreita colaboração, leal e clarividente*[34] (grifo no original).

O urbanista faz-se profeta e demiurgo em nome de uma "ciência"[35] do urbanismo. A demanda por maiores poderes – no caso, por meios financeiros para a realização de melhoramentos[36] – aparece legitimada pela representação, formulada por Silva Freire, da cidade e de seus problemas, tanto quanto pelo domínio das fontes autorizadas em urbanismo, importadas do estrangeiro. Nesses anos de institucionalização da ciência do urbanismo, uma das tarefas fundamentais teria sido fazer com que o discurso urbanístico estivesse apto a irradiar um efeito de verdade. É nesse ponto que os investimentos de capital simbólico aparecem com mais clareza, não apenas pela exibição de um domínio do linguajar científico e técnico, mas também na afirmação de símbolos de distinção: posto de professor da Politécnica, diploma de engenheiro pela Ponts et Chaussées, cargo de diretor de obras, texto em francês, referências largadas aqui e ali, com negligência bem estudada, a apresentação dos seus estudos em instituições estrangeiras e prestigiosas.

Entretanto, ao procurar nas experiências urbanísticas norte-americanas um avalista para seu discurso, Silva Freire parece antecipar uma atitude de descrença em relação à sua visão das coisas. O apelo a uma fonte de autoridade exterior, seja ela a National Conference on City Planning – para a qual Freire diz ter enviado um dos textos publicados no volume de 1925 –, sejam os ensinamentos que uma missão paulista receberia nos Estados Unidos e que ele anuncia de antemão, ou o apelo à autoridade dos urbanistas estrangeiros, sugere, por um lado, uma estratégia de eufemização por excelência: dizendo que era a própria ciência do urbanismo que falava por sua boca, Silva Freire operava um ocultamento de si mesmo – isto é, lembrava que ele não falava por si mesmo, mas pela ciência –, fazendo com que ela, a "ciência", demandasse poder em "seu lugar". A ciência exige aquilo que o diretor de obras pode apenas pedir a título de colaboração. Por outro lado, isso, o apelo à experiência estrangeira, indica a insuficiência das instâncias de validação técnica existentes, que não conseguiam impor ao "mercado" as categorias de apreciação mais favoráveis a produtos chancelados por elas[37].

É certo que a análise ganharia muito se se pudesse indicar com precisão os agentes que Silva Freire escolhia como interlocutores. Tais "proprietários" de imóveis da zona urbana, que deveriam, segundo Freire, se sentir "ameaçados" com a expansão da cidade, essa massa muito difusa, cujo significado deveria parecer muito óbvio na época para ser explicitado, aparecerá quase da mesma forma – como um contraponto – nos textos de Anhaia Mello e também nos de Prestes Maia. Decifrar e tornar tangível tal concurso de múltiplos agentes, suas práticas e suas relações com os urbanistas da cidade parece fundamental para entender a própria formação do pensamento urbanístico paulistano, nas primeiras décadas do século XX. Tal empresa, no entanto, foge evidentemente aos limites deste trabalho.

No texto enviado ao congresso de Milão, Silva Freire apresenta São Paulo para um público estrangeiro: na América do Sul, ela seria a maior cidade industrial e terceira em população. Silva Freire descreve a posição geográfica de São Paulo, ponto forçado de comunicações entre o *hinterland* e o porto de Santos, com o qual formaria "a aglomeração urbana do Estado", decorrendo desse fato tanto as perspectivas de crescimento exponencial, quanto uma certa tendência de crescimento radial. E isso, a história mesma já o indicava. A imagem traçada no texto de Silva Freire, em linhas gerais, foi esta: estabelecido o primeiro núcleo de povoação européia no que seria, posteriormente, a colina central – o centro de negócios –, a cidade espraiara-se seguindo os caminhos abertos ainda no período colonial, e, depois, as estradas de ferro, formando núcleos populacionais satélites e distritos industriais. Uma outra tendência de expansão seria dirigida para oeste, transpondo o espigão e encontrando nessa vertente o rio Pinheiros, formando os bairros aristocráticos e de classe média. Por fim, o preço do solo no platô central, combinado com um desenvolvimento da rede viária, apontava para uma forte tendência de descentralização[38].

Para representar a configuração urbana de São Paulo, Silva Freire faria menção ao esquema teórico, formulado no ano anterior pelo engenheiro e chefe da secção de urbanismo da Diretoria de Obras, João Florence de Ulhoa Cintra, referenciado nos trabalhos do urbanista francês Eugène Hénard. O desenho radial-concêntrico expunha dois anéis, dos quais o primeiro com aproximadamente 1,6 km de raio e o segundo de 2,5 km, contados a partir do centro de negócios. Tais circunferências seriam atravessadas por avenidas radiais, que comunicavam o centro com os núcleos periféricos. Mas, se o desenho era concêntrico, Silva Freire sabia que o crescimento de São Paulo não havia se dado por faixas concêntricas. Isso não só pela tendência da cidade de se espraiar por faixas acompanhando os caminhos. Havia um outro dado fundamental: embora o crescimento populacional tenha feito com que a cidade dobrasse a cada quinze anos, desde 1890, diz o diretor de obras que

O planejamento dos terrenos destinados a receber esse transbordamento de população precedeu sempre em muito as necessidades reais. Assim, na parte restrita ao círculo de 3,5 kms, os quadriculados sem ligações atuais das ruas já abertas poderiam conter facilmente uma população de um milhão e meio com uma fraca densidade de 75 por hectare ; sempre com a mesma densidade e num raio de 10 kms, eles permitiriam no momento atual o estabelecimento de aproximadamente 2.400.000 habitantes. Infelizmente esse planejamento se fez sempre por impulsos, impulsos que coincidem com períodos de especulação desenfreada. No plano oficial de 1897 pode-se encontrar bairros já traçados onde a densidade de construções é ainda hoje bastante reduzida. Não se tinha naquele momento nenhuma idéia das necessidades que o desenvolvimento posterior do automóvel viria a criar no futuro. Essa circunstância, a ausência de um plano de conjunto e a excessiva liberdade deixada ao particular no fracionamento de sua propriedade, vinham se ajuntar às condições topográficas especiais do bairro de negócios, estavam destinadas a produzir os resultados os mais aflitivos do ponto de vista da rede geral de circulação[39].

Nenhum dos anéis da linha de *boulevards* estava constituído, nem mesmo o pequeno anel de 1,6 km, projetado em meio às ruas de traçado irregular da cidade colonial. Tampouco as vias radiais estavam em condições de desempenhar seu papel a contento. Tirante a S. João, elas eram ainda estreitas, cheias de rampas algumas. Para complicar, essas mesmas "radiais" principiavam em meio às ruas antigas. O resultado era que as "comunicações entre os bairros leste e oeste", escreve Silva Freire, "e 'quase todas aquelas do bairro das estações ferroviárias com os bairros do sul se v[iam] forçadas a atravessar o bairro de negócios ou as antigas ruas vizinhas'. A topografia geral os 'obriga[va] aliás a esse percurso em uma certa medida'"[40].

Silva Freire continuava o inventário dos problemas mencionando a situação do centro de negócios, talvez, a principal fonte de dificuldades de planejamento em sua opinião. Seria cansativo e pouco proveitoso descrever minuciosamente a colina central vista por Silva Freire, mesmo porque, o leitor notará o quanto a descrição de São Paulo apresentada até aqui carece de novidade. Era muito provavelmente uma imagem de consenso. O fundamental era a qualificação dos problemas de circulação enfrentados pela região central, especificamente pelo "triângulo".

O diretor de obras passa em revista pelos melhoramentos efetuados no local, lamenta-se pelo que se tinha deixado de fazer e aponta para o que deveria ser feito. Feito estava o alargamento da Líbero Badaró[41], que, por paralela à São Bento, livrava esta última de muito de seu tráfego. Quanto à Quinze de Novembro, um viaduto ainda em construção, no prolongamento da rua Boa Vista, viria em seu socorro. Nada havia sido feito pela rua Direita. Entretanto, escrevia Silva Freire, "(...) a execução do anel interior dos bulevares responderá às necessidades pelo alargamento da Benjamin Constant e a construção do terceiro viaduto que transporá a ravina oeste".

Mas dizia Silva Freire que, dessas medidas, apenas a última havia sido concebida com as reclamadas pelos modernos meios de comunicação. As demais, "decididas em 1911, aliás, com o conselho autorizado de M. Bouvard", escrevia Silva Freire, "(...) trazem as marcas de uma época na qual não se tinha o senso exato da revolução que o automóvel iria provocar"[42]. Diante do novo quadro de crescimento urbano, a construção do pequeno anel envolvendo o "triângulo" tornava-se uma medida tímida. Já o alargamento da Benjamin Constant compunha, é preciso lembrar, o primeiro traçado da "avenida de irradiação", projetada por Ulhoa Cintra.

Ora, o plano de 1911, ironicamente, legaria para o futuro uma dádiva que os técnicos da prefeitura saberiam aproveitar: os dois parques, Anhangabaú e D. Pedro II, a oeste e a leste respectivamente – mais a praça da Sé –, concebidos para satisfazer as demandas de ar e amenidades dos cidadãos, segundo os ensinamentos de Silva Freire em 1911, deveriam ser convertidos naquele momento em estacionamento para os veículos que procuravam a região central e não poderiam ser deixados em suas estreitas e congestionadas ruas.

A esses estacionamentos se somariam ainda outros, de vários andares, a serem construídos por concessionários, nas encostas da colina. Garagens que comportariam tabacarias e outras formas de exploração comercial, tudo para que a cidade pudesse manter a política que seguia até então de *n'en pas disposer*. Para o diretor de obras, o subsolo do maciço central aparecia como a melhor reserva de espaço para a cidade. O problema do choque entre as correntes de comunicação norte-sul com a leste-oeste poderia ser contornado através da construção de túneis cujos eixos acompanhariam os dos viadutos sobre o Anhangabaú. A dificuldade representada pelas rampas, que tornavam penosos os trajetos dos bondes vindos de leste, resolver-se-ia fazendo-os penetrar o maciço até uma estação subterrânea, nas imediações da praça da Sé. Entretanto,

> Essas duas medidas não valeriam nada, entretanto, para diminuir o congestionamento nas ruas estreitas, bordejada por altos prédios, do bairro de negócios. Em quinze ou vinte anos essas ruas serão insuficientes, a não ser para a massa de pedestres que por lá passará apressada em certas horas do dia. Nós nos veremos então forçados fazer com que as linhas de bondes entrem do lado oeste do mesmo modo que as do leste,

Engenharia e poder

dobrando a largura de um ou dois viadutos existentes, ou então de ter que recorrer à rua de dois andares. Será loucura pensar então em alargamentos, tornados irrealizáveis naquele momento ao preço que o solo terá atingido.
Tudo isso é previsível atualmente. Vê-se de longe o perfil de crescimento da cidade. E não se poderia esquecer que esse perfil é devido em grande parte à situação geográfica. Como Nova Iorque, que cresce sem limites, São Paulo – ou, dizendo melhor, São Paulo-Santos, o conjunto formando na realidade a aglomeração urbana do estado – está colocado sobre um ponto forçado de comunicação entre o oceano e um interior cujas possibilidades excepcionais estão desenvolvidas apenas em uma proporção sobretudo insignificante[43].

Silva Freire pede um plano *d'aménagement* completo do subsolo do maciço central e afirma, como que advertindo, que todas as despesas devidas às obras poderiam ter sido economizadas com um pouco de previdência. Na descrição de Silva Freire aparecem a tendência à descentração, a formação de aglomerações satélites com centros próprios, a multiplicação do automóvel, da população, dos congestionamentos, o radial concêntrico, a necessidade de limitação da altura dos prédios no centro, a idéia de uma cidade, como Nova Iorque, de crescimento ilimitado. Mas Silva Freire também via túneis sob a colina central, bondes no subsolo, ruas de dois andares.

Ora, toda ação é uma conjuntura, de modo que seu sentido objetivo é constituído pela relação entre as disposições incorporadas pelo agente e as estruturas do mercado a que dirigem seus produtos. Novamente, a questão é: qual o sentido então desse ato de conceber propostas/conselhos para um técnico da prefeitura prestes a se aposentar do serviço público? Para além do lucro simbólico certamente implicado, Silva Freire parecia, ao reclamar dos projetos aprovados pelo legislativo, mas não executados, das leis não cumpridas, querer reverter aquela situação de uma estrutura técnica com capacidade reconhecida para produzir projetos de intervenção, diretrizes de expansão urbana, explicar e analisar o fenômeno urbano, sem os recursos para agir, todavia.

O texto era certamente tanto reivindicação de poder para a posição da Diretoria de Obras – que poderia se exprimir como uma boa lei de taxas e impostos urbanos –, quanto de autoridade e reconhecimento para seu autor. Aqui todos os capitais simbólicos mobilizados – o texto em francês para o congresso internacional, a afirmação da competência técnica sugerida pela própria linguagem, o domínio das variáveis históricas e geográficas da aglomeração urbana, os projetos anteriores, a projeção científica via estatística do crescimento da cidade etc.

– estão a serviço de sua reprodução ampliada, mas, também, de uma luta contra a "imprevidência" que havia marcado a atitude dos proprietários frente à expansão da cidade, isto é, contra a desconsideração da Diretoria de Obras como única estrutura de poder com capacidade para comandar a evolução urbana e, por isso mesmo, merecedora do monopólio sobre as decisões urbanísticas na capital paulista. Diante da nova cidade parida pelo automóvel, ganhavam relevo e tornavam-se imprescindíveis as habilidades dos técnicos, dos engenheiros, dos urbanistas da prefeitura, únicos agentes aparelhados para compreender e agir sobre a nova realidade urbana, defendendo os interesses de longo prazo da cidade, ou seja, dos proprietários.

Prestes Maia, herdeiro de Victor da Silva Freire

O "Plano de Avenidas" (1930) enfeitou a fórmula com uma profusão de citações em língua estrangeira e fotografias de São Paulo e das principais cidades do mundo. Havia também esboços da futura metrópole, uma mistura de Roma no tempo de César, de Paris no tempo de Luís XIV e da moderna Nova Iorque. Representavam-se viadutos oprimidos sob o peso de maciços arranha-céus; palácios sombrios e imponentes dominando vastas esplanadas; e uma espantosa miscelânea de arquitetura enfeitada, sem estética, incluindo até um estilo chinês. O plano, conhecido, creio, dos arquitetos paulistas como "Divina Comédia", foi seguido em 1945 por um relatório mais restrito, "Os melhoramentos", conhecido por "Purgatório".

Morse. *Da comunidade a metrópole*, p. 300.

Silva Freire faz parte então do esforço para impor a figura do urbanista, como um agente fundamental na gestão urbana, de investir com legitimidade essa competência nova de planejar cidades. Mas não qualquer urbanista. As práticas de Silva Freire procuravam constituir a Diretoria de Obras como uma posição que reivindicava o monopólio sobre as intervenções urbanísticas na capital paulista. O diretor de obras de Antônio Prado teria legado ainda uma visão de cidade, se não constituída por ele, ao menos tornada conhecida e reconhecida um pouco graças a seus esforços, e que era facilmente transponível na forma de planos de intervenção com grande poder de convencimento. Tal imagem da evolução urbana de São Paulo, que conhecerá, aliás, similares ilustres nos trabalhos de Caio Prado Júnior, Pierre Mombaig e Pasquale Petrone[44], será uma espécie de ponto quase pacífico nos debates urbanos. Entretanto, sua principal herança seria a estruturação da Diretoria de Obras, dirigida por ele entre 1899 e 1926.

Enquanto estrutura burocrática, a Diretoria de Obras acabou por constituir um interesse específico, expresso na luta por autonomia contra as coerções da estrutura política. Evidente, ocupando uma posição na Diretoria de Obras (1924-30), um engenheiro como Prestes Maia – este, comissionado, bem entendido – tinha como interesse básico fazer com que seus projetos fossem executados, ou ao menos reconhecidos, o que lhe valeria um acúmulo de fama e prestígio, isto é, de formas diversas de capital simbólico. Tal acúmulo de capitais poderia posteriormente ser convertido em ascensão, quer no campo especializado, quer no contexto geral da estrutura social[45]. Ambas as coisas ocorreram.

Se a literatura acerca da história urbana e urbanística da cidade de São Paulo comumente aponta, nos anos de 1920, marcos indicativos de inflexões nos processos envolvidos tanto na configuração de seu espaço urbano, quanto nas práticas que incidiam sobre ele, um desses momentos, que supostamente decidem uma história, definindo um rumo, uma tendência, certamente consistiu naquela prioridade dada, no âmbito dos poderes municipais, ao conjunto de propostas de obras viárias formuladas pelos engenheiros João Florence de Ulhoa Cintra e Francisco Prestes Maia entre 1924 e 1930, sobejamente conhecidas como "Plano de Avenidas", frente às demais possibilidades de configuração urbana e urbanística apresentadas no mesmo período.

A história é por demais conhecida: o projeto, publicado em 1930[46], sendo enviado a vereadores, professores da Politécnica, membros do Instituto de Engenharia – a todas as posições do campo do urbanismo, bem como às forças que sobre ele exerciam violência –, teria sido posto de lado com a revolução de 30, executado muito parcialmente, na administração de Fábio Prado (1934-1937), e ganhado enorme impulso com a ascensão do próprio engenheiro Prestes Maia ao cargo de prefeito, com o Estado Novo, em 1938, nomeado pelo interventor Adhemar de Barros. Posteriormente, os prefeitos seguintes diminuiriam os ritmos das obras, até a volta de Prestes Maia em 1961, cujo trabalho prosseguiu na gestão seguinte, a de Faria Lima. Como exposto por Maria Cristina Leme[47], Prestes Maia gozou de uma conjuntura particularmente favorável, já que tomou posse em meio a um processo político que fechou as casas legislativas e concentrou poderes no executivo. Ora, este, por definição, é o vértice da estrutura burocrática municipal, atribuindo a ela um sentido[48]. Isto quer dizer que, com Prestes Maia, haveria uma correspondência entre a visão urbanística produzida na Diretoria de Obras[48] – e frente à qual Prestes Maia se coloca como herdeiro – e a do prefeito, sem as coerções do legislativo. Obra do acaso?

Fica a pergunta por hora. Antes de tentar respondê-la, cabe uma questão anterior: se o "Plano de Avenidas" foi o possível, realizou-se mesmo que parcialmente, quais foram as possibilidades derrotadas? Em um nível estritamente municipal, sabe-se da proposta da Light, descartada na gestão José Pires do Rio. O jornalista e deputado estadual Paulo Duarte menciona em suas *Memórias*, entre outras coisas, um projeto formulado pela empresa alemã Grün Binfilger, oferecido ao prefeito Fábio Prado[50] em 1936, de linhas de trens subterrâneos. A primeira partiria do Jabaquara, teria uma estação central no largo da Sé, seguindo na direção de Osasco. A segunda, de São Miguel, cruzaria com a primeira no largo da Sé, prosseguindo na direção da Faculdade de Medicina. O projeto dos trens e um outro sobre a retificação do Tietê teriam sido entregues a Prestes Maia dias depois de sua posse, após o que, escreve Paulo Duarte, "nunca mais se teve notícias deles. Prestes Maia entrou na Prefeitura disposto a uma só coisa: a construção das grandes avenidas do seu projeto publicado num volume infólio luxuosamente ilustrado"[51]. Há, ainda, os projetos aconselhados por Silva Freire, túneis sob a colina central, bondes subterrâneos, estacionamentos.

Prestes Maia e Ulhoa Cintra continuam Freire na concepção de uma cidade de crescimento radial, que as intervenções urbanísticas deveriam tornar radial-perimetral. Coincidem com o velho diretor de obras na idéia de uma cidade de expansão infinita[52], na defesa dos capitais imobiliários – expressa, por exemplo, na concentração de esforços de remodelação das áreas centrais[53] –, numa certa disposição para ajustarem-se às injunções dos interesses dos proprietários. Sobretudo, continuam a obra de Freire na construção de um setor de obras com um máximo de legitimidade e poder, disposto a fazer guerra a toda e qualquer proposta de intervenção urbanística produzida fora dele, ou instância de poder que ameaçasse diminuir seu grau – mesmo que limitado – de autonomia conquistada. Nesse dois itens podem-se situar, respectivamente, as duas propostas de trens subterrâneos – a da Light e a da Binfilger – e a posição que Anhaia Mello tentará constituir para si[54].

Enfim, pode-se dizer, talvez, que Ulhoa Cintra, Prestes Maia e Silva Freire ocupavam posições estruturalmente próximas, mesmo porque, praticamente, os dois primeiros sucedem ao terceiro na posição constituída por ele. Aqui, não são muito importantes as dissensões: Prestes Maia se oporá aos estacionamentos nas bordas das colinas, aos bondes subterrâneos e outras propostas defendidas por Freire, mas no conjunto, o que se pode observar é uma enorme base consensual, produzida pelo seu próprio espaço de produção: a Diretoria de Obras e Viação do município de São Paulo.

Como evidência exemplar dessa base consensual, podem ser listadas as referências a certos urbanistas estrangeiros – Stübben, Hénard, Mulford Robinson, Nelson Lewis etc. – que aparecem com freqüência em seus textos e traçam os contornos de um circuito de consumo de idéias urbanísticas, com um elenco de obras e autores obrigatórios. Além dessa coincidência de leituras, parece ter feito parte dessa base consensual toda uma série de diagnósticos dos problemas viários de São Paulo e de projeções acerca das tendências do crescimento de população, automóveis e construções, já expostos por Silva Freire em 1925.

Ora, como se sabe, a formação dos dados freqüentemente estrutura a resolução dos problemas. Nesse caso, os dados de que os urbanistas dispunham, acerca do crescimento do volume de trânsito de automóveis na cidade[55] – cujas projeções aparecem no texto de Freire –, e os esquemas teóricos com os quais os interpretavam – a literatura urbanística internacional disponível – indicam talvez que fenômenos como a conversão do sistema de transporte sobre trilhos para pneus foi menos uma questão de escolha do que algo apreendido como uma fatalidade, um dado para o qual se deveria dar uma resposta[56]. A idéia de que a ciência urbanística se resumiria quase ao exercício de aprender com a história das cidades dos países do centro orgânico do capitalismo – principalmente as norte-americanas –, o que descambava na crença de que a evolução de São Paulo repetiria a de cidades com características similares, pode ter sido um exemplo de profecia que se auto-realiza. As intervenções (estatais ou particulares), que deveriam antecipar transformações, agiriam no sentido de realizá-las.

A linha de continuidade traçada entre Prestes Maia e Victor da Silva Freire não implica a negação da originalidade do "Plano de Avenidas", em geral, e das propostas e idéias lá defendidas, em particular. Parece justa a admiração causada pelo criativo traçado do perímetro de irradiação, tanto aquele apresentado em 1930[57], quanto o efetivamente realizado, pelo circuito de *park-ways*, ou então pela erudita síntese acerca da legislação urbanística. A questão a ser levantada é, entretanto, como tal projeto foi aprovado, sob que condições sociais as palavras e os desenhos de um engenheiro-arquiteto foram investidos da capacidade de transformar as estruturas urbanas.

Em síntese, o plano fundamentava-se em uma imaginação radial-perimetral, tendo como estrutura básica um primeiro anel, o perímetro de irradiação – projetado a partir de desdobramentos da avenida de irradiação de Ulhoa Cintra –, que era envolvido por mais dois. Dessa primeira perimetral, partiam as seis principais radiais em direção aos bairros. Aproveitavam-se, contudo, os fundos do Vale do Anhangabaú para fazer passar, em desnível em relação à primeira perimetral, uma grande avenida que, vinda do norte, bifurcava-se nas direções sul e sudoeste, estrutura que ficou conhecida como sistema Y. A literatura tende a considerar a execução do plano como parte de um processo de tomada de partido, por uma concepção de cidade cujas características mais marcantes seriam a baixa densidade da ocupação, um sistema de transporte preferencial sobre pneus e um padrão de expansão periférico baseado na autoconstrução, no transporte por ônibus, nos loteamentos clandestinos[58].

É claro que a idéia de descentralizar a população[59] – através da facilidade dada à construção periférica –, mas fazendo-a convergir todos os dias em massa para o centro, em ônibus que percorreriam as grandes avenidas projetadas, promoveria largas valorizações nas áreas suburbana e rural – que já ocorriam no tempo de Silva Freire –, tanto quanto garantiriam uma estrutura viária mais homogênea, com facilidades de comunicação centro-bairro e bairro-bairro, que permitiriam a continuidade da concentração no centro das funções urbanas mais fundamentais e das inversões mais expressivas de capital. Isso desde que houvesse desde sempre uma rígida política de controle das construções, na ausência da qual, os problemas de congestão seriam antes potencializados que suprimidos, com a exaustão tanto de radiais quanto de perimetrais. É claro que não houve tal controle.

O caráter seletivo das realizações de Prestes Maia – ênfase nas radiais e perimetrais, descartando a maioria dos desenhos monumentais que se desnudam como simples "propaganda", pouco empenho nas medidas de controle das valorizações e das atividades construtivas – não estaria a indicar aquela forma de ajustamento em relação aos interesses dos proprietários com a qual se pode especular, mas não fornecer uma imagem rigorosa? E a manutenção das funções do centro com movimento de expansão na direção oeste[60] e integração da várzea do Carmo, não parece vir ao encontro da mesma problemática esboçada por Silva Freire em 1925, quando o urbanista adverte os proprietários dos perigos da tendência da descentralização urbana para os valores dos "bens de raiz" situados na região central? Porque o que houve foi um processo de descentralização populacional – percentualmente falando – acompanhado da continuidade da concentração das funções urbanas na região central. Até a década de 1970, aliás, era comum as populações dos bairros periféricos se referirem ao centro como a "cidade".

Ora, se se pode, com Benedito Lima de Toledo, admirar a solução apresentada em 1930 para o traçado do perímetro de irradiação, é possível conjecturar que o enorme poder de persuasão do "Plano de Avenidas" se deva em parte às luxuosas gravuras que mostravam edifícios e edificações monumentais de variados estilos – vasados com a habilidade de excelente aquarelista que era Prestes Maia

–, todos eles citações de estilos históricos, simultaneamente, de grande expressão simbólica e facilmente palatáveis para sensibilidades a procura de uma equiparação tardia à civilização européia, ou norte-americana. Havia também a enorme facilidade derivada da linguagem radial-perimetral, que se impunha naturalmente à imaginação. Aliás, já em 1886, o presidente da província João Alfredo Correia de Oliveira pediria "avenidas circulares" que possibilitassem o trânsito de um subúrbio a outro, sem passar pelo centro da cidade[61]. A favor dela, a docilidade com que, dadas as descrições da cidade, parecia "naturalmente" adequar-se à estrutura viária de São Paulo[62], algo que pode tanto ser creditada à produção pregressa da Diretoria de Obras – o *ringstrasse* de 1911, por exemplo, que caminhava nesse sentido – quanto, elemento estreitamente ligado ao anterior, à expectativa dos edis e dessa categoria social que, por não se poder objetivar com rigor nos limites deste texto, já foi chamada de "proprietários".

Num primeiro momento – que é o dessas indagações com respostas todas muito provisórias e conjeturais –, o "Plano de Avenidas" aparece como um exemplar espetacularmente bem-sucedido de mobilização de capitais simbólicos, de consensos e expectativas do "mercado", para fundar uma posição capaz de executar transformações realmente definitivas na estrutura urbana da cidade.

A acolhida merecida pelo "Plano de Avenidas" por parte dos edis – em uma casa legislativa que já havia aprovado a primeira "avenida de irradiação" em 1924, lhe garantindo assim um reconhecimento prévio –, aliada ao caráter "dóxico" do esquema radial-perimetral, facilmente ajustável à cidade, de fácil entendimento, além do fato de que, mesmo parcialmente, o "plano" servira de referência para a gestão Fábio Prado, transformava Prestes Maia em um nome com apelo muito forte para o executivo municipal. Quando, em 27 de abril de 1938, o governo do estado passa para as mãos do perrepista Adhemar de Barros, Prestes Maia e Ulhoa Cintra são ótimos nomes, mesmo pelos choques constantes entre os engenheiros da prefeitura e o engenheiro de "fora", o prefeito Fábio Prado, filiado ao Partido Democrático (PD), aliado do engenheiro Armando Sales de Oliveira, inimigo e desafeto de Adhemar de Barros[63]. Em 1º de maio, são empossados respectivamente prefeito e vice-prefeito os dois autores do "Plano de Avenidas", com o "compromisso moral" de executar o plano.

Assim, o que se afirma é que, nas dependências do setor de obras municipais, surge uma visão particular da cidade. Esta se objetiva no espaço urbano através de planos de intervenção e legislação, na exata medida em que era o produto de um ajuste prévio entre as práticas dos engenheiros municipais e as tendências de expansão urbana, ou seja, da introjeção pelos técnicos das forças sociais que determinavam o sentido da expansão urbana. O setor de obras, por esse meio, pôde afirmar sua autonomia porque já havia sido moldado à imagem e semelhança das tendências de crescimento da cidade, contribuindo tanto para reproduzi-las quanto para "naturalizá-las". O fato de o plano de Prestes Maia ter sido executado, ao contrário de outros, não é motivo para espanto. A experiência de estruturação do corpo de engenheiros do município, no trato com as coerções advindas do capital imobiliário, estruturou as disposições técnicas e profissionais que serviriam para produzir o plano.

Uma posição dissidente: Luiz de Anhaia Mello

> O interesse fala todas os tipos de línguas e representa todo tipo de personagens, mesmo o do desinteressado.
>
> La Rochefoucauld. *Réflexions morales*.

Proposto a partir da posição da Diretoria de Obras e Viação Municipais, o "Plano de Avenidas" parecia, portanto, atender a um duplo imperativo urbanístico: expandir o centro e favorecer a expansão periférica da cidade. Ambos os objetivos baseavam-se em uma série de obras viárias encadeadas, que elegiam o automóvel como meio de transporte privilegiado. O plano seria apresentado ainda como um "grande plano de conjunto", equiparável ao de Donat-Alfred Agache para o Rio de Janeiro, exibindo além de tudo um formidável elenco de citações em língua estrangeira dos principais urbanistas do mundo[64]. O sentido dessa exibição de conhecimentos não pode ser buscado apenas no desejo de fundamentação técnica das propostas.

O apelo à autoridade de urbanistas estrangeiros – maior, se comparada aos trabalhos de Silva Freire –, bem como o esmero técnico procurado na publicação do projeto, já mostram os efeitos da entrada no jogo, tanto dos próprios trabalhos de urbanistas estrangeiros no Brasil – caso de Agache[65] –, como daqueles derivados de uma posição que, constituindo-se fora da burocracia estatal, reivindicava a um só tempo a autoridade técnica devida a um professor politécnico e a isenção decorrente de uma suposta eqüidistância em relação a todas as posições no campo da engenharia, e a todos os interesses econômicos envolvidos nos processos de constituição da cidade: a posição de Anhaia Mello[66]. Parece possível, então, ver os contornos da posição antagônica nas marcas que ela deixou em qualquer uma das posições de urbanismo comentadas.

Do ponto de vista de Luís Ignácio Romero de Anhaia Mello, o ofício de engenheiro provavelmente afigurava-se muito mais atraente do que para a maioria dos jovens pertencentes à burguesia paulista. Afinal, seu pai, Luiz de Anhaia Mello (1854-1899), formara-se engenheiro civil pela Escola Politécnica do Rio de Janeiro e, ao herdar a tecelagem Anhaia Fabril[67], exerceria sua profissão dirigindo-a. Além disso, esse Luiz de Anhaia Mello seria um dos fundadores da Escola Politécnica de São Paulo (1893), ocupando nessa instituição, até o fim da vida, os títulos de vice-diretor e professor catedrático de "Mecânica racional".

Engenheiro civil, industrial e professor da Escola Politécnica de São Paulo, Luiz de Anhaia Mello, ao morrer precocemente em 1899, legaria ao filho, por um lado, um capital de relações sociais no campo da engenharia, que garantiriam algumas facilidades de colocação social, além, é claro de uma situação material relativamente confortável; por outro, certas disposições, categorias de visão e divisão, que, ao se reportarem ao mundo da técnica e da ciência, favoreceriam no jovem Anhaia Mello a consecução de uma trajetória diferencial. Esta seria baseada quase que exclusivamente no acúmulo de reconhecimento e autoridade devidos às posições, que vai constituindo no campo da engenharia, bem como aos seus conhecimentos acerca dos progressos internacionais da ciência do urbanismo. O uso de tais capitais de reconhecimento estaria na base de um esforço para mudar a hierarquia de valores socialmente vigentes. Ou, em outras palavras, do esforço de fazer com que a posse de saberes técnicos valesse socialmente mais do que a posse de capitais econômicos ou políticos, quando se tratasse de identificar as melhores soluções urbanísticas para a capital paulista.

Realizado seu curso secundário no colégio São Luiz de Itu (1904-1908), Luiz Ignácio Romero de Anhaia Mello ingressaria como aluno na Escola Politécnica de São Paulo, formando-se engenheiro-arquiteto em 1914. Após isso, ingressa em vários empreendimentos de propriedade de Francisco de Paula Ramos de Azevedo, amigo pessoal do "velho" Luís de Anhaia Mello, professor e protetor do jovem: a F. P. Ramos de Azevedo e Cia, a Companhia Iniciadora Predial (financiadora e construtora) e a Companhia Cerâmica Vila Prudente. Ocupa ainda posições na política, sendo eleito vereador à Câmara Municipal de São Paulo, nomeado prefeito do Município de São Paulo por duas vezes (de 6/12/1930 a 25/07/1931 e de 14/11/1931 a 4/12/1931). Seria nomeado, ainda, diretor da Secretaria de Viação e Obras Públicas do Estado de São Paulo em 1941. Nesses cargos, repetiu a trajetória política quase errática de Paula Souza, que, parece, nunca teve paciência ou tolerância com o jogo político, recorrendo sempre rapidamente ao pedido de exoneração (exceção feita à direção da Escola Politécnica, que manteve até a morte).

Coincidência ou não, o engenheiro-arquiteto Luiz Ignácio de Anhaia Mello iniciaria seu curso de urbanismo na Escola Politécnica de São Paulo (1926), mais ou menos na mesma época que Francisco Prestes Maia era convidado pelo prefeito Pires do Rio para executar um plano urbanístico para São Paulo. Pouco mais de um ano separou ainda a publicação do Plano de Avenidas, da brochura *Problemas de urbanismo: bases para a resolução do problema técnico*, publicada em 1929 pelo *Boletim do Instituto de Engenharia*. Trata-se de um volume contendo um ciclo de conferências sobre urbanismo, proferidas por Anhaia Mello entre setembro de 1928 e janeiro de 1929, no Rotary Club e no Instituto de Engenharia, com enorme repercussão no interior da classe dos engenheiros.

Anhaia Mello, a essa altura, já era nome conhecido nos meios técnicos paulistanos, e não só devido a seus vínculos com a Anhaia Fabril, ou à filiação paterna. Ingressando como professor substituto na quarta secção da Politécnica em 1917, em 1926, torna-se catedrático da cadeira número 20, de "Estética. Composição Geral e Urbanismo I e II", iniciando o ensino institucionalizado de urbanismo em São Paulo. É bastante revelador que Anhaia Mello tenha tido uma experiência como vereador (diplomado em 1920). Durante seu mandato, defendeu lei que pretendia controlar a proliferação de arruamentos nos arredores da cidade, que malogrou, apesar de ter sido aprovada[68]. Não era, certamente, pela via parlamentar que Anhaia Mello deveria agir.

Passa então a uma campanha pública de divulgação dos princípios urbanísticos, através de artigos em jornal, em revistas de engenharia, e por meio de conferências, de modo que, quando da publicação de *Problemas de urbanismo*, Anhaia Mello era já certamente o agente com maior autoridade e reconhecimento em matéria urbanística. No mesmo ano, aliás, seria eleito presidente do Instituto de Engenharia de São Paulo, posto que coroava sua posição no campo. O processo de acumulação de capitais de reconhecimento, operado por Anhaia Mello, passava, desse modo, ao largo das posições da burocracia estatal. Tampouco buscava sustentação, ao que parece, pela conquista das boas graças do executivo, ou do legislativo, embora ele não tivesse se recusado a colaborar com ambas as instâncias. Fato é que Anhaia Mello pretendia constituir uma posição eqüidistante de todas as posições[69], demandando delas reconhecimento e autoridade, na medida em que a desejava fundada na própria ciência.

As condições de possibilidade dessa posição, Anhaia Mello começou a constituir ao se fazer professor da Escola Politécnica de São Paulo, posteriormente, sócio fundador do Instituto de Engenharia e, finalmente, ao eleger-se presidente dessa última instituição em 1929. Por esse meio, Anhaia Mello se apossava de uma posição que estava longe de resumir-se a um simples título honorífico ou um mero símbolo de reconhecimento. Ocupando a um só tempo a cadeira de urbanismo na Escola Politécnica e a presidência do Instituto de Engenharia, Anhaia Mello desmantelava o circuito de validação do pensamento urbanístico constituído pelo setor de obras na época de Victor da Silva Freire. A posição do urbanismo de Anhaia Mello era, portanto, a da ciência e da técnica, isto é, a do desinteresse, porque ele ocupava uma posição dominante nas estruturas de produção e validação do campo da engenharia.

A estratégia de Anhaia Mello parecia buscar o isolamento do setor de obras municipais em relação às instâncias de consagração do campo, minando assim a sua capacidade de se apresentar como um *locus* de produção urbanística referendada pelo estado da arte do urbanismo internacional (coisa que efetivamente parecia ocorrer entre os anos de 1911 e 1929). Na década de 1930, Anhaia Mello passaria a ser considerado a mediação necessária entre a cidade e a ciência do urbanismo.

Por meio das conferências, o engenheiro-arquiteto divulgava as experiências urbanísticas internacionais nos meios técnicos e intelectuais paulistanos, fazendo, com isso, que elas se tornassem moeda corrente, conhecimento comum, impondo seu domínio prévio como quesito para entrar em qualquer debate sobre urbanismo. Além disso, propunha formas de "enraizar" isso que ele denominará a "árvore do urbanismo" nos desejos e aspirações da "opinião pública" paulista. Não se tratava de oferecer amplos projetos de intervenção espacial, croquis, plantas, ou aquarelas. Por contraste, desejava-se constituir uma instância de poder capaz de, a um só tempo, educar as massas, interpretar seus desejos e elaborar um "plano da cidade", ao qual as demais esferas de poder municipais se deveriam subordinar. Os textos giram em torno de três temas que em conjunto formariam o "ciclo completo e ordenado do desenvolvimento urbanístico": "conquista da opinião pública", "a comissão do plano da cidade" e criação da "legislação necessária".

O ciclo completo e ordenado do desenvolvimento urbanístico tem que ser este: propaganda para formação do ambiente, comissão do plano da cidade para estabilidade e perfeição do plano geral e a legislação necessária, para que os técnicos

nicos que só aí intervêm, consigam concretizar as aspirações populares e os traçados gerais.

Qualquer destes elementos que falte, é como se os outros também não existissem; só podem agir eficientemente em conjunto.

São a raiz, tronco e fronde da grande árvore do urbanismo, que envelhece, como as velhas árvores do poeta: "Dando sombra e consolo aos que padecem"[70].

O urbanismo de Anhaia Mello, como o sugere a metáfora da árvore, mostrava-se como um corpo diferenciado, articulado e complexo, um organismo formado pelo encadeamento de uma "opinião pública", da "comissão do plano da cidade" e da "legislação necessária". Os "desejos" da população, verdadeira "seiva" da árvore do urbanismo, seriam canalizados pela "comissão do plano da cidade", a qual alimentaria tanto a "copa frondosa" da legislação urbanística necessária, quanto constituiria com eles um "plano" orientador para a evolução da cidade.

Este último teria como desdobramento uma série de planos conexos de extensão, organização e embelezamento da cidade. O urbanismo de Anhaia Mello tendia a incorporar e sintetizar em si a "alma" e a "técnica", o "espírito" e o "corpo" – ou seja, a distinguir para melhor articulá-los, aquilo que se poderia chamar de o "sentido" da ação urbanística, dos "meios técnicos", seus "instrumentos" de realização. Ele fundava-se na idéia de cooperação, singela palavra para a proposta de um trabalho em equipe multidisciplinar, bem como para um apelo ao engajamento dos cidadãos nos negócios da cidade.

Tornando explícito que a simples técnica não comportava "sentidos imanentes", mas – como meios – dependia de um "sentido", ao mesmo tempo exterior e anterior a ela, Anhaia Mello desmontava a idéia de uma técnica "neutra", árbitro independente dos desejos humanos, chamando a atenção para o fato de que os planos tecnicamente elaborados possuíam finalidades que transcendiam as questões técnicas, para dizer respeito aos interesses dos homens.

A proeminência da "idéia", do "sentido" sobre seus meios de realização – a técnica – comportava um potencial crítico intrínseco, deslocando o foco das justificações técnicas para as determinações socioculturais das soluções técnicas. Falando a partir de uma posição que se constitui em oposição frontal a do setor de obras, Anhaia visava rebaixar as prerrogativas da posição rival, que se reduziria, então, a mera repartição técnica, produtora de soluções para os problemas levantados por um poder exterior, através da própria diferenciação no corpo urbanístico de um "sentido" e um "meio de execução". Daí as diferenças entre o apelo à autoridade da ciência, operado por Anhaia Mello, e aqueles presentes nos textos de um Victor da Silva Freire, ou de um Prestes Maia. A posição a partir da qual as idéias são produzidas expõe as diferenças de interesses e de estratégias. A questão é: o que Anhaia Mello faz efetivamente ao enunciar essas idéias, do modo como enuncia? Partindo de posições caracterizadas pelo acúmulo de capital de competência técnica (que caracteriza espaços como o da Escola Politécnica, do Instituto de Engenharia), Anhaia Mello constitui para si uma posição antagônica à do setor de obras municipais. Retirando sua autoridade do domínio sobre a literatura urbanística internacional, negava todos os interesses que cercavam a produção do espaço urbano, menos um, que se revela à primeira análise uma fórmula vazia: o bem comum.

Esse poder exterior não poderia ser tampouco o executivo, nem o legislativo. Como proposto por Anhaia Mello, tal poder se enraizaria na opinião pública educada em urbanismo, seria representado pela "Comissão do Plano da Cidade" e se institucionalizaria a partir de uma legislação urbanística. A "Comissão do Plano da Cidade" portanto seria a portadora do "sentido" da evolução urbana, por meio do controle sobre o "sentido" das intervenções urbanísticas, tirando sua legitimidade da sintonia com uma opinião pública educada. Ora, mas essa opinião pública não poderia ser outra coisa que o produto de outro golpe de força simbólico, aquele que desejava arrebanhar a população, atraindo-a com a autoridade da ciência e a legitimidade de uma posição que se pretendia negação de todos os interesses pecuniários ou burocráticos. Os indivíduos arregimentados abririam mão voluntariamente de seu poder de agir sobre o espaço urbano segundo seus interesses imediatos, em benefício de uma instância que representaria os interesses de longo prazo da comunidade, o bem comum. A "árvore do urbanismo" de Anhaia Mello partia de um acúmulo de capitais simbólicos – ciência, cátedra, títulos, ação desinteressada, defesa de uma idéia de bem comum etc. – e culminava numa pretensão de instituir poderes criando uma opinião pública, cuja identidade deveria ser os princípios do "evangelho do urbanismo". Ela se funda em um "interesse no desinteresse" que colidia com as práticas consolidadas na Diretoria de Obras, práticas produzidas a partir de um ajustamento informal com os interesses dos proprietários.

Não que Anhaia Mello se dirigisse a grupos muito diferentes daqueles aos quais se dirigiam os engenheiros municipais. O equilíbrio e estabilidade dos valores imobiliários também eram preocupações de Anhaia Mello, muito embora elas caminhassem mais no sentido de conservar as propriedades do que de valorizá-las[71]. De resto, todos os autores compartilhavam uma visão semelhante do fenômeno de crescimento urbano. Contudo, enquanto os engenheiros da prefeitura buscavam a realização de projetos urbanísticos, como estratégia de acúmulo de prestígio, Anhaia Mello tentava constituir seus capitais simbólicos na modesta "propaganda" dos princípios do urbanismo[72]. O sentido do investimento era agrupar indivíduos em torno do urbanismo, em uma operação que era menos "técnica" do que política, de somatório de poderes e de competências. Estratégias de poder diferenciadas, soluções antagônicas.

Anhaia Mello traduzia o mesmo fenômeno descrito por Freire, de tendência à descentralização urbana, numa formulação teórica que entendia a cidade moderna segundo duas coordenadas: a primeira relativa à fixidez proveniente da imensa concentração de capitais ocasionadas pela concentração industrial; a segunda, à mobilidade interna e à extensão devidas aos "modernos meios de transporte". Tais características constitutivas da cidade moderna trariam problemas inteiramente novos, já que o "congestionamento, o automóvel, o arranha céu, o trânsito rápido, criavam novas condições sociais e econômicas"[73]. Em outra circunstância, o urbanista falaria – coisa que melhora o argumento da base consensual – da tendência do capital de procurar terrenos mais baratos, levando a um processo de descentralização urbana que constituiria um modo de expansão exagerado e perigoso. E o perigo era o surgimento de uma cidade inorgânica e acéfala[74]. Como se vê, as imagens repetem os mesmos diagnósticos, mas, em Anhaia Mello, os problemas só teriam solução no contexto de uma nova ordem jurídica e, principalmente, através dessa instituição de uma instância de poder que, no quadro urbano, dominaria todas as outras. A questão da ordem era fundamental para Anhaia Mello.

Se a relação de Prestes Maia com a cidade era quase a de um artista em relação a uma obra de arte, isto é, a de um realizador que, apresentando o projeto como prova de competência, operava sozinho uma reformulação do tecido urbano, como uma resposta aos dilemas do crescimento urbano de São Paulo, Anhaia Mello buscava agrupar agentes sociais. Ele tendeu a diminuir suas próprias prerrogativas, mantendo-se como um mero "divulgador de idéias alheias" – Anhaia nunca pretendeu ditar estilos arquitetônicos, ou impor uma forma urbana específica –, e dar um caráter de generalidade a suas idéias, facilitando assim a formação de um bloco de poder[75].

Essa posição nova, que foi chamada aqui de "árvore do urbanismo", estrutura de fato o campo por meio da polarização que a funda: sua oposição ao setor de obras. Se este último aparece como o lugar por excelência da estratégia de aproximação com o poder, o urbanismo de Anhaia Mello evita tais soluções de compromisso. Ao contrário da estratégia dos engenheiros municipais que partia do pressuposto do pouco

Engenharia e poder

poder efetivo à sua disposição, ajustando-se aos interesses dominantes como forma de dotar seus projetos de condições sociais e políticas de efetivação, Anhaia Mello procurará meios alternativos de dotar a sua posição do poder de dispor sobre o espaço urbano. Uma primeira condição era óbvia: ele deveria submeter e expropriar o poder de todas as instâncias capazes de agir sobre o espaço urbano, incorporando-as ao esquema da "árvore do urbanismo".

Porém, quais eram as possibilidades estratégicas à disposição de Anhaia Mello? A julgar suas ações, havia duas principais: engajar-se em um esforço voluntarista para constituir as condições de possibilidade das idéias que defendia, ao mesmo tempo em que enunciava em tom messiânico os princípios do que ele mesmo chamará de o "evangelho do urbanismo". O primeiro termo correspondeu aos esforços de criação institucional nos quais se engajou (Instituto de Engenharia de 1917, Sociedade Amigos da Cidade de 1933, FAU-USP de 1958 etc.). O segundo, a uma certa intensificação retórica, como se sua prática tivesse sido tragada por um jogo puramente discursivo, cuja lógica remete à acumulação de capitais simbólicos pela ostentação de idealidades desvinculadas das condições impostas pelo real, mas plenas das melhores promessas dos princípios urbanísticos.

É nesse ponto que o maior trunfo de Anhaia Mello mostra-se em sua fragilidade. O fato de Anhaia Mello tirar sua legitimidade do domínio sobre uma literatura urbanística importada[76] "criava a necessidade de dar conta da inexistência de algumas condições de possibilidade dessas idéias, que, para o caso do urbanismo, superavam os estreitos limites do circuito de validação técnica, operado a partir do Setor de Obras Municipais".

As idéias urbanísticas, portanto, ao serem deslocadas de seu contexto de origem para o contexto brasileiro, apresentavam as vantagens associadas ao fato de já chegarem previamente validadas, tanto pelas instituições que as produziram, quanto pelo suposto sucesso de sua colocação em prática. Elas vinham com a aparência de já testadas. Ora, as mesmas instituições que as validavam em seus contextos de origens eram exatamente aquilo que as dotava de eficácia. Por esse raciocínio, idéias apoiadas, por exemplo, pela National Conference on City Planning norte-americana teriam dificuldades de se enraizarem em solo brasileiro, já que faltava exatamente o famoso movimento de lutas por reformas urbanas para lhes servir de esteio. Em suas palestras publicadas, Anhaia Mello dá-se conta dessa ausência e suas implicações:

> Formar a ambiente, elevar sua temperatura moral deve ser pois a preocupação inicial da urbanicultura e não começar pelo fim, como muitos pretendem, pelo plano de conjunto espetaculoso mas estéril[77].

O ambiente não lhe sendo propício [ao urbanismo ou ao plano de conjunto], e não será sem um trabalho preliminar, não pode medrar; estiola, morre embora lhe adubem a cova com todos os requintes da arte de urbanistas de escol, indígenas ou alienígenas, e lhe reguem a fronde com a retórica de pareceres doutos e a sabença concentrada de relatórios filosóficos[78].

A dessemelhança entre práticas e posições não poderia deixar de imprimir suas marcas por toda a produção textual e projetual dos urbanistas. Nesse sentido, ao defender, em fins de 1928, a "formação do ambiente" propício ao urbanismo como tarefa prévia, isto é, dando proeminência à "urbanicultura" sobre o "plano de conjunto espetaculoso, mas estéril", que é deslocado para o fim e ao cabo da ação urbanística, Anhaia Mello, mesmo que não fosse seu intento, tocava a posição de Prestes Maia (às voltas naquele momento com a confecção do "Plano de Avenidas", que será apresentado modesta e significativamente, em 1930, como um "Estudo"). A alusão ao "Plano de Avenidas" e às práticas dos engenheiros municipais aparece naturalmente, pelo antagonismo estrutural que caracterizam as posições de Anhaia Mello e dos engenheiros municipais. Sentido objetivo, como dizia a escolástica.

Por outro lado, era a noção de temperatura moral que explicava o caráter do espaço urbano. Disseminada entre sua população, ela seria responsável pela direção e forma da construção da cidade, evento no qual se reúnem todos os agentes individuais, cujas ações seriam orquestradas por ela. Anhaia formulava, desse modo, essa dificuldade de "enraizamento" como uma falta, mas uma falta passível de ser superada pela ação. Era preciso, pois, transformar essa temperatura moral e aclimatar as idéias urbanísticas importadas. Aparentemente, essa possibilidade estava ligada à sua própria estratégia de ação: acumular capitais de competência técnica e impor sua validade para o conjunto dos grupos sociais. Era preciso fazer com que se reconhecesse socialmente a validade das idéias urbanísticas, a ponto de possibilitar que se criasse ao redor dele, Anhaia, uma aura de credibilidade.

Quanto a Prestes Maia, este encontrou no setor de obras municipais uma posição já constituída e dedicou-se a potencializar suas prerrogativas. Jogando com notável habilidade, maximizando ao máximo seus capitais – que eram inicialmente poucos[79] –, sempre levando em consideração os limites de seus poderes, decorrentes dos ajustamentos entre a ação do setor de obras e os interesses do capital imobiliário, Prestes Maia credenciou-se para criar um projeto para a cidade que correspondia a uma imagem de evolução desta, que já se tornara senso comum, apenas confirmando o sentido dos investimentos privados nos negócios urbanos.

Logo, a dificuldade de se compreender a tarefa a que se propôs Anhaia Mello parece derivar da necessidade, ao qual ele foi confrontado, de dominar os circuitos sociais de validação das idéias urbanísticas, utilizando-os para, mais do que convencer aqueles que detinham os poderes efetivos de dispor sobre os recursos e, conseqüentemente, sobre as intervenções urbanas, fundar um poder exterior e superior a eles, que reivindicasse para si todos os poderes de dispor sobre o espaço urbano. Anhaia imaginava fazê-lo utilizando-se dos modernos meios de comunicação para disseminar os ideais urbanísticos pelas massas urbanas, conduzindo-as por meio delas[80]. Isso quer dizer que, em Anhaia Mello, as idéias serviram pouco como suporte para estratégias de intervenção urbana, e muito mais para tentativas (das quais a FAU-USP pode ser considerada um exemplo) de construção de estruturas sociais capazes de dotar as idéias de eficácia social.

Trata-se enfim de um horizonte pragmático totalmente diferente daquele dos engenheiros municipais. E não seria essa necessidade de voltar-se continuamente para as condições de possibilidade dos produtos de seu trabalho, isto é, de si mesmos, um traço recorrente da condição de agente especializado em trabalhos intelectuais no Brasil? Mas, se assim for, o perigoso afastamento do sentido dos discursos do estado de coisas às quais diz se referir, em benefício de outro horizonte pragmático, isto é, aquele da formação de grupo, contabilização de prestígio e capitais simbólicos, não pode obnubilar a percepção dos agentes, fazendo-os acreditar que jogam um determinado jogo, quando o jogo é outro, o que implica, portanto, que os ganhos tanto quanto os sentidos de suas ações se referem àquele último, e não ao jogo que ele diz jogar quando faz os seus lances. Ao fim e ao cabo, a árvore do urbanismo de Anhaia Mello, pelos deslocamentos que operava, privou realmente o setor de obras de seus canais de legitimação e validação originais (o tripé Escola Politécnica, Instituto de Engenharia e Setor de Obras), sem conseguir realizar seus intentos de enraizar no espaço social ampliado a autoridade conquistada pelo domínio sobre as instâncias de validação técnica (Politécnica e Instituto de Engenharia). Dividiu-se assim o campo do urbanismo em dois pólos: o da prática da gestão urbana concreta, e o da prática discursiva referenciada na busca pela idéia mais adequada.

Notas

História da engenharia: autoridade, poder e ajustamento

[1] Cf. Boltansky, Luc. *Les cadres: la formation d'un groupe social*, 1982.
[2] Cf. Bourdieu, Pierre. *La distinction*, 1986.
[3] Cf. Bordieu, Pierre. *Esquisse d'une theorie de la pratique*, Paris, Seuil, 2000, pp. 256-320.
[4] Cf. Bourdieu, Pierre. "Esquisse d'une théorie de la pratique", In: *Raisons pratiques: sur la théorie de l'action*, 1984.
[5] Cf. Schiffer, Sueli Ramos "São Paulo como pólo dominante do mercado unificado nacional" In: Deák, Csaba & Schiffer, Sueli Ramos. O Processo de urbanização no Brasil (1999).

1. A formação de uma capital da engenharia

[1] D'Alessandro, Alexandre. *A Escola Politécnica de São Paulo: histórias de sua história* (1943), vol. 1, pp. 71-72.
[2] D'Alessandro. *op. cit.*, p. 75.
[3] D'Alessandro. *op. cit.*, pp. 77-79.
[4] *Anuário da Escola Politécnica de São Paulo (1908)*, 1909, p. 10.
[5] Antônio Francisco de Paula Souza (1843-1917) era filho de pai homônimo e de Maria Rafaela Paes de Barros. Após concluir o secundário em Zurique, ingressaria na Eidgenössische Technishe Hochschule (Instituto Superior Técnico Federal), da mesma cidade, fundada em 1854, e que atendia aos desejos do Estado recentemente constituído (o Estado federal suíço data de 1850) de construir uma universidade de caráter nacional. Implicado em agitações políticas, abandona a escola e termina seus estudos na Karlsruhe Technische Hochschule (Instituto Técnico Superior), localizado em Baden, a qual, entre a sua matrícula e a sua diplomação, seria reformulada. A escola de Karlsruhe havia sido fundada em 1825 como uma Polytechnishe Schole, emulando sua congênere parisiense, dentro de um surto de criação de escolas técnicas na Alemanha, impactada pelo duplo choque da ocupação pelas tropas napoleônicas e pelo atraso econômico em relação ao poderio industrial inglês. Em 1865, dois anos antes da diplomação de Paula Souza, ganharia estatuto de

universidade, mudando seu nome para Technische Hochschule. Estava Paula Souza, desse modo, extremamente exposto a um efervescente debate sobre o ensino técnico, tanto quanto sobre o estatuto social da formação de engenheiro na Alemanha (que se equiparava às universidades).

[6] São os funcionários de "colarinho branco", burocratas, trabalhadores de escritório, que se opõem aos trabalhadores manuais, aos operários de chão de fábricas, mas que compartilham com esses últimos a qualidade de trabalhadores assalariados.

[7] Trata-se aqui já daquilo que Wright Mills nomeou de a "nova classe média", por oposição àquela ainda vinculada à pequena propriedade, seja ela imobiliária ou fundiária, ou ainda aos pequenos empreendimentos familiares, comércios, fábricas etc.. Cf. a penetrante análise de Wright Mills, C. *A nova classe média (white collar)* (1979); para um estudo da situação francesa, cf. Boltansky, Luc. *Les cadres: la formation d'un groupe social* (1982).

[8] D'Alessandro, Alexandre. *op. cit.*, p. 119.

[9] Heterogeneidade tanto social, que junta filhos da "aristocracia da terra", talvez um pouco decaída, como os Ulhoa Cintra, herdeiros meio empobrecidos pela morte prematura do pai, como Luiz Romero de Anhaia Mello, pequeno-burgueses como D'Alessandro etc., quanto educacional, dada a ausência de um sistema unificado de ensino primário e secundário no Brasil. Assim, podiam ser encontrados desde alunos provindos dos bons ginásios paulistas públicos como o Culto à Ciência de Campinas, privados como o Colégio São Luiz de Itu (que se transferiria posteriormente para São Paulo), como também "bacharéis em ciências e letras" com diplomas comprados de supostas escolas, que se aproveitavam da liberdade de ensino concedida pela reforma Rivadávia Corrêa (1911) para lucrar com o comércio de certificados. É diante desse quadro de caos educacional que o pai de D'Alessandro opta pela contratação de professor particular que habilitasse Alexandre para prestar os exames de admissão da Escola Politécnica.

[10] O termo é, claro, de Monteiro Lobato, que em 1919 publicaria o livro de contos *Cidades mortas*, no qual utilizava os efeitos sociais do processo de itinerância do café como matéria-prima para a produção literária.

[11] Estando o norte e o oeste geográficos da província de São Paulo englobados praticamente até o terceiro quartel do XIX na categoria de terras desconhecidas ocupadas por índios bravios, "norte" acabava nomeando toda essa região que servia de corredor de passagem para o Rio de Janeiro, isto é, para o "norte".

[12] Simonsen, Roberto. "Objetivos da engenharia nacional", In: *Revista Politécnica*, nov./dez. 1939, p. 240.

[13] Idem. Ibidem.

[14] Do ponto de vista demográfico, a evolução não é menos espantosa: aproximadamente 31 mil habitantes em 1872; 64 mil em 1890; 764 mil em 1900; 579 mil em 1920; e 1 milhão e

trezentos mil em 1940. Cf. Emplasa. *Memória urbana: a grande S. Paulo até 1940 – vol. 2*, São Paulo, Arquivo do Estado/ Imprensa Oficial, 2001, p. 24.

[15] Cf. Gunn, Phillip. "A ascensão dos engenheiros e seus diálogos e confrontos com os médicos do urbanismo sanitário em São Paulo", texto apresentado no VII Seminário de História da Cidade e do Urbanismo, PPGAU/Fau-Ufba, Salvador, 2001.

[16] Love, Joseph. *A locomotiva: São Paulo na federação brasileira (1889-1937)*, Rio de Janeiro, Paz e Terra, 1982.

[17] Cf. Deacto, Marisa Midori. *Comércio e vida urbana na cidade de São Paulo (1889-1930)* (2002).

[18] Cf. Prado Jr., Caio. *História e desenvolvimento* (1966).

[19] A oferta de energia elétrica e o *boom* da produção industrial paulista, obviamente, eram processos que se reforçavam reciprocamente. Para isso os dados acerca da geração de energia elétrica no estado de São Paulo são eloqüentes: em 1910, as usinas da região da capital respondiam por 45,4% do total da potência instalada no estado, com 21.500 Hp. Em 1920, eleva-se a 39.440 Hp, embora sua participação no total decaia para 21,9%, recuperando-se em 1930, quando seus 155.276 Hp representam 41,4% da produção total do estado. Para as questões referentes à oferta de energia elétrica no estado de S. Paulo e seus desdobramentos, cf. Lorenzo, Helena Carvalho de. "Eletricidade e modernização em São Paulo na década de 20", In: Lorenzo e Costa. *A década de 1920 e as origens do Brasil moderno* (1997).

[20] Dentre os quais o mais importante foi sem dúvida alguma o "Culto à Ciência", em cujo corpo docente atuou, por exemplo, o escritor Coelho Netto. Já por essa época definia-se com nitidez uma hierarquia dentro do sistema de cidades cujo centro era São Paulo. A "capital agrícola" do estado, Campinas, ocuparia nessa rede um papel intermediário, cabendo-lhe funções urbanas menos complexas que as concentradas em São Paulo.

[21] Cf. Anderson, Benedict. *Nação e consciência nacional* (1992).

[22] Jorge, Janes. *O crime de Cravinhos: oligarquia e sociedade em São Paulo (1920-1924)* (1998). De um outro ponto de vista, esse tema da fofoca como fonte de sociabilidades na cidade de S. Paulo foi desenvolvido em um trabalho antigo e meio esquecido de Gilberto Leite de Barros (Barros, Gilberto Leite de. *A cidade e o planalto: processo de dominância da cidade de São Paulo*, São Paulo, Martins, 1967).

[23] Odilon Nogueira de Matos chamou a atenção para essa peculiaridade da relação entre o território paulista e suas ferrovias em seus estudos da década de 1940. Cf. Matos, 1990.

[24] Cf. Ricardo Jr., Gaspar. "Concorrência entre rodovias e ferrovias", In: *Revista Politécnica*, set./out. 1932, pp. 143-149. Conquanto trabalho feito por uma das partes interessadas (Gaspar Ricardo era, além de professor da Escola Politécnica, funcionário de carreira da Estrada de Ferro Sorocabana), o pequeno artigo dá uma boa idéia dos conflitos ocasionados pela estruturação um tanto quanto anárquica do sistema de transportes paulista.

[25] Cf. Arrighi, Giovanni. *O longo século XX*, São Paulo, Contraponto/Unesp, 1996.

[26] São essas modalidades de coerções exercidas algumas vezes sub-repticiamente que Eichengreen chama de "externalidades em rede", isto é, procedimentos, padrões, estruturas econômicas ou legais etc. adotadas pelos países economicamente líderes e/ou por um conjunto expressivo de Estados, que se impõem aos demais como forma de facilitar as relações com as nações que as adotaram inicialmente. Trata-se de relações de forças dentro das quais as conveniências valem mais do que as considerações acerca do valor intrínseco das medidas a serem adotadas. Desse modo, integrar-se ao sistema mundial comandado pelo Império Britânico por meio da adoção do padrão-ouro parecia à maioria das nações mais vantajoso do que manter um padrão alternativo e excluir-se do comércio internacional. Cf. Eichengreen, Barry. *A globalização do capital: uma história do Sistema Monetário Internacional*, São Paulo, Editora 34, 2001, pp. 21-74.

[27] Sobre Belo Horizonte e Aarão Reis, cf. Salgueiro, Heliana Angotti. *La Casaque d'Arlequin: Belo Horizonte, une capitale écletique au 19ᵉ siècle*, Paris, École Des Hautes Études en Sciences Sociales, 1998.

[28] Aquilo que é tido como o argumento central de Love, o domínio dos aparelhos estatais pelas famosas 300 famílias de fazendeiros, não será aproveitado neste trabalho. Para essa questão, prefiro o trabalho de Renato Monseff Perissinoto, *Estado e capital cafeeiro* (2000), que percebe um processo de autonomização do Estado, que, ao invés de simplesmente representar os grupos sociais, constitui-se em espaço de socialização próprio no qual um grupo social com interesses específicos (burocráticos) se estabelece. Isso, no entanto, não toca no interessante modo como Love mostra a existência de uma região estruturada com capital na cidade de São Paulo, o que lembra até os métodos utilizados pelo Regionnal Planning de Nova Iorque, para determinar a região que deveria ser afetada pelo plano, pesquisando desde hábitos de leitura até os deslocamentos diários da população.

[29] Citando o estudo de Benedito Lima de Toledo sobre o Real Corpo de Engenheiros da Capitania de São Paulo, José Geraldo Simões Jr. aponta o tratado de Idelfonso (1777) como o "fato indutor da vinda de expedições topográficas da Corte para o Brasil, na época da administração do Marquês de Pombal". Simões Jr., 1990, p. 19.

[30] Para o primeiro caso, mesmo que seja do período posterior, um bom exemplo poderia ser o engenheiro italiano formado em Torino, Cavallieri e combatente nas fileiras de Garibaldi, Tommazzo Gaudêncio Bezzi. Depois de uma estada na Argentina, Bezzi teria se transferido para o Rio de Janeiro, onde angariaria a amizade de figuras importantes da Corte e do próprio Imperador. Vindo a São Paulo a convite de Antônio Prado, projetaria e construiria, com a ajuda de Luiz Pucci, o edifício do Museu do Ipiranga. Voltaria posteriormente para a Itália, o mesmo acontecendo com Luiz Pucci, depois de fazer fortuna na capital paulista como construtor. Para o segundo, há o caso do cidadão prussiano Frederico Fomm, que, como gerente da companhia Aguiar, Viúva, Filhos & Cia., concebeu o primeiro projeto integrado de comunicações entre as principais vilas da província (Itu ou Porto Feliz, São Carlos [Campinas], Constituição [Piracicaba] e Mogi das Cruzes a Santos,

via São Paulo, isso por vias férreas, além de propiciar comunicação entre os rios Paraíba e Tietê, no ano de 1838. Vice-cônsul da Áustria e da Dinamarca em Santos, onde residia, Frederico Fomm se casaria com Bárbara da Costa Aguiar, de família tradicional, e seria o mais importante comissário de café de Santos, montando ainda uma pioneira fábrica de beneficiamento de açúcar. A família de sua esposa, os Aguiar, ligados por laços de parentesco aos Penteado, se notabilizaria pelo engajamento de vários de seus membros à carreira militar com especialização técnica (major Luiz Antônio da Costa Aguiar, corpo dos artilheiros; Luiz Antônio da Costa Aguiar Filho, alferes do corpo de engenharia etc.). Cf. Matos, Odilon. *Café e ferrovias*, 1990, p. 61.

[31] Caso da pequena Casa Branca, pequeno município tributário do de Mogi Mirim, que em 1891 contava com um engenheiro (*Almanaque Seckler para 1891*, p. 443). Era Samuel Augusto das Neves, engenheiro que se transferiria posteriormente para a cidade de São Paulo e protagonizaria polêmica com o setor de obras municipais.

[32] Cf. por exemplo, o livro de Coelho, J. H. Pinto. *O Engenheiro das selvas*, Belo Horizonte, Queirós Breyer & Cia., 1931. Escrito entre os anos de 1929 e 1933, trata-se de novela "precedida de várias notícias históricas e princípios sociais". O enredo é simples: Alexandre, jovem herói/engenheiro, após desgosto amoroso (é recusado como pretendente à filha de fazendeiro por conta da "pele morena"), engaja-se em construção de ferrovia. Repetindo os seus antepassados (era descendente de bandeirantes), desbrava os sertões em aventuras nas quais a engenharia, a civilização, enfim, as luzes se contrapõem tanto à covardia e cupidez dos patrões capitalistas, quanto ao povo ignoro que, estimulado pela freqüente exibição de espírito de liderança e abnegação (quando todos os "patrões" fogem assustados pela malária, o engenheiro permanece em seu posto e assume a direção de tudo), põe-se ao lado do engenheiro-bandeirante. Um verdadeiro mediador entre as luzes, a saúde e o povo. Mas uma citação fala mais do que mil comentários: "Eis Alexandre, agora entregue a uma nova vida. Hei-lo montado em um cavalo sabino, passando por uma picada, no seio da escura floresta, de podômetro e prumo na algibeira, munido de uma bússola prismática, no afã de sua profissão" (p. 93).

[33] Marques e Irmão. *Almanak administrativo, mercantil e industrial da província de São Paulo para o anno de 1857* (1856).

[34] Em 1858, apenas quatro nomes aparecem, três brasileiros: Ten. Cel. Luiz José Monteiro, Gil Florindo de Moraes e Francisco Gonçalves Gomide; além de um estrangeiro: Guilherme Elliot (*Almanak Azevedo Marques*, 1858).

[35] Luné, Antônio José Batista de & Fonseca, Paulo Delfino de. *Almanak da província de São Paulo para 1873* [edição fac-similar], (1985); Seckler, Jorge. *Almanach da província de São Paulo: administrativo, commercial e industrial* (1887, 1888, 1890, 1891); Thorman, Canuto. *Completo Almanak administrativo, commercial e profissional do Estado de São Paulo* (1895 e 1896).

[36] Há ainda interessantes listas de "taipeiros" e mestres-de-obras em atividade, nas cidades cujas necessidades construtivas e técnicas eram certamente muito modestas.

[37] Antes dele houve, entretanto, a iniciativa de D. Luiz Antônio de Souza, Morgado de Mateus, quando capitão-general de São Paulo (1765-1775), no sentido de instituir aula de geometria para militares e todos aqueles que "quisessem se aplicar a esta utilíssima arte", com o fim de prover a capitania de gente com instrução técnica, uma necessidade, tendo em vista as tarefas a que se propôs o Morgado: abertura de estradas, reconstrução de algumas, criação de vilas, construção de fortes defensivos nas fronteiras com o Vice-Reinado do Prata, campanhas militares contra esse último. O curso, ministrado a princípio pelo padre franciscano José do Amor Divino, nomeado lente de artes, deve ter ocorrido nas dependências da Faculdade de Filosofia e Teologia, e não teria despertado, todavia, grande entusiasmo entre a população. Após concluídos os arranjos necessários para inaugurar o curso, tratou o Morgado de afixar editais convocando militares e curiosos para compor o corpo discente, prometendo aos voluntários série de privilégios, ameaçando a população, no entanto, com o alistamento compulsório como soldados pagos, em caso de descumprimento dessa convocação. Mesmo assim, diante da pífia reação, novos editais apareceram com novas ameaças. Cf. Pereira, Armando de Arruda. "Brotou em São Paulo o gérmen da engenharia no Brasil", In: *Boletim do Instituto de Engenharia*, n. 74, agosto de 1931, pp. 82-83.

[38] Provável iniciativa do marechal de campo Daniel Pedro Müller, então inspetor de estradas da província de São Paulo, o Gabinete Topográfico foi instituído pela lei provincial n. 10 de 1835. Objetivava formar engenheiros de estradas, topógrafos e medidores de terras. Iniciando suas atividades com 14 alunos e pequena biblioteca, suas atividades foram suspensas em 1838, restabelecidas em 1840, para encerrarem-se definitivamente em 1850. Cf. Telles, Pedro Carlos da Silva. *História da engenharia no Brasil*, 1985, vol. 1, pp. 113-114.

[39] Tratava-se do diretor das Obras Públicas Provinciais, senhor doutor Constante Affonso Coelho (engenheiro civil formado pela Escola Politécnica do Império do Brasil, em 1876), e do engenheiro da mesma repartição, doutor Frederico Marques de Sá. Este aparece em 1896 como engenheiro chefe da 4ª. divisão auxiliar do Serviço de Água e Exgottos da capital (ex-Cantareira e Exgottos) (*Almanaque Seckler para 1890*, p. 70; *Almanaque Thorman para 1896*, p. 162).

[40] Casos de Paula Souza, Ramos de Azevedo, Luiz Gonzaga da Silva Leme etc.

[41] Cf. Carvalho, José Murilo de. *A Escola de Minas de Ouro Preto: o peso da glória*, Belo Horizonte, UFMG, 2002.

[42] Freyre, Gilberto. *Um engenheiro francês no Brasil* (1940); Telles, Pedro Carlos da Silva. *História da Engenharia no Brasil: séculos XVI a XIX* (1977).

[43] Na verdade, o ensino de engenharia português mimetizava mais diretamente o exemplo francês. Fundadas em 1837, a Escola Politécnica do Porto e a Escola Militar funcionavam coordenadamente, a última, muitas vezes, servindo de curso preparatório para a primeira. Ambas tiveram um histórico de reorganizações e ameaças de extinção, além do convívio prolongado das disciplinas militares com as civis, situação resolvida apenas em 1885,

quando a Escola Politécnica se define finalmente como um curso voltado para a engenharia civil. Cf. Rodrigues, Maria de Lurdes. *Os engenheiros em Portugal*, Oeiras, Celta, 1999, pp. 65-66.

[44] Curiosamente, este parece ser o caso da Eidgenössische Technische Hochschule de Zurique (1855), conhecida como Polytechnique de Zurique, que surge como uma solução de compromisso entre os diversos cantões suíços, os quais, diante da dificuldade de constituição de uma universidade nacional, mantida pelo recente Estado-federação Suíço, que superasse os dilemas que envolviam localização (se na porção protestante alemã, ou católica francesa), língua, confissão religiosa, optam pela organização de escola com pretensão universitária, mas limitada às ciências naturais, aplicadas e ensino técnico-científico, que tinham em comum privilegiar a linguagem mais "neutra" das matemáticas.

[45] Cf. Coelho, Eduardo Campos. *Profissões imperiais: medicina, engenharia e advocacia no Rio de Janeiro (1822-1930)*, Rio de Janeiro, Record, 1999.

[46] Turazzi, Maria Inez. *Euforia do progresso e a imposição da ordem: a engenharia, a indústria e a organização do trabalho na virada do século XIX ao XX* (1989).

[47] Souza, Theóphilo Oswald Pereira de. "Engenheiro José Luiz Coelho", In: *Boletim de Informações do Instituto de Engenharia*, n. 5, 1927; Arquivo do Club de Engenharia do Rio de Janeiro; *Almanak administrativo, commercial e industrial da província de São Paulo para 1888* (pp. 124 e 256).

[48] Segundo o volume do *Jubileu da Escola Polytechnica do Rio de Janeiro* (1926).

[49] Leitão, Carlos Alberto Pereira. "Manoel da Rosa Martins", In: *Boletim do Instituto de Engenharia*, jan./abril de 1937, p. 36.

[50] Ficha: Rua Doutor Fomm. Secção de Logradouros do Arquivo Histórico Municipal Washington Luiz.

[51] Nem sempre tal situação é de se lamentar. Há os casos dos herdeiros que administram o patrimônio familiar, dispondo do diploma de engenheiro apenas como uma distinção a mais.

[52] Isso parece ser válido tanto em relação às estruturas estatais, quanto aos negócios privados. Sobre a lógica do jogo clientelístico no Estado, cf. Graham, Richard. *Clientelismo e política no Brasil* (1997). O autor, baseando-se principalmente em correspondência de líderes políticos do Império, mostra que eles gastavam tempo e esforços, preferencialmente, em práticas clientelísticas, alocando pessoas de suas relações ou das relações de seus aliados políticos em cargos públicos, em troca de apoio ou fidelidade. O tema é clássico e dispõe de farta bibliografia (para o período republicano, há, por exemplo, o estudo de Victor Nunes Leal, *Coronelismo, enxada e voto*, de 1948). Se o estudo de Graham é citado em particular, é porque a mesma preocupação, ou melhor, as mesmas pressões para acomodar clientelas no Estado aparecem na correspondência oficial do engenheiro e republicano Antônio Francisco de Paula Souza, quando, logo a seguir da proclamação da República, é nomeado ministro da Viação e Obras Públicas. Boa parte de sua correspondência sob guarda da Biblioteca Munici-

pal Mário de Andrade (São Paulo) reside nesses pequenos pedidos de favores que até hoje são parte nada negligenciável do jogo político no Brasil. Tais práticas de utilizar cargos públicos como prêmios políticos persistem evidentemente na República, porém surgem critérios de recrutamento diferentes que coexistem entre si.

[53] De resto, a produção e reprodução de elites que se definem pelo "talento" artístico, científico ou intelectual não parecem ter sido, comumente, no mundo ocidental, processos igualitários. Como mostram as análises de Bourdieu sobre o sistema escolar francês, o recrutamento das novas elites em geral se faz procurando nos indivíduos as disposições inculcadas desde cedo nos filhos das elites existentes. Como as categorias de avaliação dos candidatos a ascender às posições superiores são geneticamente relacionadas à própria experiência social dos filhos das elites, seu recrutamento parece "natural", resultado de avaliações objetivas. Cf. Bourdieu, Pierre. *La noblesse d'Etat: grandes écoles et esprit de corps* (1999). Seguindo Bourdieu, Garry Stevens analisa a formação e as trajetórias profissionais no mundo da arquitetura, especialmente nos EUA. Cf. Stevens, Garry. *O círculo dos privilegiados: fundamentos sociais da distinção arquitetônica*, Brasília, UNB, 2003.

[54] Melo, Luís Corrêa de. *Dicionário de autores paulistas* (1954), p. 301. *Almanaque Seckler* (1888), p. 256. *Almanaque Thorman* (1896), p. 150. Quanto aos estudos genealógicos de Silva Leme, mesmo hoje ainda é motivo de orgulho e símbolo de distinção, em alguns círculos, ter o nome da família nele relacionado. Cf. Trigo, Maria Helena Bueno. *Os paulistas de quatrocentos anos* (2001).

[55] A história de Eusèbe Marie François Stévaux em muitos aspectos parece completamente romanesca. Como, aliás, as de contemporâneos seus, como o engenheiro Paula Souza. Nascido em Alègre em 1826, Stévaux cursa a École Polytechnique de Paris, ingressando em seguida na École des Ponts et Chaussées, começando sua carreira profissional como engenheiro ferroviário na Estrada de Ferro Strassburg. Acompanhado da esposa, embarca no veleiro Elisa com destino a S. Francisco, EUA. Entretanto, o navio naufraga quando aportava no Rio de Janeiro, levando para o fundo todas as suas bagagens e recursos. Sem saída, resigna-se e aceita trabalho na abertura de um canal na cidade de Campos. Participa depois da construção da Estrada de Ferro Pedro II, naturalizando-se brasileiro em 1870, com carta assinada pelo próprio imperador. No ano seguinte, transfere-se para São Paulo, onde trabalha na construção do trecho de São Roque a Sorocaba da Estrada de Ferro Sorocabana. Na província de São Paulo, adquire a fazenda Pantojo no município de São Roque, transformando-a em um estabelecimento industrial e agrícola, produzindo macadame, cal, mármore e uvas, aspargos e alcachofras. Em São Roque ainda, foi vereador e vice-presidente da primeira Câmara depois de proclamada a República, planejando e executando o serviço de captação de água da cidade. Exerceu atividade na capital, fazendo estudos de planta e nivelamento para a construção do viaduto do Chá. Levantou ainda duas plantas completas da província de São Paulo.

[56] Matos, Odilon Nogueira. *Café e ferrovias* (1990), p. 104.

[57] Refiro-me aqui à diferença entre dever seu prestígio ao reconhecimento dos "profanos", dos "leigos", e dotar-se de uma autoridade produzida pelo reconhecimento dos "iguais", no contexto de relações de concorrência. Apenas para mostrar que tal questão não é mero produto da imaginação, acompanhe-se trechos do discurso de posse como presidente eleito do Instituto de Engenharia de São Paulo, proferido por José Maria de Toledo Malta (Poli, 1908), em um período bem posterior, mas que marca bem as diferenças entre os tempos: "Se há entre nós (engenheiros) antagonismos, isso acontece até no seio das famílias mais harmoniosas. Todavia jamais seremos divididos por dissensões profundas, porque infinitamente mais vasto do que as inevitáveis zonas de atrito, e infinitamente mais valioso, é o nosso campo de Concórdia, onde nossos interesses se conjugam, identificando-se. Esse campo de Concórdia, meus distintos colegas, não é uma simples figura de retórica de minha própria invenção. É entidade real e sensível: o Instituto de Engenharia de São Paulo". E mais adiante: "O que caracteriza a engenharia entre as demais profissões científicas é ser ela a única profissão liberal hermética, isto é, hermeticamente fechada ao profano (...). Das atividades do engenheiro o público profano apenas observa as aparentes que se manifestam sob a forma de negócio, transação entre pessoas etc." Malta, José Maria. "Discurso do eng. Toledo Malta ao tomar posse do cargo de Presidente do Instituto de Engenharia", In: *Boletim do Instituto de Engenharia*, fev. 1939, pp. 110-111. Com o campo já em adiantado estado de estruturação, Toledo Malta identifica com clareza a lógica do seu mundo, que é o da engenharia, e aprende perfeitamente as possibilidades e limites inscritos em sua própria posição e na posição do grupo como um todo. Talvez por ter sido tradutor de Montaigne.

[58] Bosi, Ecléa. *Memória de velhos*, São Paulo, Companhia das Letras, 1999.

[59] A metáfora é empréstimo do sociólogo norte-americano Freidson, e refere-se aos limites encontrados por certo agente para, seja em uma organização, ou no espaço social ampliado, ascender a degraus superiores, comparado a outros mais ou menos aquinhoados. Assim, em organizações industriais japonesas, engenheiros diplomados começam no rés do chão, trabalhando lado a lado com operários qualificados. Estes últimos, no entanto, podem ascender até os limites que demarcam o espaço da produção, enquanto, aos primeiros, estão abertas as possibilidades de ascender aos postos da diretoria e da administração.

[60] O que não passa necessariamente pelo capital econômico.

[61] Stevenson, Carlos William. "Ramos de Azevedo", In: *Boletim do Instituto de Engenharia*, São Paulo, Instituto de Engenharia, junho de 1929 (n. 49 – vol. 10), pp. 256-262.

[62] Idem.

[63] Francisco de Paula Ramos de Azevedo era filho primogênito do major João Martins de Azevedo, dono de uma loja de aviamentos. Uma origem social que não podia proporcionar muita distinção, aparentemente.

[64] Mesmo em se tratando de relações de trabalho como a de Ramos de Azevedo com Antônio de Queirós Telles, tais relações rapidamente convertem-se em relações pessoais, de amizade ou de alianças familiares etc.

⁶⁵ Longe de simples "idéias fora do lugar", tais aparentes "macaquices", que tomam por vezes ares de atitude bizarra, expressavam interesses objetivos das elites nacionais, que precisavam mostrar-se à altura dos "povos civilizados" sob pena de não conseguir fazer quaisquer de seus direitos em negociações internacionais, no contexto cheio de perigos da *Pax* britânica. É preciso lembrar que, pela corrente ideológica dominante no período, a palavra imperialismo não possuía conotação necessariamente negativa, já que não se considerava nada desproposital defender a tarefa civilizatória das potências ocidentais (Cf. Hobsbawn, Eric J. *A era dos Impérios*, Rio de Janeiro, Paz e Terra, 1989). De qualquer modo, tratava-se isso também de uma inserção compulsória no tempo do ocidente. É preciso lembrar, por exemplo, que súditos das nações industriais hegemônicas, pela maioria dos tratados internacionais, não eram passíveis de serem julgados por crimes cometidos em nações que não possuíssem sistemas legais compatíveis com seus correlatos ocidentais. Tal desigualdade geopolítica tendia a apresentar sintomas de longo curso na história cultural brasileira. Que muitas vezes tomavam formas quase completamente vazias, ou intuitivas demais, como a fórmula "modernidade ocidental", repetida nas conversas e em cartas pelo modernista Oswald de Andrade e companheiros (como sua mulher Tarsila do Amaral), quando da estada dos brasileiros modernistas em Paris, já na década de 1920 (Cf. Andrade, Mário & Amaral, Tarsila. *Correspondência*, São Paulo, Edusp/IEB, 1999).

⁶⁶ As necessidades da argumentação fizeram com que fosse sacrificada uma descrição mais detalhada e exata do processo de criação da Escola Politécnica. O fato é que para isso há relativamente farta bibliografia, e o desejo de tornar este texto mais breve e mais coeso acabaram por prevalecer, fazendo com que a história da Politécnica fosse referida na medida das necessidades da exposição. Para informações mais detalhadas reportar-se a Nadai, Elza. *Ideologia do progresso e ensino superior (São Paulo 1891-1934)*, São Paulo, Tese de Doutoramento, FFLCH-USP (departamento de História), 1981; Nagamine, Marilda. *Contribuições para a história da construção civil em São Paulo: o ensino e a pesquisa*, São Paulo, Tese de Doutoramento, FFLCH-USP (departamento de História), 1998; Telles, Pedro C. da Silva. *História da engenharia no Brasil (século XVI a XIX)*, Rio de Janeiro, LTC, 1984; e Santos, Maria Cecília Loschiavo dos. *Escola Politécnica de São Paulo (1894-1984)*, São Paulo, RUSP, 1985.

⁶⁷ Filho do educador Hipólito Gustavo Pujol, Alfredo Pujol nasceu em 1865 na cidade de São João Marcos (RJ). Aos 21 anos, dispondo de poucos recursos, viria para a capital paulista, onde se formaria bacharel em Direito em 1890. Foi crítico literário, professor, e se iniciaria na política em 1888, ao lado de Francisco Glicério, combatendo pela abolição e pela república. Ocupou posições de deputado na Assembléia Legislativa do Estado de São Paulo e no Congresso Nacional, além de cargos em governos do Estado. Morre em 1930 (Menezes, Raimundo. *Dicionário literário brasileiro*, 1978).

⁶⁸ Instituição com perfil semelhante à dessa escola projetada seria inaugurada em Florianópolis, curiosamente, com o mesmo nome, isto é, Instituto Politécnico, no ano de 1917.

Criada e mantida com subvenções estaduais e federais, além de rendas provenientes de bens mobiliários e imobiliários doados à instituição, ela teria um perfil fortemente profissionalizante, oferecendo carreiras de Agricultura, Farmácia, Odontologia, Agrimensura, de Engenheiros Geógrafos, Datilografia e Comércio. Cf. Vieira, Amelize Hollanda. *Instituto Politécnico (no contexto sócio-cultural de Florianópolis)*, Florianópolis, A&P, 1986.

[69] *Anais da Câmara dos Deputados*, 21 a., 20/05/1892 – citado por Nadai. *op. cit.*, 1984, p. 51.

[70] Tais diferenças ficam bastante claras quando se compara o exemplo britânico, no qual os engenheiros permanecem presos ao chão de fábrica, tendo uma formação eminentemente prática (relações de mestres e aprendizes no próprio espaço das oficinas), com o francês, que tem em seu vértice as Grandes Écoles, Polytechnique, Ponts et Chaussées e Mines. Nos dois casos há óbvias decorrências em termos de ascensão social, reconhecimento e poder, estando os politécnicos franceses destinados aos postos superiores do Estado e das organizações privadas, enquanto os ingleses situam-se comumente um degrau acima do operário mais qualificado. Portanto, é exatamente naquele ponto em que Nadai vê uma identidade dada pela presença da dominação de classe que se procuram as diferenças.

[71] Vargas, Milton. "A história da Poli, ou a idéia frustrada do ensino prático", In: *Folha de São Paulo*, 15 de agosto de 1993.

[72] Essa pretensão a uma ruptura pedagógica-epistemológica se repetiria no caso da criação da Escola de Engenharia de Porto Alegre (1896), que se situaria orgulhosamente como posição dissidente em relação à Escola Politécnica do Rio de Janeiro. Na exposição de motivos redigida pela Comissão de Instrução e Saúde Pública da Câmara Federal, que pedia a aprovação do decreto que validaria nacionalmente os diplomas da escola de Porto Alegre, argumenta-se em seu quarto parágrafo "que o nosso sistema de instrução pública, incompleto e irracional, ressente-se de um teorismo nebuloso e ineficaz que desde a escola primária se manifesta pelo desenvolvimento da memória e da imaginação, com prejuízo do autoraciocínio e do espírito de investigações o que vale dizer com prejuízo da inteligência" (Parobé, João Ribeiro. *Relatório da Escola de Engenharia referente ao ano de 1898* – apresentado ao conselho escolar pelo diretor João José Pereira Parobé, Typ.&Liv. De Franco e Irmão, Porto Alegre, 1899, pp. 26-28).

[73] Referências à École Polytechnique continuariam a aparecer por ocasião do surgimento de novas escolas. Um exemplo parece ter sido o Império Russo, cujas diversas escolas de engenharia, as Politécnicas de Varsóvia, St.-Petersburg, Kharkov, Kiev (esta de 1897) etc. fariam referência a Paris, muito embora a sua ligação estivesse mais em sua linha pedagógica (predominância das matemáticas e dos conhecimentos abstratos e teóricos) do que na estrutura do curso. Esta parecia mais, a exemplo da Politécnica do Rio de Janeiro, com os institutos politécnicos do mundo germânico, divididos em diversos departamentos especializados.

[74] *Anais da Câmara dos Deputados*, 21 a 20/05/1892 – citado por NADAI. *op. cit.*, 1984, p. 51.

[75] Loschiavo. *op. cit.*, 1984, p. 35.

[76] Embora donos de reputações sólidas e prestígio no mundo culto, Euclides da Cunha e Theodoro Sampaio encontrariam barreiras intransponíveis para ingressar no quadro de lentes da Escola Politécnica de São Paulo. É que seus circuitos de consagração eram diversos daquele a partir do qual a Escola Politécnica se construía, mais voltado para a engenharia aplicada às atividades econômicas. Euclides da Cunha, aliás, recorreria ao auxílio de influências do mundo político, o que contribuía para afastá-lo ainda mais do estilo politécnico, que procurava constituir as bases de sua autonomia. Também não deve ter ajudado a pretensão dos célebres engenheiros o fato de ambos terem se indisposto com parcelas do corpo docente da Escola Politécnica, o primeiro com o próprio Paula Souza e o segundo com João Pereira Ferraz, Paula Souza e, possivelmente, Ramos de Azevedo.

[77] Como a verba "miraculosamente posta à disposição da escola" que permite ao professor e ex-aluno da Escola Politécnica, engenheiro Hipólito Pujol Jr., encomendar em 1907, sob orientação do próprio Paula Souza, os equipamentos importados que seriam utilizados na ampliação e atualização do Laboratório de Ensaios de Materiais, cuja direção havia sido entregue a ele. Fischer, Sylvia. *Ensino e profissão* (1989), p. 181.

[78] A fábrica, sediada inicialmente em Itu, depois deslocada para São Paulo, na década de 1890, foi fundada pelo pai de Luiz de Anhaia Mello, Antônio de Anhaia Mello, e um grupo de ilustres representantes da oligarquia paulista: Francisco Emídio Fonseca Pacheco, Cel. Antônio Proost Rodovalho, o Barão de Tatuí, o Marquês de Itu e Rafael Paes de Barros, todos lídimos.

[79] Nascido no Rio de Janeiro em 7 de janeiro de 1854, Garcia Redondo havia cursado primeiramente a Faculdade de Direito de Coimbra, bacharelando-se posteriormente em Ciências Físicas e Matemáticas pela Politécnica do Império do Brasil, instituição que lhe daria ainda o título de engenheiro civil. Faleceu em São Paulo em 6 de outubro de 1916.

[80] *Relatório apresentado ao Sr. Dr. Presidente do Estado de São Paulo pelo Dr. Cesário Motta Júnior, Secretário D'Estado dos Negócios do Interior em 28 de março de 1894*, São Paulo, Vanordem&Comp, 1894, p. 81. Citado por Loschiavo. *op. cit.*, 1984, p. 117.

[81] Ibidem, p. 118.

[82] Em grande medida, a Escola Politécnica manteria uma posição de contemporaneidade em relação às suas congêneres prestigiosas do estrangeiro. Assim, todo um esforço é despendido, especialmente por Paula Souza, no sentido de atualizar a escola com as tendências então mais recentes da engenharia, condizentes com a sua estrutura curricular. A trajetória do Laboratório de Ensaios de Materiais parece ter sido o exemplo mais eloqüente dessa vontade de constituir uma posição avançada da engenharia. Construído em 1897, segundo plano traçado pelo professor Ludwig Von Tetmeyer, diretor do Laboratório Federal de Ensaios de Materiais, anexo ao Eidgenössische Technische Hochschule de Zurique, em combinação com Paula Souza, seria entregue à direção do engenheiro formado pela escola de Zurique Wilhein Fischer, discípulo de Tetmeyer, e acolheria as

aulas práticas da cadeira de estabilidade e resistência dos materiais, sob responsabilidade de Paula Souza. Ocorre que, em 1907, três anos após o lançamento do célebre Manual de Ensaio de Materiais, escrito a partir do trabalho prático dos alunos politécnicos, Paula Souza envia o ex-aluno Hipólito Pujol Jr., que havia recentemente ingressado como professor da Escola Politécnica (1906), em viagem de estudos a laboratórios europeus, com o fito de atualizar conhecimentos e reformular o laboratório. Um dos objetivos era dotar o Laboratório de Ensaios de Materiais da Politécnica dos instrumentos necessários para a instalação de um laboratório de metalografia, capaz de executar exames segundo os novos processos de metalografia microscópica. Percorre o engenheiro paulista Zurique, Stuttgart, Viena, encontrando finalmente respostas para suas indagações primeiro em Berlim, depois, em Paris, nas dependências da Sorbonne, da École Centrale e nos laboratórios de Dion Bouton. Após estágios e curso em França, retorna Pujol ao Brasil, trazendo bibliografia e aparelhagem completa. Cf. Motoyama, Shozo & Nagamine, Marilda. *Escola Politécnica 110 anos: construindo o futuro* (2004); Fischer, Sylvia. *Ensino e profissão* (1989), p. 181.

[83] Havia também todo um sistema de premiação, que concede aos melhores alunos de cada turma desde livros, como era o caso do prêmio "Luiz Pereira Barreto" para o melhor aluno do curso de engenheiros agronômicos, até distinções mais raras, como a que presenteia o engenheiro-arquiteto Alexandre Albuquerque, primeiro de sua turma, com uma viagem de estudos à Europa, ou o engenheiro Plínio de Queiroz (1913), com um posto na RAE capital, mesma repartição na qual D'Alessandro faria carreira, mas com que diferença de escada ascensional. Enquanto D'Alessandro se aposentaria como *white collar* na RAE, Queiroz passava velozmente dos projetos e construção de obras como a do reservatório do bairro de Vila Mariana, para a organização de diversas firmas de engenharia, figurando entre os incorporadores e diretores de empresas como a Cia. Cerâmica Jundiaí e a Força e Luz de Fatura, trajetória que o coloca facilmente na categoria dos profissionais liberais e o faz se envolver quer com a política de classe (foi um dos fundadores, secretário e presidente do Instituto de Engenharia de São Paulo), quer com a política *stricto sensu*, tendo sido chamado para diversas consultorias sobre questões importantes referentes à regulamentação das empresas elétricas no Brasil, e iniciado a campanha pela criação da indústria siderúrgica em São Paulo, em 1951.

[84] Na verdade, até o ano de 1900, os diplomas da Politécnica de São Paulo não eram sequer reconhecidos nacionalmente. Quanto às outras datas, elas se referem à Lei Estadual n. 2022, de 27 de Dezembro de 1924, que regulamentava a profissão de engenheiro, arquiteto e agrimensor no estado de São Paulo; e ao Decreto Federal n. 23.569 de 11 de dezembro de 1933, que criava o sistema CFEA/CREA, regulando a profissão nacionalmente.

[85] D'Alessandro. *op. cit.*, 1943, vol. 2. pp. 56-59.

[86] D'Alessandro. *op. cit.*, 1944, vol. 3, p. 90.

[87] Citado por Nadai. *op. cit.*, Miranda, A. Pedro de. "A responsabilidade dos estudantes na formação do caráter nacional", discurso pronunciado em 01/09/1917, In: *Revista Politécnica*, São Paulo, 13/04/1918, pp. 137-138.

[88] D'Alessandro, Alexandre. *A escola Politécnica de São Paulo*, 1943, vol. 2, pp. 94-99.

2. Engenharia, exemplos estrangeiros e *real politik*

[1] Monier, Henri. *Mémoires de Joseph Prudhomme*, Paris, Club des Libraries, 1858 (primeira edição em 1856). Citado por Harter, Helène. *Les ingénieurs dês travaux publics et la transformation dês metrópoles américaines (1870-1910)* (2001), p. 9.

[2] Livro de correspondências com os cônsules, n. 3, anos 1833 a 1837, citado por Freyre, Gilberto. *Um engenheiro francês no Brasil*, 1960, p. 293.

[3] Duma, Jean. "A propôs des elites: approche historiographique", In: *Cahier d'histoire*, n. 73.

[4] Um exemplo desses cursos teria sido a Aula de Fortificações e Arquitetura Militar (1647), que se constituiria na primeira experiência de ensino técnico em Portugal. Em 1779, se transformaria na Academia Real de Marinha, sendo extinta em 1837, quando é substituída pela Escola Politécnica de Lisboa. A Politécnica seria sobretudo, seguindo a sua fonte parisiense, uma escola de matemáticas, que dirigia os estudantes dela egressos às escolas especializadas de aplicação (Rodrigues, 1999, p. 67).

[5] Sobre esses "engenheiros" renascentistas, cf. Gille, Bertrand. *Les ingénieurs de la Renaissance*, Paris, Seuil, 1978.

[6] Khaldun, Ibn. *Discours sur l'histoire universelle*, Paris, 1978, t. 2, p. 832 – citado por Vérin, 1993, p. 24.

[7] Vérin, Hélène. *La gloire des ingénieurs: l'intelligence technique du XVIe au XVIIIe siècle*, Paris, Albin Michel, 1993.

[8] Para uma excelente análise histórica filológica de *ingenium*, cf. Vérin, 1993. Vérin mostra em seu estudo algumas implicações da atividade e dos conhecimentos técnicos na idade média européia, que, ao fundar-se em valores como astúcia, invenção etc., confrontava-se não apenas com os ideais cavalheirescos de valentia, coragem, destemor, lealdade, parecendo-se situar como antípodas deles (traição, covardia, deslealdade, trapaça), mas também contra a própria ordem social e natural, atraindo para si toda sorte de desconfianças. Tal situação, curiosamente, não teria sido particular à sociedade medieval. Segundo uma antiga tradição, quando, por volta de 338 AC, em Siracusa, colocam Archidamos diante de uma catapulta, ele teria expressado sua reprovação com um grito de "adeus bravura!" (Vérin, 1993, p. 24).

[9] Cf. como Abraham Moles define a situação e o trabalho dos engenheiros: "(u)m engenheiro é, na verdade, alguém que aceita realizar metas fixadas (pelo príncipe ou por seu conselheiro) em função de regras bem precisas chamadas de 'cadernos de encargos', uma noção bastan-

te importante de um ponto de vista filosófico, pois revela, ao mesmo tempo, a modéstia e o poder do engenheiro que não decide por si só construir determinada ponte ou determinada central nuclear, mas que se contenta em aceitar ou não a proposta, conforme ele pense ser competente ou não na matéria. Se aceita construir uma ponte, por exemplo, o caderno de encargos que lhe é enviado determina a extensão que a ponte deverá ter assim como a carga que deverá poder suportar, o que é, em princípio, cinco vezes mais importante do que aquela que ela terá efetivamente que agüentar, e que define o que se chama de margem de tolerância. Essa idéia, próxima da de segurança, é fundamental no mundo da técnica, e implica recusar as situações limites, em que o acaso poderia intervir". Entrevista concedida por Abraham Moles a Ruth Scheps. In: Scheps, Ruth. *O império das técnicas* (1996), pp. 60 e 61.

[10] Segundo Antoine Picon, é no século XVII que o ocidente passa a se preocupar com a eliminação do atrito. Até então, o atrito era uma fatalidade dada pela imperfeição das máquinas; apenas os astros moviam-se sem atrito, nem desgaste. Com o século XVII, inicia-se um interesse pelo mundo "sublunar", terrestre, que serve de ponto de partida para uma série de pesquisas que resultariam em uma nova ciência das máquinas. Entrevista concedida por Antoine Picon a Ruth Scheps, In: Scheps, Ruth. *O império das técnicas* (1996), pp. 26 e 27.

[11] É o caso de Gabinetes de curiosidades como aquele famoso de Vaucanson composto de uma coleção de autômatos (século XVIII). Para além das finalidades lúdicas, de divertimento de salão, indivíduos como Vaucanson desejavam conservar as inovações e divulgá-las, e em oposição direta à política das corporações de ofício que se esforçavam, de preferência, a proteger seus segredos. Cf. entrevista concedida por Bruno Jacomi a Ruth Scheps, In: Scheps, Ruth. *O império das técnicas* (1996), pp. 40 e 41.

[12] A esse respeito, não deixa de ser curioso que o mesmo processo que nas ilhas britânicas dissolvia as relações de produção baseadas no regime das corporações de ofício, proletarizando os artesãos ao substituir suas habilidades pelas rotinas repetitivas das máquinas, tenha testemunhado a recuperação de tais relações no âmbito do trabalho técnico.

[13] A contratação de operários qualificados ingleses parece ter sido uma estratégia muito comum em processos de reproduzir as estruturas econômicas dos países líderes no campo da economia mundial, como, aliás, o reino da Inglaterra havia feito com os operários e artesãos de Flandres, atraídos ou deportados para a Inglaterra, com o intuito de desenvolver as manufaturas de tecidos de lã nos séculos XIV e XV. No contexto da primeira revolução industrial, no entanto, a reação inglesa foi criar uma rigorosa, embora não muito eficaz, legislação que proibia tanto a venda de bens de produção (que vige até a década de 1840), quanto a emigração de operários qualificados. Cf. Chang, Ha-Joon. "As estratégias para passar à frente do líder e a reação dos países em catching-up – a Grã-Bretanha e seus seguidores", In: *Chutando a escada*, São Paulo, Unesp, 2004, pp. 94-105.

[14] Cf. Hobsbawn, Eric. *A era das revoluções*, Rio de Janeiro, Paz e Terra, 1988.

[15] Aproveito o título do instigante livro de Kenneth Pomeranz, *The great divergence* (2000), que analisa exatamente os fatores que permitiram que a Europa "divergisse" do restante do mundo e terminasse por modelar a história mundial segundo seus interesses. O título é uma alusão clara ao paradigma evolucionário da biologia, não apenas pelo conceito de "divergência", que descreve o momento em que uma espécie se constitui por meio de uma diferenciação no seio de outra da qual ela provém, mas também pelo modo antiteleológico de compreensão histórica posta em prática no trabalho de Pomeranz, que longe de atribuir as "vantagens" relativas de uma região sobre outra como um "valor" derivado de uma superioridade essencial (povos brancos, religião cristã, liberalismo, racionalidade etc.), as encara como fenômenos produzidos por encontros casuais de múltiplas forças históricas que determinam valorizações contingentes e imprevisíveis de caracteres culturais, materiais, demográficos etc.

[16] Arrighi, Giovanni. *O longo século XX*, 1996, p. 12

[17] Eventualmente, as próprias nações que ocupavam o centro do capitalismo se ofereceriam para compartilhar as supostas raízes de seu sucesso econômico ou social, invariavelmente apresentando como fórmulas as suas próprias políticas e instituições, cujas condições de existência haviam sido constituídas em meio a longa trajetória histórica que somente ocorreu do modo como ocorreu porque livre das coerções daquelas mesmas políticas e instituições. A esse propósito, o economista Friedrisch List escreveria que os países que alcançavam uma condição de desenvolvimento "chutavam a escada", isto é, passavam a defender medidas econômicas inversas àquelas que levaram ao desenvolvimento. Cf. o interessante livro de Chang, Ha-Joon, *Chutando a escada: a estratégia do desenvolvimento em perspectiva*, São Paulo, Unesp, 2004.

[18] Anna Guagnini e Robert Fox, por exemplo, escrevem que nos quarenta anos que antecederam a I Guerra em todo lugar "). "os finais do século XIX e inícios do XX foram um período no qual rotineira e largamente se acreditava que a prosperidade da indústria dependia da disponibilidade de cursos e instituições capazes de preparar um grande número de empregados para carreiras na indústria e no comércio". (Fox, Robert & Guagnini, Anna. *op. cit.*, 1993, p. 2).

[19] Cf. Polanyi, Karl. *A grande transformação: as origens da nossa época* (2000).

[20] Curiosamente, nos escritos do engenheiro escocês Henry Dyer sobre o processo de modernização japonês, aparece uma nota de forte admiração pelo modo "humanitário" pelo qual os prisioneiros russos foram tratados pelo exército imperial, por ocasião da guerra russo-japonesa (1904-1905), seguindo ao pé da letra as convenções das leis de guerra. Comportamento não encontrado em nenhum exército do mundo de então. O que denota o esforço do governo imperial por jogar segundo as regras da civilização (mesmo se os exércitos "civilizados" não fossem tão pródigos assim em seguir tais convenções). Da mesma forma, a maioria dos tratados assinados com potências ocidentais na segunda metade do XIX, sob o argumento de que o sistema legal japonês não era "civilizado", vedava ao Es-

tado japonês a possibilidade de processar cidadãos daquelas nações acusados de crimes no Japão. Cf. Dyer, Henry. *Dai Nippon: the britain of the east*, London, Black and Son, 1905, pp. 417-419.

[21] Muitas vezes esse debate era parte de outro mais amplo acerca das características e vantagens industriais de outras nações. Para ficar apenas em exemplos franceses, cf. Benaerts, Pierre. *Les origenes de la grande industrie allemande*, Paris, Payot, 1933; Baumont, Maurice. *La grosse industrie allemande et le charbon*, Paris, G. Doin, 1928; Bellom, Maurice. *Enseignement économique et social dans les Écoles techniques: a l'etranger et en france*, Paris, Larose&Tenin, 1908; Blanchard, Raphael. *Universités allemandes*, Paris, s. ed., 1883; Rascol, Louis. *Veritable education professionnelle: enseignement primaire superieur professionnel ou enseignement technique*, Paris, Albert Colin, 1923.

[22] "Advogados da emulação em assuntos técnicos remontam à Revolução Industrial. Nos EUA, havia uma considerável discussão da conveniência de imitar o sistema francês de educação técnica com sua ênfase nas Grandes Écoles; uma fascinação similar pelo modelo francês pode ser observado no incío da história da educação técnica germânica. Em ambos os casos, advogados da emulação estavam tentando acelerar o processo de desenvolvimento, que eles sentiam estar atrasado em seus países, encorajando empréstimos vindos de fora. Posteriormente, em finais do século XIX, especialistas americanos, ansiosos por promover o desenvolvimento das então nascentes indústrias baseadas em ciência, observaram os modelos germânicos; o sucesso da indústria pesada germânica em finais do XIX fez seus métodos de educação técnica baseados em Universidade e laboratório mais atrativos do que o sistema britânico, mais informal. A difusão internacional da administração científica, as quais eram, sobretudo, uma ideologia da engenharia, também exemplifica o processo de imitação, empréstimo e adaptação na esfera do trabalho técnico." Meiksins, Peter & Smith, Chris. *Engineering labour: technical workers in comparative perspective*, Londres/Nova Iorque, Verso, 1996.

[23] A mesma coisa repete-se em um país com forte influência francesa, como a Bélgica. Logo após a independência em 1830, o Estado belga organiza instituições de ensino de engenharia, inicialmente para suprir as demandas de obras públicas e serviços mineralógicos. Assim, foram criadas quase ao mesmo tempo a École des Ponts et Chaussées de Gand e a École des Mines de Liège, esta última localizada exatamente naquele sul da Bélgica que concentrava as zonas carboníferas do país. Para além do serviço público, cujo monopólio iriam manter, entretanto, até 1890, quando as escolas de Louvain e Bruxelas conseguem equiparação, tais escolas se voltariam também para uma demanda externa ao Estado, privada. Assim, em 1836, elas são renomeadas para, respectivamente, École du Génie Civil de Gand, oferecendo após um curso básico de dois anos, especializações nas áreas de "pontes e estradas", "artes industriais e manufatura" e "arquitetura civil"; e École des Arts et Manufactures et des Mines de Liège. Aparentemente, o caráter híbrido das instituições não obteve êxito, fazendo com que, logo em 1838, de cada uma se desdobrassem duas escolas mais

especializadas: por um lado, em Gand, a École Spéciale du Génie Civil (a escola na qual se formaria Ramos de Azevedo) e a École des Arts et Manufactures; por outro, em Liège, a École Spéciale de Mines e a École des Arts et Manufactures. Em ambos os casos, o qualificativo Spéciale significava credenciamento para a ocupação de postos no Estado. Cf. Baudet, Jean C. "The training of engineers in Belgium (1830-1940)", In: Fox, Robert & Guagnini, Anna. *Education, technology and industrial performance in Europe (1850-1939)*, Londres/Paris, Cambridge University Press/Éditions de la Maison des Sciences de l'Homme, 1993.

[24] Cf. Frampton, Kenneth. *História crítica da arquitetura moderna*, São Paulo, Martins Fontes, 1997, pp. 130-155. Cf. também texto com idéias semelhantes escrito por Herman Muthesius e entitulado "La importância de las artes aplicadas", In: Maldonado, Thomás. *Tecnica y cultura*, Barcelona, Infinito, 2002, pp. 69-81.

[25] Freire, Victor da Silva. "A orientação do engenheiro nacional", In: *Boletim do Instituto de Engenharia*, 1917, n. 1, vol. 1.

[26] Freire, Victor da Silva. *op. cit.*, 1917, p. 6.

[27] Freire, Victor da Silva. *op. cit.*, 1917, pp. 6-7.

[28] Freire, Victor da Silva. *op. cit.*, 1917, pp. 10-11.

[29] Cf. Guagnini, Anna. "Worlds apart: academic instruction and professional qualifications in the training of mechanical engineers in England (1850-1914)", In: Fox, Robert & Guagnini, Anna. *Education, technology and industrial performance in Europe (1850-1939)* (1993).

[30] Smith, Chris & Whalley, Peter. "Engineers in Britain: a study in persistence", In: Meiksins, Peter & Smith, Chris. *Engineering labour: technical workers in comparative perspective* (1996).

[31] Sobre esse processo de formação da Escola Politécnica de Paris e o sentido das transformações no nome da instituição, bem como dos discursos que a definiam, cf. Langins, Janis. "Palavras e instituições durante a Revolução Francesa: o caso do ensino científico e técnico 'revolucionário'", In: Burke, Peter & Porter, Roy (orgs.). *História social da linguagem*, São Paulo, Unesp, 1996.

[32] Gispens, Kees. "The long quest for professional identity: German engineers in historical perspective (1850-1990)", In: Meiksins, Peter & Smith, Chris. *Engineering labour: technical workers in comparative perspective* (1996).

[33] Cf. Fox, Robert e Guagnini, Anna. *Education, Technology and Industrial Performance in Europe (1886-1931)*.

[33] Meiksins, Peter. "Engineers in the United States: the house divided", In: Meiksins, Peter & Smith, Chris. *Engineering labour: technical workers in comparative perspective* (1996).

[34] Gagnon, Robert. *Histoire de l'École Polytechnique de Montreal* (1993); Murray, Pámela. *Colombia's National School of Mines and its engineers (1870-1970)* (1997).

[35] Gobe, Eric. "Ingénieurs et societé au Maghreb", In: *Correspondences*, n. 61, maio/junho/julho de 2000, p. 3, disponível em: <www.Irmcmaghre.org>.

[36] A expressão é usada por François Siino. Cf. Siino, François. "Sciences, savoirs modernes et évolutions des modèles politiques", In: *Revue des mondes musulmans et de la*

Méditérranée, n. 101-102, 2005, pp. 9-28, disponível em <http://remmm.revues.org/document40.html>.

[37] Cf. Murphy, Lawrence. *The American University in Cairo (1919-1987)*, Cairo, American University in Cairo, 1987.

[38] Gobe, Eric. *op. cit.*, 2000, p. 4.

[39] Vacher, Helène. "Du métier à la profession: l'émergence de l'ingénieur géomètre et l'exercise colonial au début du XXe. siècle", In: Gobe, Eric. *Les ingénieurs maghrébins dans les systèmes de formation* (2001).

[40] Cf. Rodrigues, Maria de Lurdes. *Os engenheiros em Portugal*, Oeiras, Celta, 1999.

[41] Fox, Robert & Guagnini, Anna. "Introduction", In: *Education Technology and industrial performance in Europe (1850-1939)* (1993).

[42] Cf. Dyer, Henry. *Dai Nippon: the Britain of the east (a study in national evolution)*, London, Black and Son, 1905 [edição fac-similar editada pela Adamant Media Corporation em 2004]; Dyer, Henry. *Japan in world politics: a study in international dynamics*, Londres, Blackie and Son, 1909; Miyoshi, Nobuhiro. *Henry Dyer: pioneer of education in Japan*, Kent, Global Oriental, 2004.

[43] Waddel, John Alexander Low. *American versus English methods of bridge design*, Tóquio, s. ed., 1886.

[44] Freire, Victor da Silva. *op. cit.*, 1917, p. 65.

[45] É provável que uma avaliação mais profunda sobre o movimento tecnocrático norte-americano seja ainda algo a ser realizado. Desenvolvendo-se nas três primeiras décadas do século XX, o movimento parece ter sido um desdobramento saint-simoniano nos Estados Unidos. Discípulos imediatos de Thörsten Veblen, as lideranças tecnocráticas, como Howard Scott, defendiam a superação do sistema de preços, que havia sido o esteio da constituição do mercado auto-regulado nas economias liberais (baseando-se em ajustes entre a produção, preços e demanda), por outro, baseado nas idéias de produção máxima, planejamento central e distribuição eqüitativa dos excedentes por toda a população. Todavia, independente da utopia planejadora, fato é que os tecnocratas norte-americanos contaram, especialmente nos primeiros meses que se seguiram à quebra da bolsa de Nova Iorque, em 1929, de real prestígio em parte da opinião pública dos Estados Unidos, tocando inclusive o coração dos sindicatos operários norte-americanos. Cf. Martins, Carlos Estevam. *A tecnocracia na história*, São Paulo, Alfa-Ômega, 1975; Loeb, Harold. *Life in a technocracy: what It might be like (utopianism and communitarianism)*, Syracuse, Syracuse University Press, 2003.

[46] Nascido em Phelps, Oswego, Nova Iorque (EUA) em 1818, morre na cidade de Nova Iorque em 1892.

[47] Garcez, Benedicto Novaes. *Mackenzie* (1969), p. 111.

[48] Para isso recorreriam ao conselho de diversos brasileiros ilustres, quase todos republicanos. Gente como Prudente de Moraes, general Couto de Magalhães, Campos Sales, Bernardino de Campos, Francisco Glicério, Cerqueira Cezar, Cesário Bastos, Júlio Mesquita,

Guimarães Júnior, Cesário Motta, Alberto Sales e Francisco Rangel Pestana, além, é claro, de Rui Barbosa, nas Cortes (Garcez, 1969, p. 122).

[49] Garcez, 1969, p. 99.

[50] Refere-se isso ao lançamento da pedra memorial do prédio, em 16 de novembro de 1893, ao qual compareceram, entre outros, o secretário do Interior e Instrução do Estado, Cesário Motta Júnior, o senador Prudente de Moraes, o presidente da Câmara Estadual, Luiz Pizza, o intendente da municipalidade da capital Pedro Vicente de Azevedo, além do ministro plenipotenciário dos EUA, T. L. Thompson. Aliás, que os republicanos paulistas apoiavam o empreendimento, é indicativo adicional o discurso proferido por Cesário Motta Filho, cujas ligações com a escola iriam além de mero apoio, tendo contratado a educadora Márcia Brown para modelar o ensino público estadual segundo as mesmas diretrizes que animavam a escola americana, propiciando uma primeira aplicação dos ensinamentos de Dewey no Brasil. Em seu discurso, Cesário Motta vincularia explicitamente os princípios republicanos norte-americanos, São Paulo como "o ponto em que se vigorou a preparação da República" e a escola de engenharia projetada (Garcez, 1969, p. 132). Aliás, Cesário Motta seria responsável também pelo discurso oficial do governo do estado (na ausência do presidente de São Paulo, Bernardino de Campos), na cerimônia de inauguração da Escola Politécnica de São Paulo, no mesmo ano.

[51] Telles, 1993, p. 10.

[52] Tal concepção de ensino de engenharia parece surgir nos EUA, último quartel do XIX, e é contemporânea dos Fachhochschulen (Institutos Superiores Especializados) germânicos, cujo ensino mais aplicado, voltado para a prática e para as demandas do mercado de trabalho, sobretudo, industriais, servia de contraponto aos Technische Hochschulen, que se caracterizavam pelo alto grau de abstração e direcionamento para a pesquisa especialmente em ciências básicas.

[53] Cf. Mendes, Marcel. *Mackenzie no espelho* (2000), p. 33.

[54] Cf. Telles, 1993, p. 11.

3. Engenheiros e a construção social da crença

[1] Todas as informações acerca do padre inventor Roberto Landell de Moura foram encontradas em: Queiroz, Francisco Assis. *A revolução (micro)eletrônica: pioneirismos brasileiros e utopias tecnotrônicas*, São Paulo, Tese de Doutoramento, FFLCH-USP (departamento de História), 1999.

[2] A situação é de todo assemelhada àquelas dos engenheiros descritas por Gilberto Freyre, em *Um engenheiro francês*. Contratados na Europa, como foi o caso do engenheiro francês Vauthier, os técnicos não encontravam em Pernambuco instituições que pudessem aferir o mérito de seu trabalho, o que nivelava talentosos, incompetentes, honestos e charlatões, ficando todos eles à mercê do crédito ou descrédito derivados das flutuações do jogo político.

[3] Cf. o capítulo "À exceção de São Paulo", In: Hochman, Gilberto. *A era do saneamento* (1998).

[4] Isso parece não ter sido característica exclusiva da engenharia brasileira. Segundo a opinião de Roger Lesgards, o espaço da "criação técnica" apresentaria como características marcantes a rigidez e a estreiteza, o que se explicaria na medida em que essa forma de criação se instala em meio a um sistema de idéias "simples e robusto" que, incorporado duradouramente pelos engenheiros, teria permanecido na linha do positivismo, da crença nas virtudes do progresso técnico e da racionalização dos processos e organizações, vetores supostamente necessários da felicidade humana. Nesse quadro restrito, o engenheiro elabora e soluciona problemas mobilizando tanto as ciências e as matemáticas quanto a história pregressa, seja ela pessoal ou da engenharia em geral, com seus ensaios, experiências etc., o que configura um espaço tranqüilizador de certezas irrefutáveis. O risco então estaria no mundo exterior. No momento em que o engenheiro deixa esse território protegido, aventurando-se pelos territórios selvagens em que a matemática não reina soberana, ele tenderia a constituir representações desta "sociedade exterior" muito semelhantes ao de seus espaços originais de socialização: família, escolas que o formaram, empresas onde fez carreira, círculos de alunos ou de pares onde ele encontraria "seus clones" etc. Tais "barreiras intelectuais 'indiscutíveis'", nas palavras do professor Lesgards, ao colocá-los ao abrigo das questões do tempo, da história, teriam sido responsáveis por uma certa insensibilidade dos engenheiros diante do espetáculo contraditório da inundação do mundo pelo rio da técnica, a fecundar as "planícies adjacentes", ao mesmo tempo em que promove "irremediáveis erosões", arrasta detritos poluidores e aluvionais; a aliviar "o fardo dos homens", ao submetê-los a novas obrigações; a fabricar vencedores e perdedores; a desenvolver as "comunicações que permitem uma melhor 'comunhão'", ao multiplicar o "número de ex-comungados". Nesse rio, os engenheiros nadam com peixes, manipulando seu curso, criando "nas populações ribeirinhas sentimentos em que se mesclam a admiração e a inquietude". Lesgards, Roger. "Prefácio", In: Scheps, Ruth. *O império das técnicas* (1996), pp. 10 e 11.

[5] Um exemplo entre muitos oferece a trajetória do engenheiro Domingos Corrêa de Morais (Tietê, 1851, São Paulo, 1917). Formado engenheiro pela Universidade de Cornell, começa sua carreira como engenheiro da Cia. Cantareira de Esgotos, demissionando-se em 1883 para empreender viagem pela Europa e EUA. Volta a São Paulo em seguida para presidir a Cia. de Bondes de São Paulo, ingressando na política com a República, tendo sido vereador da capital, deputado estadual em duas legislaturas, senador estadual e vice-presidente do estado de São Paulo etc.

[6] Cf. Cerasoli, Josianne. "São Paulo reclama: saberes sobre a cidade e forças sociais na transformação de São Paulo – início do século XX". *op. cit.*, 2002.

[7] Cf. Nadai, Elza. *Ideologia do progresso e ensino superior (São Paulo 1891-1934)*, São Paulo, Tese de Doutoramento, FFLCH-USP (departamento de História), 1981; e Cerasoli, Josian-

ne Francia. *A grande cruzada: os engenheiros e as engenharias de poder na 1ª. República*, Campinas, Dissertação de Mestrado, Ifch-Unicamp, 1998.

[8] As informações acerca da trajetória de Theodoro Sampaio encontram-se, salvo indicação em contrário, em: Santana, José Carlos Barreto de. "Introdução", In: Sampaio, Theodoro. *O rio São Francisco e a Chapada Diamantina* (2002); e em Costa, Luiz Augusto Maia. *O ideário urbano paulista na virada do século* (2003).

[9] Certamente, o preconceito contra descendentes de africanos teve um peso nada negligenciável nas desventuras de Theodoro Sampaio nas Corte do Rio de Janeiro. Segundo José Carlos Barreto de Santana, quando da organização da Comissão Hidráulica do Império, destinada a percorrer e estudar portos e navegação no interior do país, Theodoro Sampaio seria convidado pelo senador Viriato de Medeiros a integrar a equipe de engenheiros norte-americanos e brasileiros comandados pelo engenheiro William Millner Roberts. Ocorre que, alegando querer evitar que os norte-americanos se constrangessem com presença de um negro, cuja presença supostamente deveria desagradá-los, o "zeloso" Oficial de Gabinete do Ministro vetaria a indicação e faria publicar no Diário Oficial lista de nomeações expurgada do nome de Sampaio. De modo que foi necessária a pronta intervenção de Viriato de Medeiros para que a nomeação ocorresse, trabalhando Sampaio por dois anos naquela Comissão, à qual se juntaria depois o geólogo Orville Derby. Já os argumentos do infeliz oficial se revelariam totalmente equivocados: não apenas Millner Roberts incluiria no relatório da Comissão capítulo especial elaborado por Theodoro Sampaio, quanto, conta ele próprio, em seu diário, que "a nuvem do preconceito, que se procurou insinuar à conta dos americanos, dissipou-se por completo e eu tive a honra de lhes conquistar a estima e amizade que me foram tão benéficas no correr dos anos e tanto me serviram na profissão que adotei", tendo sido inclusive citado por Rudolf Wiezer, ajudante de Millner Roberts, como "the best brazilian engineer in Mister Roberts' Staff". O que não foi suficiente para que, de volta ao Rio de Janeiro, conseguisse posto de valor semelhante aos seus companheiros de Comissão (Santana, José Carlos Barreto de. "Os engenheiros Euclides da Cunha e Theodoro Sampaio", texto apresentado na 89ª. Semana Eucldiana, S. José do Rio Pardo, 2002).

[10] Coincidentemente, nesses episódios, Theodoro Sampaio reencontraria três colegas que se formariam na Escola Politécnica do Império do Brasil no mesmo ano (1877): José Augusto Brandt Bulhões de Carvalho, João Pereira Ferra e José Pereira Rebouças, que entraria posteriormente nos desdobramentos dos episódios do saneamento de Santos. Cf. *Jubileu da Escola Politécnica do Rio de Janeiro*, Congregação da Escola Politécnica do Rio de Janeiro (1926), pp. 120-121.

[11] Outro que, ao se indispor com Paula Souza, reduziu a zero suas possibilidades de ingresso na Escola Politécnica como lente foi o engenheiro Euclides da Cunha.

[12] Rios Filho, Adolfo Morales de los. *Legislação do exercício da engenharia, agricultura e*

agrimensura, Rio de Janeiro, Conselho Federal de Engenharia e Arquitetura, 1947, p. 12.

[13] Folheto, Escola de Engenheiros Constructores (São Paulo), Rio de Janeiro/São Paulo, Weizzflog e irmãos, 1916. Consta ainda nesse panfleto o currículo a ser cumprido nos três anos de curso. 1°. ano: português e aritmética (revisão), geometria plana, trigonometria, desenho geométrico e projeção. 2°. ano: álgebra, geometria no espaço, trigonometria, física, matemática, noções gerais de química, mecânica, desenho técnico, construção e escrituração mercantil. 3°. ano: álgebra (revisão), cálculo diferencial e integral, mecânica, resistência dos materiais, desenho técnico e construção, projetos e orçamentos, geodésia e agrimensura, higiene em habitações e em fábricas. Quanto aos custos, o panfleto informava que se exigia "pagamento adeantado" das contribuições: 20$000 de matrícula, 120$000 pelo primeiro ano, 135$000 pelo segundo, 150$000 pelo terceiro. Para o exame vago exigia-se 30$000, enquanto que, para o final, 50$000. O diploma saía por 100$000 e cada idioma custava ao aluno 10$000.

[14] O processo que deu o nome do engenheiro Alberto Kuhlman a uma avenida próxima à represa Guarapiranga ainda não foi encontrado. Mas isso é questão de tempo.

[15] Documentos Avulsos do Arquivo Municipal Washington Luis (vol. 20, n. 525, fs. 39-45. 1/05/1888).

[16] Oferecia-se treino técnico no regime de aprendizagem prática em oficinas da cidade, como aquela mantida por Frederico Von Sydow e seu filho, Leopoldo, a partir de 1903, na rua Duque de Caxias, tendo vários dos seus auxiliares montado oficinas próprias, como, por exemplo, Antônio Bardelha (fundições), Júlio Martins (caldeiraria), João Martins (desenho mecânico). A firma em questão, "Oficina Mecânica e Fundição Paulista", como aparece em formulário de orçamento da firma, se especializaria em máquinas para a lavoura e a indústria. O mesmo documento faz uma lista de mercadorias à disposição do cliente, dentre as quais se podem citar máquinas para macarrão, bombas para abastecimento d'água, desintegradores de milho, serras verticais e circulares etc. A oficina se encarregaria ainda de consertos e "assentamentos de qualquer maquinismo ou fábrica. Construções de rodas hidráulicas, turbinas etc." (Formulário de orçamento, Fundo Leopoldo Sydow do Arquivo Histórico Washington Luís, município de São Paulo).

[17] Albuquerque (1880-1940) é outra figura central das fileiras politécnicas. Fundador do grêmio politécnico, órgão de representação dos alunos, formou-se engenheiro-arquiteto e civil com distinção (1905), tendo sido premiado, como melhor aluno da turma, com viagem de estudos à Europa, onde permanece por dois anos. Alexandre Albuquerque seria ainda um dos primeiros ex-alunos a retornar à escola como docente (1917). Em 1924, é elevado a presidente do Instituto de Engenharia de São Paulo.

[18] *Revista Politécnica*, 1905, p. 3.

[19] Por exemplo, Roberto James Shalders (1902).

[20] Arthur Löfgren (1903), Luis Bruno (1888), Otto Alberto (1910), Axel (1913).

[21] Caio Luiz Pereira de Souza (1927).

[22] Em 1936, o editorial da Revista Politécnica teceria comentários sobre a suposta ilusão que envolvia o "espírito universitário", problema que remete à complicada integração da Politécnica (e também da Medicina e do Direito) na estrutura da universidade inaugurada dois anos antes. Em tom de advertência, argumenta o engenheirando: "O vulto venerando de Paula Souza vai se tornando irreal e dentro em pouco tornar-se-á lendário. Outras gerações virão e seus exemplos irão sendo esquecidos e aí então permanecerá apenas o ambiente em que já vamos penetrando, cheio de incertezas e insinceridades". "Noticiário: nosso ponto de vista (notas e comentários)", In: *Revista Politécnica*, jan./março de 1936, p. 211. A ameaça é uma só: perder sua identidade no processo de integração universitária, isto é, afastar-se de Paula Souza.

[23] Cf. o livro de juventude escrito por Paula Souza sob o impacto da leitura de *A democracia na América* de Tocqueville: Souza, Antônio Francisco de Paula. *A República Federativa do Brazil*, São Paulo, Typografia Ypiranga, 1869.

[24] Graziosi, 2001, p. 55.

[25] Albuquerque, Alexandre. "Arquitetura" (coluna), In: *Revista de Engenharia*, São Paulo, n. 5, p. 89 – citado por Graziosi, 2001, p. 55. A diretoria provisória daria uma amostra da amplitude da nova instituição: Victor Dubugras (presidente), Heribaldo Siciliano e Mário Freire (1°. e 2°. secretários), Carlos Elkman (tesoureiro). Comissão de Estatutos: Victor da Silva Freyre, Victor Dubugras, Jorge Krug, Alexandre Albuquerque, Pujol Jr. Comissão de estudos da tabela de honorários: Augusto Fried, Samuel das Neves e José Rossi. Outros membros: Ramos de Azevedo, Ricardo Severo, Samuel das Neves, Giullio Michele, Mauro Álvaro, Maximiliano Hehl, Regino Aragão, Arthur Motta, Oliveira Coutinho, Mauro Álvaro etc.

[26] "Sociedade dos Architectos e Engenheiros de São Paulo", In: *Revista de Engenharia*, São Paulo, jun. 1911/maio 1912, p. 263 – citado por Graziosi, 2001, p. 56.

[27] Todas as referências acerca da fundação do Instituto de Engenharia estão no *Livro de Atas das Assembléias Gerais do Instituto de Engenharia (15/02/1917 a 05/06/1936)*, manuscrito depositado no arquivo do Instituto de Engenharia de São Paulo.

[28] Por uma política de admissão mais flexível (texto-base), manifestar-se-iam ainda os engenheiros Carlos de Souza Shalders (engenheiro civil, Politécnica do Rio de Janeiro, 1884), Mário Whately e Oliveira Coutinho. Contra, Guilherme Winter, Pinheiro Lima e José Ayrosa Galvão.

[29] "Quando os créditos do Instituto não possam sofrer na sua estabilidade."

[30] Aqui se confrontam dois modelos de organização do mercado de trabalho, o livre e a profissão.

[31] É preciso lembrar dos discursos de 1892, proferidos por Paula Souza no parlamento estadual, em que dizia não querer aumentar, com a escola, o número de portadores de pergaminhos.

[32] Seriam eleitos ainda João Pedro da Veiga Miranda (vice-presidente, 31 votos), e, para diretores, Rodolpho Baptista de San Tiago (41 votos), Francisco de Paula Ramos de Azevedo (29 votos), Theóphilo Oswald Pereira de Souza (29 votos), João Zeferino Ferreira Velloso (28 votos), Adolpho Augusto Pinto (27 votos), Lino Sá

Pereira (24 votos), Francisco Cornélio Pereira Macambira (23 votos), Guilherme Winter (18 votos).

[33] No primeiro volume do *Boletim do Instituto de Engenharia* (vol. 1, n. 1-3, 1917), em meio a um texto que presta homenagens ao recém-falecido Paula Souza, um trecho que corrobora com o ponto de vista desenvolvido aqui: "A criação da sociedade dos engenheiros de São Paulo, dependia, na verdade, de um nome respeitável, como o dele [de Paula Souza], com o prestígio relevante granjeado numa vida profissional intensa, em que não se sabe o que mais apreciar, se a competência revelada na técnica, se a conduta moral seguida, ininterruptamente, sem desfalecimentos ou sujeições subalternas", p. 98.

[34] Não seria essa a única vez em que Paula Souza foi levado a uma posição oposta àquela que recomendava sua consciência. Na polêmica envolvendo o geólogo norte-americano Orville Derby e o professor politécnico Behring, Paula Souza se viria na contingência de sacrificar a amizade com Derby para comprometer-se com uma posição inferior e da qual ele não partilhava, a de Behring. No entanto, este era professor da Politécnica e Paula Souza obrigou-se a tomar o partido que entendia ser o da escola. Cf. Figueroa, Maria Silvia. *Modernos bandeirantes: a comissão geográfica e geológica e a exploração científica do território paulista (1886-1931)* (1985).

[35] Tratava-se na verdade de um parágrafo da legislação referente ao "Padrão Municipal", que deveria reger as atividades construtivas no município da capital, baseada em projeto de lei apresentado pelo então vereador, membro efetivo do Instituto de Engenharia e engenheiro-arquiteto formado pela Escola Politécnica, Heribaldo Siciliano. O projeto restringia a participação de leigos em obras supostamente de "responsabilidade técnica" e fora redigido no interior das estruturas do Instituto de Engenharia. Aprovado em 9 de novembro de 1920, sofreu a oposição natural dos "construtores", tendo sido revogado o ponto específico referente à restrição ao trabalho de não diplomados, pelo Senado Estadual, que decidiu pela inconstitucionalidade da pretensão dos municípios de regulamentar o exercício das profissões liberais. Cf. "Movimento social: o exercício legal da Engenharia", In: *Boletim do Instituto de Engenharia*, n. 25 e 27, outubro/março de 1925, p. 34.

[36] Cf., por exemplo, essa passagem das memórias de Alexandre D'Alessandro, que confirma o caráter estruturador da escola sobre a personalidade dos alunos, ajustando suas disposições ao *ethos* da engenharia: "Dentro de seu meio, principalmente no âmbito da sua escola, o politécnico era, como já tenho afirmado, avesso às tropelias e estudantadas, tão próprias de outras corporações acadêmicas. Foi ele quase sempre um macambúzio: alguma coisa, que a alma da própria escola lhe tivesse transmitido, dava-lhe da vida uma compreensão mais prática e, de certo modo, mais precoce. Por isso, adstrito aos regulamentos, sem constrangimento, fazia dos bancos acadêmicos uma continuação do próprio lar, vendo nos seus mestres os guias dedicados e amigos, em cujo meio erigia até os seus *Tabus*" (D'Alessandro, *A Escola Politécnica de São Paulo*, vol. 3, 1943, p. 203).

[38] Tais capitais de sociabilidade são entendidos aqui simultaneamente como capital de relações (familiares, de amizade etc.) e uma certa desenvoltura social, uma certa habilidade de se fazer o jogo social, especialmente nas altas esferas.

[39] Considerações teóricas acerca do estatuto "consciente" ou não dessas estimativas práticas das chances sociais foram evitadas neste estudo. De qualquer modo, os argumentos expostos acima foram baseados em diversos estudos de Pierre Bourdieu, em especial, naqueles acerca do sistema educacional francês, como *La noblesse d'état* (1989), da sociologia do gosto, como *La distinction* (1979), bem como em *Esquisse d'une théorie de la pratique* (1972), publicado no volume de mesmo nome, junto com seus estudos de etnologia kabila.

[40] Oesp, 9 de dezembro de 1921.

[41] Souza, Antônio Francisco de Paula. "Discurso como paraninfo dos engenheirandos de 1905", In: *Revista Polytechnica*, n. 1, 1904, p. 363.

[42] *Boletim do Instituto de Engenharia*, n. 58, março de 1930, p. 173.

[43] Não se trata evidentemente do "mercado" originado do campo econômico ou financeiro, mas do conjunto muito desigual de reações aos "produtos", geradas a partir das posições fundamentais do campo específico e do campo do poder.

[44] Assim, Saturnino de Brito teria sido "(p)erfeito em qualidades morais", incorporando-se após a morte "à falange augusta dos mortos benfeitores", tendo sua vida sido de "abnegação e de esforços em benefício da espécie". "Não conhecia descanso" etc. Por outro lado, ele "(n)ão dormia sobre as soluções achadas; queria-as melhores, mais perfeitas e mais econômicas". O que dotava a figura de Brito de uma significação transcendente, simbolizando a própria profissão: "E a engenharia é isto" (Martins, Paulo César. "Palestra sobre Saturnino de Brito, no Rotary Club de Santos, In: *Boletim do Instituto de Engenharia*, janeiro de 1938, pp. 91-92). Cf. ainda o necrológio de Brito publicado na mesma publicação em 1928: "A austeridade com que o dr. Saturnino de Brito exerce os princípios da moral mais sã, o verdadeiro culto que votava à probidade, na completa acepção desse vocábulo, a íntima convicção de empregar os máximos esforços na conquista de nobres ideais ou na defesa do bem público, fizeram-no, paladino destemido, enfrentar as metralhas da revolução como as fragorosas discussões no campo raso da ciência" (*Boletim do Instituto de Engenharia*, maio de 1928, p. 204). Cf. também como D'Alessandro descreve o professor de Hidráulica João Florence de Ulhoa Cintra: "A sua modéstia se acusava a cada passo. E, através dela, surgia, cada vez com mais brilho a luz do seu alto saber" (D'Alessandro. *op. cit.*, vol. 3, 1944, p. 85).

[45] Aliás, homenagens póstumas "costumam revelar menos sobre quem morreu e mais sobre o que se espera da conduta dos agentes que compõe o grupo. Eles podem servir a múltiplas funções: estabilizar regras de acesso à esfera técnica, estabelecer posições, constituir categorias de percepção e apreciação, educar os agentes ajustando disposições a posições, criar a expectativa de sanções ou recompensas para tipos determinados de ações, etc. Sobretudo, a formação de um panteão parece congelar posições que são retiradas da disputa. Paula Sou-

za, Saturnino de Brito, Ramos de Azevedo, convertem-se depois de mortos em valores ideais intangíveis e inatingíveis. Engenheiros venerandos proporcionam, pelo exemplo de suas vidas (na verdade pelas suas biografias, isto é, de narrativas de sua trajetória), referenciais supostamente estáveis, pouco sujeitos às mudanças de conjuntura, em relação aos quais os agentes se localizam" (Arasawa, 1999, p. 127).

[46] Carta de Affonso Taunay a Alexandre D'Alessandro, comunicando recebimento do volume 3 de *A Escola Politécnica de São Paulo* (D'Alessandro. *op. cit.*, vol. 3, 1944, p. 15).

[47] D'Alessandro. *op. cit.*, vol. 3, 1944, p. 61.

[48] *Boletim do Instituto de Engenharia*, vol. 1, n. 1, 1917, pp. 3-69.

[49] Ibidem, p. 3.

[50] Aparece na capa do número 26-27 (outubro de 1926 a março de 1925), edição marcada pela aprovação da lei n. 2022, de 27 de Dezembro de 1924.

[51] "Movimento social: o exercício legal da engenharia", In: *Boletim do Instituto de Engenharia*, n. 26-27, outubro de 1924 a março de 1925, p. 31.

[52] Ibidem, p. 31.

[53] *Boletim do Instituto de Engenharia*, fevereiro de 1939, p. 111.

[54] Se os meios para a resolução dos problemas eram motivo de debate racional e resolução pelos métodos da ciência, o mesmo não acontecia com a determinação dos resultados do trabalho de engenharia. Nesse caso, tratava-se de definir *standards*, números de referência, e isso era dificílimo, já que envolvia escolhas entre várias possibilidades. A esse respeito, um texto do engenheiro Carlos William Stevenson pode servir de exemplo. Engenheiro civil, formado em 1890 pela Escola Politécnica do Rio de Janeiro, Stevenson se especializaria no ramo da engenharia ferroviária, aposentando-se no cargo de Inspetor Geral da Cia. Mogyana, tendo sido professor livre-docente pela Escola Politécnica do Rio de Janeiro e professor honorário pela Politécnica de São Paulo. Em seu artigo "Consolidação das pontes ferroviárias" (*Boletim do Instituto de Engenharia*, n. 9, vol. 3, maio de 1920), Stevenson enfrenta a questão do cálculo de pontes. Segundo ele, até então, tal cálculo fora deixado a cargo dos construtores, fazendo com que houvesse no Brasil uma infinidade de pontes com coeficientes de trabalho (resistência) diferentes, muitos dos quais, desconhecidos. O resultado era que se tornava difícil, quase impossível, fazer estimativas acerca da durabilidade das pontes, sua resistência máxima a esforços suplementares. O problema é que, objetivamente, parecia impossível estabelecer cientificamente o melhor coeficiente para o cálculo de pontes, e o exame empreendido por Stevenson das legislações estrangeiras apenas reforçava isso. Havia simplesmente diversos critérios. Tal dificuldade de se encontrar critérios puramente técnicos naturalmente consensuais, que excluíssem qualquer ponto de arbitrariedade, faz Stevenson demandar do Estado a determinação de *standards*. Porém, se não excluíam alguma dose de arbitrário, de escolha, especificações para o cálculo de pontes não podiam ser deixadas para leigos, obviamente. De novo, trata-se de estabelecer consensos a partir das posições dominantes no campo da engenharia (ou campos, se se pensa sob um ponto de vista nacional) e instituí-los, no caso, na forma de leis.

[55] Cerasoli, Josianne Francia. *A cidade reclama: saberes sobre a cidade e forças sociais na transformação de São Paulo – início do século XX*, Campinas, Ifch-Unicamp (mimeo.), 2002.

[56] Exemplos desses desencontros são fartamente apresentados por Cerasoli. A historiadora nota ainda o quanto de arbitrário ou "subjetivo" era envolvido nos pareceres técnicos dos engenheiros do município, mas encaminha a discussão para uma perspectiva bem diferenciada daquela adotada aqui.

[57] Graziosi. *op. cit.*, 2001, p. 61.

[58] Freire, Victor da Silva. "Melhoramentos de São Paulo", In: *Revista Politécnica*, n. 33, fevereiro/março de 1911.

[59] Para uma análise mais acurada desse debate cf., por exemplo, os excelentes estudos de: Osello, Marcos Antônio. "Planejamento urbano em São Paulo (1899-1961): introdução ao estudo dos planos e realizações", São Paulo, Dissertação de Mestrado, Eaesp/FGV, 1983; Segawa, Hugo. *Arquiteturas no Brasil (1900-1990)*, São Paulo, Edusp, 1998; Campos, Cândido Malta. *Os rumos da cidade: urbanismo e modernização em São Paulo*, São Paulo, Senac, 2002.

[60] Citado em Fischer, Sylvia. *Ensino e profissão* (1989), p. 143.

[61] Seriam elas: 1) Vias de comunicações e portos; 2) Engenharia sanitária, arquitetura e construções civis; 3) Mecânica e Eletrotécnica; 4) Tecnologia industrial; 5) Geografia, Cadastro e Geologia; 6) Agricultura e Silvicultura; e 7) Interesses profissionais e legislação.

[62] *Boletim do Instituto de Engenharia*, vol. 1, n. 1-3, 1917, pp. 110-111.

[63] Dos necrológios provém boa parte das biografias que coleciono. Acredito aliás que os necrológios tinham uma importância mais profunda do que a de simplesmente homenagear os mortos. Eles cumpriam a função pedagógica de fundar um panteão de engenheiros mortos que assim continuavam a pesar sobre o campo, como referências e exemplos (vidas exemplares), tal como as narrativas da vida de santos ou, na religião islâmica, da vida de Maomé davam aos fiéis parâmetros para o julgamento das vidas das pessoas comuns. Certamente, ser comparado a Ramos de Azevedo ou ter sido auxiliar próximo de Paula Souza dava aos engenheiros agraciados com tais honrarias um quê de sagrado.

[64] Cf. uma interessante aproximação entre os discursos e procedimento do direito, da medicina, da teologia e da história em Bann, Stephen. "A história e suas irmãs: direito, medicina e teologia", In: *As invenções da história: ensaios sobre a representação do passado* (1994). Em certo momento, Bann compara o ofício de historiador ao de advogado, mostrando que o primeiro toma como referência o discurso em tribunal, amparando-se na citação de autoridades. A verdade aparece com a anuência desse tribunal especial que é o público acadêmico. Do mesmo modo, talvez seja possível mostrar que alguns pontos de vista defendidos pelos engenheiros paulistas dependiam tanto das comprovações científicas quanto do recurso às autoridades reconhecidas. Isso será válido especialmente para a disciplina urbanística, que, em São Paulo, desdobra-se a partir da engenharia.

[65] Brito, Francisco Saturnino. "Notas sobre o traçado das ruas", In: *Boletim do Instituto de Engenharia*, n. 10, vol. 3, agosto de 1920, pp. 221-222.

[66] Cf. Campos Jr., Carlos Teixeira de. *O novo arrabalde*, Vitória, Secretaria de Cultura e Turismo da Prefeitura Municipal de Vitória, 1996.

[67] Trata-se do engenheiro civil A. C. de França Meirelles, que publica, nas páginas do *Boletim do Instituto de Engenharia*, n. 48, vol. 10, maio de 1929, a biografia de Saturnino, por ocasião de seu falecimento. A maioria das informações utilizada refere-se ao texto de Meirelles.

[68] Idem, p. 208.

[69] Idem, p. 209.

[70] Ou seja, as variáveis que os agentes levam em conta, conscientemente ou não, para a escolha de suas estratégias.

[71] Ministério da Indústria, Viação e Obras Públicas. *Almanak dos engenheiros: que tem títulos registrados (relação das repartições e comissões do ministério)*, Rio de Janeiro, Imprensa Nacional, 1906.

[72] Cf. Costa, Caiuby Alves da. *105 anos da Escola Politécnica da UFBA*, Salvador, P&A, 2003.

[73] A Escola de Minas já nasce com um estatuto diferenciado (organizada por Claude Henri Gorceix a pedido do próprio Imperador em 1876).

[74] Já em 1897 há tramitando na Câmara Federal projeto de lei, defendido pela bancada do Rio Grande do Sul, em especial, pelo ten. cel. Francisco Alberto Guilhon, do corpo docente da Escola de Engenharia, validando os diplomas passados pela Escola de Engenharia de Porto Alegre, com o objetivo de habilitar seus portadores ao "exercício de empregos ou comissões de pública administração". No mesmo projeto, explicava-se que a escola não se destinava a formar engenheiros nos moldes da Politécnica do Rio de Janeiro (isto é, não se demandava a plena equiparação), mas à formação de "profissionais e especialistas, sobretudo práticos em alguns dos cursos de engenharia". O que o parecer da Comissão de Instrução e Saúde Pública do legislativo federal ecoaria, ao argumentar "que as escolas ou faculdades livres nos termos dos decretos de 2 de janeiro de 1891 e de 3 de dezembro de 1892, obedecendo aos programas da escola Politécnica nada adiantarão ao estado atual do ensino nesse ramo da ciência". Cf. Parobé, João Ribeiro. *Relatório da Escola de Engenharia referente ao ano de 1898 – apresentado ao conselho escolar pelo diretor João José Pereira Parobé*, Porto Alegre, Typ.&Liv. De Franco e Irmão, 1899, pp. 26-28.

[75] Cf. a posição do presidente do Mackenzie College, Horace Lane, em 1919: "Desde o começo temos recusado o reconhecimento do governo brasileiro, pelas seguintes razões: a) Ficaríamos obrigados a fazer constar mudanças nos nossos programas, pelo menos, formalmente; b) Essa situação de aparências estabeleceria uma falsa relação com os nossos estudantes e a Instituição; c) Ficaríamos submetidos a uma inspeção extremamente incômoda que poderia se tornar inconveniente (...); d) O processo seria extremamente caro. Cf. Mackenzie College. *President's annual report to the Board*

of *Trustees*, São Paulo, 1919, p. 21. Citado por Mendes, Marcel. *Mackenzie no espelho* (2000), p. 42.

[76] Trata-se do engenheiro Cícero da Costa Vidigal, que morre inesperadamente nesse mesmo ano. D'Alessandro, Alexandre; Leite, Mário; Savelli, Mário; Guimarães, Alberto Prado & Carvalho, Mário Alves de. "História do Instituto de Engenharia", In: *Engenharia: Revista do Instituto de Engenharia*, São Paulo, n. 219, vol. 19, pp. 349-415.

[77] Mackenzie College. *President's annual report to the Board of Trustees*, São Paulo, 1921, pp. 3-4. Citado por Mendes, Marcel. *Mackenzie no espelho* (2000), p. 46.

[78] Carta datada de 4 de janeiro de 1933, assinada por C. T. Stewart, citada por Mendes, Marcel. *Mackenzie no espelho* (2003), p. 47.

[79] *Diário Oficial da União*, Rio de Janeiro, 17 de novembro de 1922, pp. 5309-5310, citado por Mendes, Marcel. *Mackenzie no espelho* (2003), p. 48.

[80] A mesma estrutura estará presente, por exemplo, no discurso urbanístico de Anhaia Mello, além, é claro, de em variados exemplos de considerações sobre a montagem de instituições ou a colocação em prática de idéias copiadas do exterior. Um exemplo simples é a entrevista concedida pelo ex-governador de S. Paulo, Claudio Lembo, ao jornalista Bob Fernandes sobre a crise do setor aéreo: "(Cláudio Lembo): – A reestruturação dos serviços públicos brasileiros partiu de uma cópia servil do modelo norte-americano, ou por eles imposto, e não encontrou 'raízes' no Brasil. Isso nos últimos 20 anos e se agravou nos últimos 10 anos muito profundamente. (Bob Fernandes) – Me dê exemplos do que o sr. está dizendo. (Claudio Lembo) – Pois não: as agências como a Anac, Anatel, ANP, e ONGs. Nos Estados Unidos as agências tinham e têm uma 'cultura ambiente favorável' e as ONGs, em grande parte, nasceram para fiscalizar o governo. No Brasil as agências apenas servem para abrigar os interesses de empresas privadas, e ONGs, em sua maior parte, são apêndices de governos" ("Lembo: 'cansei é termo de dondocas enfadadas'", entrevista concedida por Claudio Lembo a Bob Fernandes, In: <http://terramagazine.terra.com.br/interna/0,,OI1794531-EI6578,00.html>, 30/07/2007).

[81] Citado por Mendes, Marcel. *Mackenzie no espelho* (2003), p. 65.

[82] Ibidem, p. 58.

[83] Ibidem, p. 61.

[84] Diferente foi o caso riograndense. Nesse estado, o confronto entre as posições dos engenheiros "formados em escola oficial" e a poderosa posição dos engenheiros de formação germânica (brasileiros e alemães), que dominava parte expressiva do mercado de construções de Porto Alegre, no que se destacava o arquiteto alemão Theo Wiederspahn, resolveu-se com um violento acerto de contas. Por meio do Crea local e do Confea, rebaixou-se o estatuto da maioria dos engenheiros e arquitetos diplomados por escolas germânicas, na prática tolhendo seu direito ao exercício profissional em Porto Alegre, impondo a eles o exílio no interior do estado, ou mesmo para fora do país. Cf. Weiner, Günter. *Arquitetura erudita da imigração alemã*, Porto Alegre, EST Edições, 2004.

4. A gênese do urbanismo a partir da engenharia

[1] O que seria condicionado pela própria mudança do estatuto jurídico do solo, ocasionada pela Lei de Terras de 1870 e sua subseqüente regulamentação. Com isso, é o caráter do espaço urbano que se transforma. Cf. Marx, Murillo. *Do sagrado ao profano*, São Paulo, Edusp, 1989.

[2] Expressão emprestada a Kowarick, Lúcio. *A espoliação urbana*, Rio de Janeiro, Paz e Terra, 1993.

[3] Bonduki, Nabil. *Origens da habitação social no Brasil: arquitetura moderna, lei do inquilinato e difusão da casa própria* (1998).

[4] Cf. Jorge, Janes. *Tietê, o Rio que a cidade perdeu*, Alameda, 2006.

[5] Dias, Maria Odila Leite da Silva. *Quotidiano e poder em S. Paulo no século XIX*, São Paulo, Brasiliense, 1984.

[6] Uma descrição da lógica desse processo aparece descrita em Mautner, Yvonne. "A periferia como fronteira para a expansão do capital", In: Csaba, Déak & Schiffer, Sueli Ramos (orgs.). *O processo de urbanização no Brasil*, São Paulo, Fupam/Edusp, 1999.

[7] São Paulo/Cidadãos. *As novas avenidas de São Paulo, projeto de Alexandre Albuquerque*, São Paulo, Casa Varnorden, 1910.

[8] Para isso muito contribuíram as publicações técnicas que surgem à época, tanto quanto o combate sem tréguas que os engenheiros formados pela "escola oficial" movem contra os destituídos de títulos acadêmicos.

[9] Cf. Depaule, Jean Charles & Topalov, Christian. "A cidade através de suas palavras", In: Bresciani, Maria Stella (org.). *Palavras da cidade*, Porto Alegre, UFRGS, 2001. Cerasoli, Josianne Francia. *Modernização no plural: obras públicas, tensões sociais e cidadania em São Paulo na passagem do século XIX para o XX*, Campinas, Tese de Doutoramento, Ifch/Unicamp, 2004.

[10] Cf. Segawa, Hugo. *Prelúdio da metrópole* (2000).

[11] O que indicam as críticas impiedosas que recaem sobre a consolidação das leis que regiam as atividades construtivas no município, realizada pelo engenheiro Arthur Sabóia, em 1929.

[12] Cf. Campos, Cândido Malta. *Os rumos da cidade* (2002), pp. 218-224.

[13] O que resultaria no *Padrão para as construções particulares*, promulgado em 9 de novembro de 1920, atribuído ao diretor de obras.

[14] Esses procedimentos arraigaram-se tão fortemente nas ações do poder público que, posteriormente, seriam reiteradas dezenas de vezes, funcionando como uma "camisa de força" para os planejadores (embora nenhum deles fosse particularmente ingênuo). Prova disso é o próprio formato adotado pelas duas linhas principais do metrô paulistano. Duas linhas extensas, acompanhando as principais radiais de Prestes Maia.

[15] Cf. Prefeitura Municipal de São Paulo. *Introducção ao relatório da Directoria de Obras e Viação referente ao ano de 1924, apresentado ao prefeito Firmiano de Moraes Pinto pelo*

director, engenheiro Victor da Silva Freire *(separata do relatório geral da prefeitura)*, São Paulo, Casa Vanorden, 1925.

[16] "(...) os discursos não são apenas (a não ser excepcionalmente) signos destinados a serem compreendidos, decifrados; são também signos de riqueza a serem avaliados, apreciados, e signos de autoridade a serem acreditados e obedecidos". Bourdieu, Pierre. *A economia da trocas simbólicas* (1996), p. 53.

[17] Em suas memórias, Paulo Duarte atribui ao último fato a não realização, até então, do metropolitano na capital paulista. Prestes Maia, entretanto, argumentava que a realização do metropolitano da Light atrairia grandes investimentos para a área central, acarretando um processo de valorização do solo tal, que inviabilizaria posteriores intervenções urbanísticas por parte do estado, naquela área. Era preciso, pelo contrário, realizar primeiro a avenida de irradiação, dar uma ossatura viária à cidade. Cf. Duarte, Paulo. *Memórias*, vol. 4, São Paulo, Hucitec, 1976.

[18] Para um estudo sobre outro processo de capitalização de saberes, em uma perspectiva muito semelhante, cf. Frey. "Campo, contra-campo, extra-campo: fundamentos, desafios e conflitos sobre o lugar da arquitetura no campo urbano", In: Ribeiro & Pechman. *op. cit.*, 1996.

[19] Cf. a esse propósito o *Orfeu extático na metrópole* (1993), de Nicolau Sevcenko, que apresenta a década de 1920 – mais especificamente o pós-guerra – como o limiar de uma nova experiência urbana em São Paulo, e o mais abrangente *A década de 1920 e as origens do Brasil moderno* (1997), coletânea organizada por Helena de Lorenzo e Wilma Peres da Costa.

[20] Lembrando Bourdieu, novamente, pode-se dizer que "toda ação é uma conjuntura", o encontro de um *habitus*, uma série de disposições para fazer, de categorias de divisão e apreciação, constituído no e pelo agente; e as estruturas de um mercado (Bourdieu, Pierre. *op. cit.*, 1996, p. 24).

[21] "A relação de forças lingüísticas nunca é definida apenas pela relação exclusiva entre as competências lingüísticas oponentes. E o peso dos diferentes agentes depende de seu capital simbólico, isto é, do 'reconhecimento', institucionalizado ou não, que recebem de um grupo" (Bourdieu. *op. cit.*, 1996, p. 60).

[22] Tais disposições, no entanto, passam quase sempre ao largo da intenção consciente dos agentes, na medida que são o produto da interiorização das estruturas objetivas, isto é, do processo de aprendizagem, pelos agentes, das "regras" de um determinado jogo social. As reações que determinado agente recebe em resposta a suas ações, advindas dos agentes afetados por elas, principalmente daqueles – que reagem com sanções positivas ou negativas –, servem de elemento estruturador de sua percepção do mundo e das práticas com as quais ele intervém. Isso quer dizer que a posição ocupada por determinado agente faz com que ele, nos casos felizes, aja de livre e espontânea vontade, segundo os limites e as coerções imanentes à sua posição. Algo semelhante ao que ocorre ao alferes do conto *O Espelho*, de Machado de Assis, cuja imagem se dilui, a partir do momento

em que os que o tratavam de acordo com sua "posição" ausentam-se, impossibilitando a continuação do jogo social, no interior do qual a "posição de alferes" se constituía em relação às posições inferiores – e também superiores, na cidade – e só poderia existir nessa relação. Aqui, não há mais a tradicional contraposição indivíduo-sociedade, substituído pela idéia paradoxal de uma interiorização das estruturas pelos agentes, mas também de uma exteriorização da interioridade, pelo qual os agentes efetivamente constituem o mundo que os constitui (Assis, Machado. "O espelho", In: *Contos: uma antologia*, São Paulo, Companhia das Letras, 1998).

[23] Muito embora, como fica evidente no episódio do plano Alexandre Albuquerque, nem mesmo o grande capital cafeeiro – que estava por detrás do plano, com certeza – garantisse poderes ilimitados para seus agentes. A tentativa malogrou e o plano foi esquecido. Isso porque o "capital cafeeiro" também é, entre outras coisas, um espaço de lutas entre agentes em competição recíproca.

[24] Prefeitura Municipal de São Paulo. *Introducção ao relatório...* (1925), p. 4.

[25] Ibidem, pp. 10-11.

[26] Já na edição d'*O Estado de São Paulo*, datada de 16 de fevereiro de 1922, um comentarista notava alarmado as possibilidades de expansão do trânsito de automóveis na cidade: "E se nesses dez anos seguintes a cidade progredir da mesma forma, como tudo faz crer, então as nossas ruas não bastarão para os automóveis, e ver-se-á como o centro, com todas as ruas mediocremente espaçosas, e com todos os seus becos e cotovelos, será estreitíssima para o transporte público" (citado por Morse. *Da comunidade a metrópole*, 1954, p. 301).

[27] Silva Freire defendia que o movimento de automóveis se desenvolvia em razão geométrica em relação ao crescimento da população. Isso indicava que em cinco anos o congestionamento na cidade se multiplicaria por quatro (Prefeitura Municipal de São Paulo. *Introducção ao relatório...*, 1925, p. 73).

[28] Nos "Melhoramentos de São Paulo" (1911), Freire sintetizava as provisões urbanas essenciais aos cidadãos nas palavras "ar", "luz" e "circulação", defendendo com vigor melhoramentos urbanos pautados nos ideais de uma estética urbana, algo pinturesca, baseada nos ensinamentos de Camillo Sitte (Freire, Victor da Silva. "Melhoramentos de São Paulo", In: *Revista Polytechnica*, n. 33, São Paulo, Casa Varnorden, 1911).

[29] Prefeitura Municipal de São Paulo. *Introducção ao relatório...* (1925), p. 11.

[30] É claro que vértice da estrutura burocrática municipal era o prefeito e era ele, portanto, que tinha o poder de executar ou não os melhoramentos propostos pela Diretoria de Obras. Entretanto, a diretoria nem sempre era obrigada a se manter em uma situação de passividade frente ao executivo. Ela se esforçará para construir canais próprios de articulação, cujo objetivo era ganhar reconhecimento para seus projetos, para coagir o executivo e o legislativo a implementá-los.

[31] Freire (1925), p. 11.

[32] Este mercado não é o "mercado" da economia, mas o conjunto dos agentes afetados por determinado tipo de ação e que reagem a ela com sanções positivas ou negativas. Com isso, pode-se falar em um mercado matrimonial, composto por noivos e noivas em potencial, que diante de um(a) pretendente reagem de maneiras diferenciadas, reparando na beleza, nos modos, nas vestimentas, na etnia etc., apreciando o "produto" de forma a lhe dar um valor "de mercado". Socializando-se no contato com esse "mercado", cada agente constrói para si um conhecimento prático de suas possibilidades objetivas, exteriorizando isso na forma de disposições como a timidez ou a intrepidez nas conquistas amorosas, produto de uma noção do lugar de cada um no mundo. Em certos países, é perigoso para alguém fazer a corte a um indivíduo de etnia diferente, e em geral, as pessoas que diferem dos modelos de beleza ou conduta de um grupo social fogem ao "ridículo" de pretender parceiros aos quais "eles não estão à altura". Do mesmo modo, conjetura-se aqui a propósito de um "mercado" para a produção urbanística.

[33] A "preensão de agir sobre o mundo social através da palavra, isto é, magicamente, é mais ou menos insana ou razoável dependendo do grau em que está fundada na objetividade do mundo social" (Bourdieu, Pierre. op. cit., 1996, p. 62).

[34] Prefeitura Municipal de São Paulo. *Introducção ao relatório...* (1925), p. 11.

[35] No sentido de um saber fortemente autorizado, que aparece como estabelecido pela experiência histórica das cidades mais adiantadas e progressistas (principalmente norte-americanas). Por outro lado, a comparação entre os dados de São Paulo com os de outras cidades servia para traçar paralelos e fundamentar previsões. De qualquer forma, o processo observado na capital paulista parecia repetir o observado nas cidades das nações do centro orgânico do capitalismo.

[36] Em texto posto em apêndice, Silva Freire expõe uma série de medidas – taxas e impostos – capazes de propiciarem recurso para a municipalidade realizar os melhoramentos necessários. Não se farão comentários aqui sobre esse texto, por falta de espaço. Porém, a temática é fundamental, já que são ao redor dessas taxas e impostos propostos que se concentrarão parte das principais disputas por poder entre os engenheiros da municipalidade e os representantes dos proprietários.

[37] O que culminará com a fundação da FAU em 1948, organizada por Anhaia Mello.

[38] Não há novidade alguma nessa representação da cidade formulada pelos engenheiros da prefeitura, que, de resto, aprenderam-na com os historiadores da cidade que freqüentemente a representavam como uma mão espalmada. Cf. Prado Jr., Caio. "A cidade de São Paulo", In: *Evolução política do Brasil e outros estudos* (1963).

[39] Freire. *op. cit.*, 1925, p. 68.

[40] Idem. Ibidem.

[41] O alargamento da Líbero Badaró foi importante passo para a chamada "reversão de polaridade", processo pelo qual o centro se expandiu na direção oeste, ocupando o morro do chá. Tradicionalmente os "fundos" da cidade, a Líbero Badaró tornou-se endereço chique, compondo posteriormente com a Boa Vista e a Benjamin Constant um novo "triângulo" envol-

vendo o velho. Era o primeiro ensaio de um anel viário. Cf. Simões Jr. "Melhoramentos na área central de São Paulo: o caso da renovação da rua Líbero Badaró (1911-18)", In: Leme, Maria Cristina et al. *Urbanismo no Brasil (1895-1965)* (1999).

[42] Freire. *op. cit.*, 1925, p. 69.

[43] Freire. *op.cit.*, 1925, pp. 73-74.

[44] Em estudos clássicos, os autores mostrarão como a cidade formará com Santos um único sistema porto-planalto, a exemplo de outras cidades em situação geográfica semelhante (Parati–Cunha, Ubatuba–São Luís do Paraitinga etc.), e explicarão o crescimento radial pela posição de São Paulo, no cruzamento de todos os caminhos para o sertão e a expansão vertiginosa após 1870, em função da frente de expansão oeste, região tributária de São Paulo. Cf. Prado. *op. cit.* (1935); Mombeig. *op. cit.* (1976); Petrone. *op. cit.* (1995).

[45] Tal perspectiva busca evitar os perigos de uma associação por demais imediata entre a burocracia e os interesses econômicos. É claro que fenômenos de corrupção ou de representação imediata de interesses não deixam de ocorrer, porém, é preciso dar-se conta de que, ao longo das primeiras décadas do século, um interesse específico da burocracia estatal vai-se consolidando. Este interesse, em sua fórmula mais cristalina, dita que se abra mão dos ganhos materiais imediatos – propinas, por exemplo – em função de um lucro de longo prazo. Uma imagem de integridade aliada a um reconhecimento de capacidade técnica parece ter sido um capital nada desprezível na política, embora exemplos contrários também existam em abundância. Outra ressalva que se pode fazer é a de que tal processo é sempre mais visível nos altos escalões, nos quais os agentes dão margem a ambições menos mesquinhas. Uma superficial passagem pela história administrativa do município deverá mostrar que os quadros de fiscalização sempre estiveram bastante propensos à corrupção. Cf. sobre o processo de burocratização dos órgãos estatais: Perissinoto. *op. cit.*, 2000.

[46] Maia, Francisco Prestes. *Estudo de um plano de avenidas para a cidade de S. Paulo*, São Paulo, Cia. de Melhoramentos de S. Paulo, 1930

[47] Cf. Leme, Maria Cristina. *(Re)visão do Plano de Avenidas: um estudo do pensamento urbanístico em São Paulo, 1930*, São Paulo, Tese de Doutoramento, FAU-USP, 1990.

[48] Em linguagem weberiana, "unidade de ação".

[49] Ou melhor, a partir de 1935, Departamento de Obras e Serviços Municipais. A Diretoria de Obras e Viação seria reestruturada em 1935, adotando o novo nome, quando da reforma administrativa levada adiante na gestão Fábio Prado (1934-38).

[50] Na gestão de Fábio Prado, o "Plano" começou a ser executado, mas de forma seletiva. As grandes radiais Anhangabaú e 9 de Julho, do sistema "y"; a Rebouças etc. Porém, estas iniciativas apareciam mescladas com outras, tendo sido aventada a possibilidade de construção de linhas de trens subterrâneos e, em outro nível de intervenção urbanística, levada a votação uma lei – estadual, mas formulada por personagens próximos ao prefeito – de "taxa de melhoria", além de ter, já no fim de mandato, instituído uma "Comissão do Plano da Cidade", da qual fazia parte, evidentemente, Anhaia Mello.

[51] Duarte. *op. cit.*, 1976, pp. 293-294.

[52] Já em 1911, Silva Freire, baseando-se em Hénard, afirma que a cidade poderia crescer indefinidamente, se se pudesse tecnicamente dotá-la de provisões de ar, luz e circulação. Cf. Freire. *op. cit.*, 1911.

[53] Mesmo que grande parte dos itens do "Plano de Avenidas" incida sobre outras áreas – circuito de *park-ways*, o sistema Y etc. –, a concentração de esforços no centro fica patente na crítica à idéia de descentralização através de cidades satélites, na precedência dada ao perímetro de irradiação como estrutura básica da cidade – com suas *étoiles*, aliás, ou então na arquitetura monumental do desenho do novo Paço Municipal.

[54] São conhecidos também os choques entre os engenheiros da Diretoria de obras e o prefeito Fábio Prado, que, a julgar pelo depoimento de Paulo Duarte, procurou concentrar em si as iniciativas de intervenção urbana, passando por cima da Diretoria de Obras.

[55] Os quais, aliás, não eram segredo para ninguém e eram dados até como uma fatalidade produzida pelo progresso da cidade.

[56] Lembrar a "lei" que mostrava que o crescimento da circulação de automóveis crescia em razão geométrica em relação ao crescimento populacional. Quanto ao problema dos *subways*, este é muito complexo e merece estudo em separado. Ao menos no discurso, Prestes Maia não era um adversário, em princípio, dos trens subterrâneos, discordando, isto sim, da ordem de construção: primeiro "as avenidas de irradiação", depois, os *subways*. Já Silva Freire, sem se importar, àquela altura de sua carreira, com um cronograma de obras, pedia ambas as soluções ao mesmo tempo, além da construção das garagens e do *link belt*.

[57] No qual se abandona a idéia de alargamento da Benjamin Constant, fazendo o traçado se dividir em três, a partir do final da avenida projetada entre a São Luiz e 7 de Abril.

[58] Cf., por exemplo, Leme (1990).

[59] A execução do plano ocorre simultaneamente à difusão da idéia de controlar o operariado, deslocando-o do centro – em que vivia em imóveis alugados – para a periferia da cidade, onde as famílias de trabalhadores teriam uma casa própria e, conseqüentemente, responsabilidades novas – pagar prestações – que o obrigariam a valorizar os seus empregos, tornando-os mais dóceis no trato com os patrões, menos propensos à sedução de movimentos de esquerda. Teriam ainda, segundo muitos ideólogos, uma propriedade a defender, o que os levaria a um alinhamento com os ideais conservadores. Sobre isso cf. Bonduki. *op. cit.*, 1998.

[60] Implícito desde o alargamento da Líbero Badaró, construção do Teatro Municipal, do viaduto do Chá etc.

[61] Relatório apresentado à Assembléia Legislativa Provincial de São Paulo pelo Presidente João Alfredo Correia de Oliveira no dia 15 de fevereiro de 1886, p. 105. Citado por Morse, 1954, p. 200.

[62] A ponto de Victor da Silva Freire ver, como mostram as páginas de "Melhoramentos de São Paulo", na *cité antique* de Fustel de Coulanges, uma descrição do surgimento de São

Paulo, crescendo a partir do Colégio, seguindo vias dirigidas do centro para a periferia da cidade, e arrematar tal imagem idílica – não necessariamente irreal – com a referência a Mulford Robinson e seu esquema considerado "ideal", com vias convergindo para o centro e que terminam em um anel de *boulevards* coletores do trânsito de passagem. Ou ainda a idéia de Ulhoa Cintra e Prestes Maia, que viam um *périmètre de rayonnement*, com uma configuração similar àquela identificada nos estudos de Hénard, naturalmente inscrito no tecido viário da cidade, algo que, Toledo duvida, lembrando a grande capacidade de imaginação envolvida na busca de um traçado para esse anel, tido como natural.

[63] Um bom indício das diferenças entre as posições dominantes no Departamento de Obras – aquelas mesmas constituídas por Silva Freire, Ulhoa Cintra e Prestes Maia – e o prefeito é dado por um trecho das *Memórias* de Paulo Duarte: em uma sessão da Câmara de Vereadores, o professor da Politécnica e edil "Gaspar Ricardo passa depois (a denunciar) as 'injustiças' contra funcionários e cita o caso do chefe da divisão de urbanismo (chamado aliás, João Florence de Ulhoa Cintra, – nota do pesquisador), funcionário antigo e competente e, no entanto, para diretor do Departamento de Obras foi promovido outro funcionário antigo, mas mais novo do que o primeiro... Pois não houve um só vereador do PC (Partido Constitucionalista, formado pela fusão do Partido Democrático e do Partido Republicano Paulista, após 1932) que esclarecesse que não se tratava de promoção, mas de cargo de confiança e da confiança direta do Prefeito" (Duarte, 1976, p. 313). As coisas ficam ainda mais interessantes quando se vê que a arenga do vereador perrepista começou com críticas contra supostos aumentos de impostos, ou aumentos de fiscalização municipal durante a gestão Fábio Prado. Outro vereador perrepista intervém para exemplificar o aumento de impostos denunciados por Ricardo. Citando caso pessoal, diz que o valor do imposto que incidia sobre uma propriedade sua havia passado de 90 mil para 138 mil réis, ao que Duarte argumenta fazendo menção ao fato de que o valor da propriedade, base de cálculo do imposto, não havia sido revisto por 20 anos e que havia sido naquele momento. Nesse ínterim, a propriedade do edil tinha valorizado o triplo. É claro que não se pode ir acreditando, sem mais nem menos, nas palavras escritas por Paulo Duarte. Estes são os seus argumentos. Mas não é sugestivo que a não nomeação de Ulhoa Cintra – engenheiro com grande reconhecimento – e impostos sobre propriedade – no caso uma autêntica defesa em causa própria do vereador e proprietário Tenório – fossem focos de tensão entre o legislativo e o executivo? E quanto ao fato de Ulhoa Cintra – o engenheiro com maiores capitais de reconhecimento no Departamento de Obras – ter sido preterido no posto de diretor? Quebra de hierarquia? Ou atitude de um prefeito engenheiro-arquiteto que deseja submeter o Departamento de Obras para tomar firmemente as rédeas das intervenções urbanísticas na cidade? Como vértice da estrutura burocrática, o prefeito Fábio Prado nomeia o engenheiro que melhor executará sua função que é a de conduzir o Departamento de Obras, no sentido determinado pelo prefeito. Como estrutura com identidade própria, o departamento é reduzido a um estado de heteronímia, liberando o prefeito até para en-

de Obras, no sentido determinado pelo prefeito. Como estrutura com identidade própria, o departamento é reduzido a um estado de heteronímia, liberando o prefeito até para encomendar projetos que não passam por ele, como o do trem subterrâneo, projetado pela empresa alemã. Mas, o que significaria a posse do chefe da divisão de urbanismo injustiçado, no cargo de vice-prefeito, ao lado do autor de um monumental plano de transformações viárias feito exatamente com a colaboração do primeiro, no interior da então Diretoria de Obras? Se com Fábio Prado é o Departamento de Obras que está submetido ao executivo, com Prestes Maia, nomeado prefeito pelo interventor de São Paulo, Adhemar de Barros, no ano de 1938, as posições dominantes dos engenheiros municipais tomam de assalto o poder executivo.

64 Porque, como se sabe, as "citações européias, (...) são de enorme influência sobre o espírito nacional. Coisa sem citação européia não fica provada pra Brasileiro" ("Carta de Mário de Andrade para Rodrigo Melo Franco de Andrade", datada de 14 de maio de 1936, In: Andrade, Mário de. *Mário de Andrade: cartas de trabalho*, Brasília, SPHAN, 1981).

65 Um exemplar interessante dessas reações à entrada de urbanistas estrangeiros nos projetos urbanísticos no Brasil é a oposição irada de arquitetos e engenheiros cariocas ao "plano Agache".

66 Um exemplo desse choque de posições se dá em 1938. Anhaia Mello colaboraria com Paulo Duarte, em comissão destinada a estudar uma lei regulamentando uma taxa de melhoria. Tal lei seria promulgada em 2 de janeiro de 1936 pelo governador Armando de Sales Oliveira, sendo adotada pela prefeitura pelo ato 1074 de 25 de abril de 1936. Problemas políticos, no entanto, fizeram com que a lei só fosse regulamentada em outubro de 1937. Ora, o golpe de novembro, como já se viu, criou a oportunidade de ascensão ao cargo de prefeito para o engenheiro Prestes Maia, que revoga o ato municipal. Para Paulo Duarte, o motivo que levou Prestes Maia a tal ação foi a participação de Anhaia Mello na feitura da lei. "Sabendo que Anhaia Mello era o colaborador principal dela, não podia admitir evidentemente nada que tivesse passado por este urbanista que ele considerava seu inimigo particular em questão de urbanismo" (Duarte. *op. cit.*, 1976, p. 135). Parece haver, aqui, os contornos de uma situação de homologia entre posições no campo do urbanismo e da política. Tudo parece ganhar uma nesga de sentido, os choques entre Ulhoa Cintra e Fábio Prado, isto é, entre o herdeiro por direito da posição de Silva Freire e o prefeito municipal; a ascensão de Prestes Maia ao cargo de prefeito, indicado por Adhemar de Barros, um inimigo de Paulo Duarte e de Fábio Prado; a aproximação Anhaia Mello-Paulo Duarte-Fábio Prado e a ascensão de um representante da posição do setor de obras municipais, que sucede uma força política antagônica àquela que o alçou ao posto.

67 Originalmente sediada na cidade de Itu, a Anhaia Fabril (Anhaia S/A Cia) se transferiria para São Paulo, onde seria relançada e instalada em 1890 (*boom* da especulação ocasionada pela política do Encilhamento), incorporada com o nome de Fiação de Te-

[68] Os incidentes que envolveram a lei podem ser acompanhados em Rolnik, Raquel. *A cidade e a lei: legislação, política urbana e territórios na cidade de São Paulo* (1996).

[69] Uma vez mais, Paulo Duarte apresenta uma situação significativa, ocorrida em dezembro de 1935, em meio aos debates da Lei de Taxa de Melhoria, na Câmara Legislativa, situação narrada em suas *Memórias*: "Mas houve dificuldades. Diógenes de Lima, que nada entende da coisa, mas cujo espírito de porco é mais do que o de qualquer outro, apresentou várias emendas, cada qual mais absurdas e maliciosas. No mesmo dia de sua publicação, Anhaia Mello, indignado, conversou comigo e eu pedi-lhe então que me mandasse uma carta com suas objeções que teria muita força por ser ele considerado alto prócer do PRP" (Duarte. *op. cit.*, 1976, p. 134). A julgar pelo que diz Paulo Duarte, a opinião de Anhaia Mello consistia em golpe de autoridade, frente ao qual as razões da política não podiam prevalecer. Note-se que Paulo Duarte é homem do Partido Democrático e Anhaia é vinculado ao Partido Republicano Paulista (PRP), mas o concurso de Anhaia Mello faz a bancada do PRP votar em projeto de democrático.

[70] Mello, Luís Ignácio Romero de Anhaia. *Problemas de urbanismo: bases para a resolução do problema técnico*, São Paulo, Instituto de Engenharia, 1929, p. 86.

[71] Nesse sentido é exemplar sua militância em favor da limitação do coeficiente de aproveitamento do solo, ou a proposição cristalina que consta em uma das conferências publicadas no volume *Problemas de urbanismo: o problema econômico dos serviços de utilidade pública*, de 1934: "A função da lei é proteger a propriedade" (p. 30), mesmo que para isso o estado seja obrigado a "socializar" empresas de utilidade pública que exorbitem na exploração de seus negócios.

[72] Como já se observa pela leitura das *Memórias* de Paulo Duarte, os democráticos na prefeitura, tinham Anhaia Mello como principal referência em urbanismo, mesmo sendo ele "perrepista". O mesmo acontecia por parte do PRP, a julgar pelo modo como Duarte descreve o "(...) ilustre urbanista Luiz de Anhaia Mello, professor da Escola Politécnica, que o PRP tem como autoridade máxima em urbanismo (...)" (p. 290). Tal descrição aparece no contexto de uma fala sobre a instituição, por Fábio Prado, de uma "Comissão do Plano da Cidade", produto de uma comissão presidida por Anhaia. Aqui há duas coisas interessantes: por um lado, vê-se que a estratégia de acumulação de capitais operada por Anhaia dava algum resultado, coisa atestada pela posição eqüidistante em relação às duas forças políticas rivais e hegemônicas em São Paulo, o que lhe garantia credibilidade e legitimidade. A segunda é o fato de que essa "Comissão do Plano da Cidade" malogrou, o que chama atenção para os dilemas de uma posição de urbanismo – a "Árvore do Urbanismo de Anhaia Mello" – que conseguia coroar-se de autoridade e legitimidade, mas foi incapaz de realizar suas promessas. Ou então a dinâmica social que permitia aos agentes reconhecer a autoridade da posição de Anhaia Mello, para no momento seguinte buscar uma alternativa que os livrasse dos incontáveis sacrifícios – para o livre investimento de capitais – que essa posição implicava. Talvez aqui se encontre um dos sentidos da ascensão de Prestes Maia.

[73] Melo, Luiz Ignácio Romero de Anhaia. *Problemas de Urbanismo: bases para a resolução do problema técnico* (1929), p. 90.

[74] Aliás, uma das funções da "Comissão do Plano da Cidade" era dotar a cidade de "entelechia", isto é, de um centro decisório único, que coordenaria a expansão urbana segundo um "sentido" bem definido, um verdadeiro "cérebro" para o organismo urbano.

[75] Algo semelhante ao que fizeram os que, segundo Frey, "contribuíram para a planificação urbana das cidades da França". Esses urbanistas teriam se caracterizado pela "descrição e modéstia necessária à conciliação com os outros atores". Quanto aos arquitetos da École de Beaux-Arts, estes "não teriam escolha a não ser entre permanecer arquitetos (...), pretender tornar-se urbanistas mantendo as prerrogativas de um controle exclusivo da obra cuja concepção fosse, acima de tudo, estética (...), ou operar uma reconversão no âmbito de uma síntese propriamente urbanística dos saberes e competências" (Frey. *op. cit.*, p. 218). A comparação parece exemplar, na medida em que se sabe que, para manter o controle exclusivo da obra, no mais das vezes os urbanistas tiveram que recorrer a uma posição de poder altamente centralizada. É o caso de Prestes Maia.

[76] Anhaia Mello aceitava com naturalidade o suposto da validação das idéias estrangeiras, como idéias testadas: "O que se pode afirmar e provar facilmente com dados positivos, é que nossos atuais problemas urbanos que ainda não resolvemos e parece não pretendemos resolver tão cedo, já foram integralmente resolvidos em grande número de cidades estrangeiras e principalmente nas americanas" (Mello, Luís Ignácio Romero de Anhaia. *Problemas de urbanismo: bases para a resolução do problema técnico*, p. 13).

[77] Nas três primeiras décadas do século os planos urbanísticos sucedem-se em S. Paulo. Alexandre Albuquerque, Victor da Silva Freire, João Florence de Ulhoa Cintra, Francisco Prestes Maia, todos eles em uma ou mais oportunidades apresentaram grandes planos de intervenção urbana, no mais das vezes, visando resolver os problemas de circulação de veículos na região central. Continham esses planos novas propostas de traçados de vias, construção de viadutos, grandes avenidas, etc., planos que objetivavam, sobretudo, resolver os problemas de saneamento e circulação no centro da cidade, além, é claro, de efetivar grandes negócios com terrenos urbanos, nas imediações dos melhoramentos ou mesmo nos próprios locais diretamente afetados.

[78] Anhaia Mello. *Problemas de urbanismo: bases para a resolução do problema técnico* (p. 13).

[79] Um modesto engenheiro da Secretaria da Agricultura, Comércio, Viação e Obras Públicas do Estado, que era professor sem cátedra na Escola Politécnica. Com um pouco de exagero e excesso de ressentimento (Prestes Maia iniciaria o desmantelamento da experiência do Departamento de Cultura da Prefeitura de São Paulo), Paulo Duarte o menciona como um "técnico esforçado, mas profundamente medíocre" (Duarte, Paulo. *op. cit.*, 1976).

[80] "Nós de fato vivemos sob a tirania da propaganda, do reclamo."

"Já agimos quase irracionalmente, posto que, inconscientemente, substituímos nossas razões pela do propagandista, do anunciante."

"Este proclama as virtudes de uma beberagem qualquer e nós a bebemos, gaba as vantagens de um alimento e nós o comemos, trombeteia as maravilhas de uma panacéia complicada e nós gostosamente nos intoxicamos com a droga" (Mello, Luís Ignácio Romero de Anhaia. *Problemas de urbanismo: bases para a resolução do problema técnico*, 1929, p. 18).

Fontes

Periódicos

Boletim do Instituto de Engenharia, São Paulo (1917-1942).
Revista de Engenharia Mackenzie, São Paulo (1915-1940).
Revista Polytechnica, São Paulo (1904-1940).

Almanaques

Marques e Irmão. *Almanak administrativo, mercantil e industrial da província de São Paulo para o anno de 1858*, São Paulo, Typografia Imparcial de J. R. Azevedo Marques, 1857.
_____. *Almanak administrativo, mercantil e industrial da província de São Paulo para o anno de 1857*, São Paulo, Typografia Imparcial de J. R. Azevedo Marques, 1856.
LUNÉ, Antônio José Batista de & Fonseca, Paulo Delfino de. *Almanak da província de São Paulo para 1873*, São Paulo, Imesp/Arquivo do Estado, 1985 (edição fac-similar).
SECKLER, Jorge. *Almanach da província de São Paulo: administrativo, commercial e industrial*, São Paulo, Jorge Seckler&Comp., 1887, 1888, 1890, 1891.
THORMAN, Canuto. *Completo Almanak administrativo, commercial e profissional do Estado de São Paulo*, São Paulo, Editora Industrial de São Paulo, 1895 e 1896.
São Paulo (Estado). *Almanaque da secretaria de Estado dos Negócios da Agricultura, Commercio e Obras Públicas do Estado de São Paulo*, São Paulo, 1917.

Memórias publicadas em livro

D'ALESSANDRO, Alexandre. *A Escola Politécnica de São Paulo: histórias de sua história*, 3 vols., São Paulo, Revista dos Tribunais, 1943, 1944, 1945.

RIOS FILHO, Adolfo Morales de los (org.). *Legislação do exercício da engenharia, arquitetura e agrimensura*, Rio de Janeiro, Conselho Federal de Engenharia e Arquitetura, 1947.

Obras comemorativas, cadastros de engenheiros, estudos etc.

Associação dos antigos alunos da Escola Politécnica. *Escola Politécnica de São Paulo: lista de formados (1895-1992)*, São Paulo, Expressão e Cultura, 1993.

Congregação da Escola Politécnica da Universidade do Rio de Janeiro. *Jubileu da Escola Politécnica do Rio de Janeiro*, Rio de Janeiro, Typ. do Jornal do Commercio de Rodrigues & Cia., 1926.

DYER, Henry. *Daí Nippon: the Britain of the east*, London, Blackie and Son, 1904.

_____. *Japan in world politics: a study in international dynamics*, London, Blackie and Son, 1909.

FREIRE, Victor da Silva. "Melhoramentos de São Paulo", In: *Revista Polytechnica*, n. 33, São Paulo, Casa Varnorden, 1911.

MAIA, Francisco Prestes. *Estudo de um plano de avenidas para a cidade de São Paulo*, São Paulo, Melhoramentos, 1930.

MELO, Luiz Ignácio Romero de Anhaia. *Problemas de urbanismo: bases para a resolução do problema técnico*, São Paulo, Instituto de Engenharia, 1929.

Ministério da Indústria, Viação e Obras Públicas. *Almanak dos engenheiros: que tem títulos registrados (relação das repartições e comissões do ministério)*, Rio de Janeiro, Imprensa Nacional, 1906.

Prefeitura Municipal de São Paulo. *Introducção ao relatório da Directoria de Obras e Viação referente ao ano de 1924, apresentado ao prefeito Firmiano de Moraes Pinto pelo director, engenheiro Victor da Silva Freire (separata do relatório geral da prefeitura)*, São Paulo, Casa Vanorden, 1925.

São Paulo/Cidadãos. *As novas avenidas de São Paulo, projeto de Alexandre Albuquerque*, São Paulo, Casa Varnorden, 1910.

Bibliografia

Geral

ANDERSON, Benedict. *Nação e consciência nacional*, São Paulo, Ática, 1989.

ARASAWA, Cláudio Hiro. *A árvore do urbanismo de Luis de Anhaia Mello*, São Paulo, Dissertação de Mestrado, FFLCH-USP (departamento de História), 2000.

ARRIGH, Giovanni. *O longo século XX*, São Paulo, Contraponto/Unesp, 1996.

AUSTIN, John Langshaw. *Quando dizer é fazer*, Porto Alegre, Artes Médicas, 1990.

AZEVEDO, Fernando de. *A cultura brasileira*, São Paulo, Melhoramentos, 1958.

BANN, Stephen. *As invenções da História: ensaios sobre a representação do passado*, São Paulo, Unesp, 1994.

BARROS, Gilberto Leite de. *A cidade e o planalto: processo de dominância da cidade de São Paulo*, São Paulo, Martins, 1967.

BOUDON, Raymond & BOURRICAUD, François. *Dicionário crítico de sociologia*, São Paulo, Ática, 2002.

BOURDIEU, Pierre & PASSERON, Jean Claude. *Les héritiers: les étudiants et la culture*, Paris, Les Éditions de Minuit, 1985.

BOURDIEU, Pierre. *Choses dites*, Paris, Les Éditions de Minuit, 1987.

_____. *La Distinction*, Paris, Les Éditions de Minuit, 1986.

_____. *A economia das trocas simbólicas*, São Paulo, Edusp, 1996.

_____. *Homo academicus*, Paris, Les Éditions de Minuit, 1984.

_____. *La Noblesse d'Etat: grandes écoles et esprit de corps*, Paris, Les Éditions de Minuit, 1999.

_____. *A produção da crença: contribuição para uma economia dos bens simbólicos*, São Paulo, Zouk, 2002.

BOURDIEU, Pierre. *Raisons pratiques: sur la théorie de l'action*, Paris, Seuil, 1994.

_____. *As regras da arte*, São Paulo, Companhia das Letras, 1996.

_____. *Réponse*, Paris, Les Éditions de Minuit, 1991.

BRESCIANI, Stela. *Imagens da cidade - séculos XIX e XX*, São Paulo, Anpuh-SP/Marco Zero/Fapesp, 1994.

BROWN, Richard Harvey. "Modern science: institutionalization of knowledge and rationalization of power", In: *The Sociological quarterly*, n. 34, Kansas, The Midwest Sociological Society, 1993.

CARVALHO, José Murilo de. *A construção da ordem: teatro de sombras*, Rio de Janeiro, Civilização Brasileira, 2003.

_____. *A formação das almas: o imaginário da República no Brasil*, São Paulo, Companhia das Letras, 1990.

_____. *Pontos e bordados: escritos de história e política*, Belo Horizonte, UFMG, 1998.

CARVALHO, Maria Cristina Wolf de. *Ramos de Azevedo*, São Paulo, Edusp, 2000.

CHARLE, Christophe. *Naissance des intellectuels (1880-1900)*, Paris, Les Éditions de Minuit, 1990.

DAOU, Ana Maria. *A belle époque amazônica*, Rio de Janeiro, Jorge Zahar, 2000.

DEAECTO, Marisa Midori. *Comércio e vida urbana em São Paulo (1889-1930)*, São Paulo, Senac, 2002.

DEAN, Warren. *A industrialização de São Paulo*, São Paulo, Bertrand, 1991.

DIAS, Maria Odila Leite da Silva. *Quotidiano e poder em São Paulo no século XIX*, São Paulo, Brasiliense, 1984.

DUARTE, Paulo. *Memórias*, São Paulo, Hucitec, 1976, vol. 4.

EMPLASA. *Memória urbana: a grande São Paulo até 1940*, São Paulo, Arquivo do Estado/Imprensa Oficial, 2001, vol. 2.

FAORO, Raimundo. *Os donos do poder: formação do patronato político brasileiro*, 10ª. ed., 2 vols., São Paulo, Globo, 1995, vol. 2.

FAUSTO, Boris. *História geral da civilização brasileira*, São Paulo, Bertrand, 1990, t. 3, vols. 1, 2 e 3.

FRANCO, Maria Sylvia de Carvalho. "As idéias estão no lugar", In: *Cadernos de Debate*, n. 1, São Paulo, Brasiliense, 1976.

_____. *Homens livres na ordem escravocrata*, 3ª. ed., São Paulo, Kairós, 1983.

FREIDSON, Eliot. *Professionalism: the third logic (on the practice of knowledge)*, Chicago, The University of Chicago Press, 2001.

_____. *Renascimento do profissionalismo*, São Paulo, Edusp, 1994.

FREYRE, Gilberto. *Arte, ciência e trópico*, São Paulo, Difel/Mec, 1980.

GRAHAM, Richard. *Clientelismo e política no Brasil do século XIX*, Rio de Janeiro, UFRJ, 1997.

HALL, Peter. *Cidades do amanhã: uma história intelectual do planejamento e do projeto urbanos no século XX*, São Paulo, Perspectiva, 1995.

HERF, Jeffrey. *O modernismo reacionário: tecnologia, cultura e política na República de Weimar e no 3º*. Reich, São Paulo, Ensaio, 1993.

HOBSBAWN, Eric. *A era dos extremos: o breve século XX: 1914-1991*, São Paulo, Companhia das Letras, 1995.

_____. *A era dos impérios: (1875-1914)*, 2ª. ed., Rio de Janeiro, Paz e Terra, 1989.

HOBSBAWN, Eric & Ranger, Terence (orgs.). *The invention of tradition*, Cambridge, Cambridge University Press, 1992.

HOLANDA, Sérgio Buarque de. *Raízes do Brasil*, 8ª ed., Rio de Janeiro, José Olympio, 1975.

LEAL, Victor Nunes. *Coronelismo, enxada e voto*, São Paulo, Alfa-Ômega, 1986.

JAMES, William et al. *Pragmatismo*, São Paulo, Abril Cultural, 1974 (Os pensadores).

JORGE, Janes. *O crime de Cravinhos: oligarquia e sociedade em São Paulo (1920-24)*, São Paulo, Dissertação de Mestrado, FFLCH-USP (departamento de História), 1998.

_____. *Tietê, o rio que a cidade perdeu (São Paulo: 1890-1940)*, São Paulo, Alameda, 2007.

LIMA, Ruy Cirne de. *Pequena História territorial do Brasil: sesmarias e terras devolutas*, São Paulo, Arquivo do Estado de São Paulo, 1991.

LEPETIT, Bernard. *Carnet de croquis: sur la connaissance historique*, Paris, Albin Michel, 1999.

LOBO, Pelágio. *Velhas figuras de São Paulo*, São Paulo, Academia Paulista de Letras, 1977.

LOVE, Joseph. *A locomotiva, São Paulo na federação brasileira (1889-1937)*, Rio de Janeiro, Paz e Terra, 1982.

LUZ, Nícia Vilela. *A luta pela industrialização no Brasil*, São Paulo, Alfa-Ômega, 1978.

MARCONDES, Maria José de Azevedo. *Cidade e natureza: proteção dos mananciais e exclusão social*, São Paulo, Studio Nobel/Edusp, 1999.

MARTINS, José de Souza. *Fronteira: a degradação do outro nos confins do humano*, São Paulo, Hucitec/Edusp, 1997.

MATOS, Odilon Nogueira de. *Café e ferrovias: evolução ferroviária de São Paulo e o desenvolvimento da cultura cafeeira*, Campinas, Pontes, 1990.

MELLO, Luís Correa de. *Dicionário de autores paulistas*, São Paulo, Comissão do IV Centenário, 1954.

MORSE, Richard P. *De comunidade a metrópole: a biografia de São Paulo*, São Paulo, Comissão do IV Centenário, 1954.

NEEDELL, Jeffrey D. *Belle époque tropical: sociedade e cultura de elite no Rio de Janeiro na virada do século*, São Paulo, Companhia das Letras, 1993.

PÉCAUT, Daniel. *Os intelectuais e a política no Brasil: entre o povo e a nação*, São Paulo, Ática, 1990.

PENTEADO, Jacob. *Belenzinho, 1910: retrato de uma época*, São Paulo, Carrenho Editorial, 2003.

PERISSINOTO, Renato Monseff. *Estado e capital cafeeiro em São Paulo (1889-1930)*, 2 vols., São Paulo, Fapesp/Annablume, 2000.

PINTO, Louis. *Pierre Bourdieu e a teoria do mundo social*, Rio de Janeiro, FGV, 2000.

PINTO, Maria Inês Borges. *Quotidiano e sobrevivência: a vida do trabalhador pobre na cidade de São Paulo (1890-1910)*, São Paulo, Tese de Doutoramento, FFLCH-USP (departamento de História), 1984.

POLANYI, Karl. *A grande transformação: as origens da nossa época*, Rio de Janeiro, Campus, 2000.

POMERANZ, Kenneth. *The great divergence: China, Europe, and the making of the modern world economy*, New Jersey, Princeton University Press, 2000.

PRADO Jr., Caio. *Evolução política do Brasil e outros estudos*, 5ª. ed., São Paulo, Brasiliense, 1963.

_____. *História econômica do Brasil*, 14ª. ed., São Paulo, Brasiliense, 1971.

SAES, Flávio A. M. *A grande empresa de serviços públicos na economia cafeeira: um estudo sobre o desenvolvimento do grande capital em São Paulo (1850-1890)*, São Paulo, Tese de Doutoramento, FFLCH-USP (departamento de Ciências Sociais), 1979.

SALIBA, Elias Thomé. *Ideologia liberal e oligarquia paulista: a atuação e as idéias de Cincinato Braga (1891-1930)*, São Paulo, Tese de Doutoramento, FFLCH-USP (departamento de História), 1981.

_____. *As utopias românticas*, São Paulo, Brasiliense, 1991.

SEABRA, Odette Carvalho de Lima. *Meandros dos rios nos meandros do poder. Tietê e Pinheiros: valorização dos rios e das várzeas na cidade de São Paulo*, São Paulo, Tese de Doutoramento, FFLCH-USP (departamento de Geografia), 1987.

SENNET, Richard. *Autoridade*, Rio de Janeiro, Record, 2001.

SEVCENKO, Nicolau (org.). *História da vida privada no Brasil: República: da belle époque à era do rádio*, São Paulo, Companhia das Letras, 1998, vol. 3.

_____. *Literatura como missão*, São Paulo, Brasiliense, 1983.

_____. *Orfeu extático na metrópole*, São Paulo, Companhia das Letras, 1993.

SEWELL Jr., William. "A theory of structure: duality, agency and transformation", In: *American Journal of Sociology*, vol. 98, n. 1, Chicago, The University of Chicago, julho de 1992.

SHUSTERMAN, Richard (org.). *Bourdieu: a critical reader*, Massachusetts, Blackwell, 1999.

STENGERS, Isabelle. *A invenção das ciências modernas*, São Paulo, Editora 34, 2002.

SUZIGAN, Wilson. *Indústria brasileira: origem e desenvolvimento*, São Paulo, Hucitec/Unicamp, 2000.

TARDE, Gabriel. *A opinião e as massas*, São Paulo, Martins Fontes, 1992.

TILLY, Charles. *Coerção, capital e estados europeus*, São Paulo, Edusp, 1996.

TRIGO, Maria Helena Bueno. *Os paulistas de quatrocentos anos: ser e aparecer*, São Paulo, Annablume, 2001.

VENTURA, Roberto. *O estilo tropical*, São Paulo, Companhia das Letras, 1991.

VEYNE, Paul. *Comment on écrit l'histoire*, Paris, Seuil, 1971.

VIANA, Oliveira. *Problemas de política objetiva*, São Paulo, Companhia Editora Nacional, 1930.

WALLERSTEIN, Immanuel. *The essential Wallerstein*, New York, The New York Press, 2000.

WRIGHT MILLS, C. *A nova classe média: (white collar)*, Rio de Janeiro, Jorge Zahar, 1979.

Engenharia e urbanismo

AIDAR, José Luiz; CYTRYNOWICZ, Roney & ZUQUIM, Judith. *Escola Politécnica: 100 anos*, São Paulo, Expressão e Cultura, 1993.

Association des Amis de la Maison Vauban. *Vauban: sa vie, son Œuvre*, Saint-Léger-Vauban, 1990.

BARATA, Mário & Associação dos antigos alunos da Politécnica. *Escola Politécnica do largo de São Francisco: berço da engenharia brasileira*, Rio de Janeiro, Associação dos antigos alunos da Politécnica, 1973.

BELHOSTE, Bruno; MASSON, Francine & PICON, Antoine (orgs.). *Le Paris des Polytechniciens: des ingénieurs dans la ville (1794-1994)*, Paris, Délégation à l'action artistique de la ville de Paris, 1994.

BENCHIMOL, Jaime Larry. *Pereira Passo: um Hausmann tropical: as transformações urbanas na cidade do Rio de Janeiro no início do século XX*, 2 vols., Rio de Janeiro, UFRJ/Coordenação do programa de pós-graduação em Engenharia, 1982.

BOLTANSKY, Luc. *Les cadres: la formation d'un groupe social*, Paris, Les Éditions de Minuit, 1982.

BONDUKI, Nabil. *Origens da habitação social no Brasil: arquitetura moderna, lei do Inquilinato e difusão da casa própria*, São Paulo, Estação liberdade, 1998.

BRANCO, Catulo. *Energia elétrica e capital estrangeiro no Brasil*, São Paulo, Alfa-Ômega, 1975.

BRESCIANI, Maria Stella (org.). *Palavras da cidade*, Porto Alegre, UFRGS, 2001.

CAMPOS, Cândido Malta. *Os rumos da cidade: urbanismo e modernização em São Paulo*, São Paulo, Senac, 2002.

CAMPOS Jr., Carlos Teixeira. *O novo arrabalde*, Vitória, Secretaria Municipal de Cultura e Turismo/Prefeitura de Vitória, 1996.

CAMPOS, Cristina de. *São Paulo pela lente da higiene: as propostas de Geraldo Horácio de Paula Souza para a cidade (1925-1945)*, São Carlos/São Paulo, Rima/Fapesp, 2002.

CERASOLI, Josianne Francia. *A grande cruzada: os engenheiros e as engenharias de poder na 1ª. República*, Campinas, Dissertação de Mestrado, Ifch-Unicamp, 1998.

_____. *Modernização no plural: obras públicas, tensões sociais e cidadania em São Paulo na passagem do século XIX para o XX*, Campinas, Tese de Doutoramento, Ifch-Unicamp, 2004.

CARVALHO, José Murilo de. *A escola de Minas de Ouro Preto: o peso da glória*, São Paulo, Editora Nacional/Finep, 1978.

COELHO, Eduardo Campos. *As profissões imperiais: medicina, engenharia e advocacia no Rio de Janeiro (1822-1930)*, Rio de Janeiro, Record, 1999.

DÉAK, Csaba & SCHIFFER, Sueli Ramos (orgs.). *O processo de urbanização no Brasil*, São Paulo, Fupam/Edusp, 1999.

FELDMAN, Sarah. *Planejamento e zoneamento: São Paulo (1947-72)*, São Paulo, Tese de Doutoramento, FAU-USP, 1996.

FICHER, Sylvia. *Ensino e profissão: o curso de engenheiro-arquiteto da Escola Politécnica de São Paulo*, São Paulo, Tese de Doutoramento, FFLCH-USP, 1989.

FIGUEROA, Maria Silvia F. M. *Modernos bandeirantes: a comissão geográfica e geológica e a exploração científica do território paulista (1886-1931)*, São Paulo, Dissertação de Mestrado, FFLCH-USP (departamento de História), 1985.

FOX, Robert & GUAGNINI, Anna. *Education, technology and industrial performance in Europe (1850-1939)*, Londres/Paris, Cambridge University Press/Éditions de la Maison des Sciences de l'Homme, 1993.

FREYRE, Gilberto. *Um engenheiro francês no Brasil*, Rio de Janeiro, José Olympio, 1960, t. 1.

GAGNON, Robert. *Histoire de l'École Polytechnique de Montréal: la montée des ingénieurs francophones (1863-1990)*, Québec, Boréal, 1991.

GARCEZ, Benedicto Novaes. *Mackenzie*, São Paulo, Casa Editora Presbiteriana, 1969.

GITAHY, Maria Lúcia Caira & PEREIRA, Paulo César Xavier. *O complexo industrial da construção e a habitação econômica moderna (1930-1964)*, São Paulo, Rima/Fapesp, 2002.

GOB, Eric. *Les ingénieurs maghrébins dans les systèmes de formation*, Tunis, IRMC, 2001.

GOMES, Ângela Maria de Castro; DIAS, José Luciano de Mattos & MOTTA, Marly Silva da. *Engenheiros e economistas: novas elites burocráticas*, Rio de Janeiro, FGV, 1994.

GOMES, Antônio Máspoli de Araújo. *Religião, educação e progresso*, São Paulo, Mackenzie, 2003.

GOMES, Francisco Magalhães. *História da siderurgia no Brasil*, Belo Horizonte/São Paulo, Itatiaia/Edusp, 1983.

GONSALVES, Maria Flora (org.). *O novo Brasil urbano: impasses, dilemas e perspectivas*, Porto Alegre, Mercado Aberto, 1995.

GRAZIOSI, João Carlos. *A trajetória profissional do engenheiro arquiteto Alexandre Albuquerque (1905-1940)*, São Paulo, Dissertação de Mestrado, Universidade Mackenzie, 2001.

HACK, Osvaldo Henrique. *Mackenzie College e o ensino superior brasileiro: uma proposta de universidade*, São Paulo, Mackenzie, 2003.

HARTER, Hélène. *Les ingénieurs dês travaux publics et la transformation dês metrópoles américaines (1870-1910)*, Paris, Publications de la Sorbonne, 2001.

HERSCHMANN, Micael & PEREIRA, Carlos Alberto Messeder (orgs.). *A invenção do Brasil moderno: medicina, educação e engenharia nos anos 20-30*, Rio de Janeiro, Rocco, 1994.

HONORATO, Cezar Teixeira et al. *O clube de engenharia nos momentos decisivos da vida do Brasil*, Rio de Janeiro, Clube de Engenharia, 1996.

JUCÁ, Jocelice. *André Rebouças: reforma e utopia no contexto do segundo império (quem possui a terra possui o homem)*, Rio de Janeiro, Odebrecht, 2001.

KAWAMURA, Lili Katsuco. *Tecnologia e política na sociedade: engenheiros, reivindicação e poder*, São Paulo, Brasiliense, 1986.

_____. *Engenheiro: trabalho e ideologia*, São Paulo, Ática, 1979.

KOWARICK, Lúcio. *A espoliação urbana*, Rio de Janeiro, Paz e Terra, 1993.

LANNA, Ana Lúcia Duarte. *Uma cidade na transição: Santos (1870-1913)*, São Paulo/Santos, Hucitec/Prefeitura Municipal de Santos, 1996.

LEME, Maria Cristina. *(Re)Visão do Plano de Avenidas: um estudo do pensamento urbanístico em São Paulo, 1930*, São Paulo, Tese de Doutoramento, FAU-USP, 1990.

LEME, Maria Cristina (coord.). *Urbanismo no Brasil (1895-1965)*, São Paulo, Fupam/Studio Nobel, 1999.

LEMOS, Carlos A. C. *Ramos de Azevedo e seu escritório*, São Paulo, Pinni, 1993.

MARICATO, Ermínia (org.). *A produção capitalista da casa (e da cidade)*, São Paulo, Alfa-Ômega, 1982.

MARINS, Paulo César Garcez. *Através da rótula: sociedade e arquitetura urbana no Brasil, séculos XVII a XX*, São Paulo, Humanitas, 2001.

MARX, Murillo. *Nosso chão: do sagrado ao profano*, São Paulo, Edusp, 1987.

MENDES, Marcel. *Mackenzie no espelho: uma história documentada da cassação ao reconhecimento dos cursos de engenharia (1932-1938)*, São Paulo, Mackenzie, 2003.

MEIKSINS, Peter & SMITH, Chris. *Engineering labour: technical workers in comparative perspective*, Londres/Nova York, Verso, 1996.

MURPHY, Lawrence R. *The American University in Cairo: 1919-1987*, Cairo, The American University in Cairo Press, 1987.

MURRAY, Pamela. *Dreams of development: Colombia's national school of mines and its engineers (1887-1970)*, Tuscaloosa/Londres, The University of Alabama Press, 1997.

NADAI, Elza. *Ideologia do progresso e ensino superior (São Paulo 1891-1934)*, São Paulo, Tese de Doutoramento, FFLCH-USP (departamento de História), 1981.

MOTOYAMA, Shozo & NAGAMINE, Marilda. *Escola Politécnica 110 anos: construindo o futuro*, São Paulo, Epusp, 2004.

NAGAMINE, Marilda. *Contribuições para a história da construção civil em São Paulo: o ensino e a pesquisa*, São Paulo, Tese de Doutoramento, FFLCH-USP (departamento de História), 1998.

NOGUEIRA, Oracy. *Contribuição ao estudo das profissões de nível universitário no Estado de São Paulo*, Osasco, Tese de Livre-Docência, FMCE-AO, 1967.

OLIVEIRA, Antonio Sylvio Vieira de. *O Ensino de cálculo diferencial e integral na Escola Politécnica de São Paulo, no ano de 1904: uma análise documental*, Programa de Pós-Graduação em Educação Matemática - Unesp, 2004.

OSELLO, Marcos Antônio. *Planejamento urbano em São Paulo (1899-1961): introdução ao estudo dos planos e realizações*, São Paulo, Dissertação de Mestrado, Eaesp/FGV, 1983.

PICON, Antoine. *L'invention de l'ingénieur moderne: L'École de Ponts et Chaussées (1747-1851)*, Paris, Presses de L'École de Ponts et Chaussées, 1992.

PINHEIRO, Eloísa Petit. *Europa, França e Bahia: difusão e adaptação de modelos urbanos (Paris, Rio e Salvador)*, Salvador, Edufba, 2002.

PEREIRA, Paulo César Xavier. *Espaço, técnica e construção*, São Paulo, Nobel, 1988.

PECHMAN, Robert & REBEOUL, Luis César de Queiroz. *Cidade, povo e nação: gênese do urbanismo moderno*, Rio de Janeiro, Civilização Brasileira, 1994.

Revista do Arquivo Municipal, n. 199, São Paulo, DPH, 1991.

ROLNIK, Raquel. *A cidade e a lei: legislação, política urbana e territórios na cidade de São Paulo*, São Paulo, Nobel/Edusp, 1997.

RODRIGUES, Maria de Lurdes. *Os engenheiros em Portugal: profissionalização e protagonismo*, Oeiras, Celta, 1999.

SALGUEIRO, Heliana Angotti. *La casaque d'Arlequin: Belo Horizonte, une capitale écletique au XIXème siècle*, Paris, École des Hautes Etudes en Sciences Sociales, 1997.

SALGUEIRO, Heliana Angotti (org.). *Cidades capitais do século XIX*, São Paulo, Edusp, 2001.

SANTANA, José Carlos Barreto de. *Ciência e arte: Euclides da Cunha e as ciências naturais*, São Paulo, Hucitec/Universidade Estadual de Feira de Santana, 2001.

SANTOS, Maria Cecília Loschiavo dos. *Escola Politécnica de São Paulo: (1894-1984)*, São Paulo, Rusp, 1985.

SASSEN, Saskia (org.). *Global Networks: linked cities*, Nova York, Rutledge, 2002.

SEGAWA, Hugo. *Arquiteturas no Brasil: (1900-1990)*, São Paulo, Edusp, 1998.

_____. *Prelúdio da metrópole*, São Paulo, Ateliê Editorial, 2000.

SHORSKE, Carl. *Viena fin-de-siècle: política e cultura*, Campinas/São Paulo, Unicamp/Companhia das Letras, 1990.

SILVA, José Afonso da. *Direito urbanístico brasileiro*, São Paulo, Malheiros, 1997.

SILVA, E. M. de Castro e. *À margem do ministério Calógeras*, Rio de Janeiro, Melso, s/d.

SOUZA, Maria Adélia de Souza. *A identidade da metrópole*, São Paulo, Edusp/Hucitec, 1994.

STEVENS, Garry. *O círculo privilegiado: fundamentos sociais da distinção arquitetônica*, Brasília, UNB, 2003.

TELLES, Pedro C. da Silva. *História da Engenharia no Brasil (século XVI a XIX)*, Rio de Janeiro, LTC/Clube de Engenharia, 1984, vol. 1.

_____. *História da Engenharia no Brasil (século XX)*, Rio de Janeiro, LTC/Clube de Engenharia, 1993, vol. 2.

TOLEDO, Benedito Lima de. *Prestes Maia e as origens do urbanismo moderno em São Paulo*, São Paulo, Empresa das Artes, 1996.

TOPALOV, Christian. "L'Urbanisme comme mouvement social: militants et professionnels du city planning aux États-Unis (1909-1917)", In: *Les Annales de la Recherche Urbaine*, n. 44-45, 1992.

TURAZZI, Maria Inêz. *Euforia do progresso e a imposição da ordem: a engenharia, a indústria e a organização do trabalho na virada do século XIX ao XX*. Rio de Janeiro/São Paulo, Coppe/Marco Zero, 1989.

VÉRIN, Hélène. *La gloire des ingénieurs: l'intelligence technique du XVI e au XVIII e siècle*, Paris, Albin Michel, 1993.

VIEIRA, Amazile de Hollanda. *Instituto Politécnico (no contexto sócio-cultural de Florianópolis)*, Florianópolis, A&P Editores, 1987.

VILLAÇA, Flávio. *Espaço intra-urbano no Brasil*, São Paulo, Fapesp/Studio Nobel/Lincoln Institute of Land Policy, 2001.

WEINER, Günter. *Arquitetura erudita da imigração alemã (no Rio Grande do Sul)*, Porto Alegre, EST Edições, 2004.

Imagens

A demolição da casa Barão de Tatuí e da casa [...]es para a construção do Viaduto do Chá; li[tog]rafia de Jules Martin (finais do XIX) - SEGA[WA], Hugo. *Prelúdio da metrópole*, São Paulo, [Ate]liê Editorial, 2000.

Escola Politécnica de S. Paulo: Cartão Postal a Zoller - TOLEDO, Benedito Lima de. *Prestes Maia e as origens do urbanismo moderno em São Paulo*, São Paulo, Empresa das Artes, 1996, p. 76.

Inundação da várzea do Carmo (Benedito Calixto)/Fragmento da tela – 1892.

Reurbanização da Várzea do Carmo (1912) - TOLEDO, Benedito Lima de. *Prestes Maia e as origens do urbanismo moderno em São Paulo*, São Paulo, Empresa das Artes, 1996, p. 98.

Reurbanização da Várzea do C (1912) - TOLEDO, Benedito Lima de. *tes Maia e as origens do urbanismo mo em São Paulo*, São Paulo, Empresa das 1996, p. 99.

Estação da Luz (1900) – in: *Cem anos luz*, São Paulo, Dialeto Latin American, p. 60.

Engenharia e poder

Parada de 7 de Setembro no Largo do Palácio (Pateo do Collegio) (1908). - CARVALHO, Maria Cristina Wolf de. *Ramos de Azevedo*, São Paulo, Edusp, 2000, p. 153.

Panorama da cidade de S. Paulo a partir da praça 14 Bis (finais da década de 1930) - TOLEDO, Benedito Lima de. *Prestes Maia e as origens do urbanismo moderno em São Paulo*, São Paulo, Empresa das Artes, 1996, p. 203.

[Vis]ta da entrada da École Polytechnique [Pa]ris, clichê de J.C. Deniel - BELHOSTE, [Bruno]; MASSON, Francine & PICON, Antoine (orgs.). *Le Paris des Polytechniciens: [des in]génieurs dans la ville (1794-1994)*, Paris, [D]élégation à l'action artistique de la ville [de Pa]ris, 1994, p. 15.

Gottfried Semper, Polytechnikum in Zürich (ETH), cerca de 1859, © Institut gta, ETH Zürich, Archiv.

Fachada da Escola Politécnica do Rio de Janeiro do Lg. de S. Francisco (finais do XIX) - fotografada por Marc Ferrez.

Escola de Minas de Ouro Preto - TELLES, Pedro C. da Silva. *História da Engenharia no Brasil: (século XVI a XIX)*, Rio de Janeiro, LTC/Clube de Engenharia, 1984, vol. 1, p. 528.

Engenharia e poder

American University of Cairo: início dos anos 30 - MURPHY, Lawrence R. *The American University in Cairo: 1919-1987*, Cairo, The American University in Cairo Press, 1987.

Antônio Francisco de Paula Souza – arquivo da Escola Politécnica de S. Paulo.

Caricatura do engenheiro-arquiteto Alexandre Albuquerque - AIDAR, José Luiz; CYTRYNOWICZ, Roney; ZUQUIM, Judith. *Escola Politécnica 100 anos*, São Paulo, Expressão e Cultura, 1993.

Alfredo Pujol Jr. a frente do Labor
de Resistência de Materiais (Politécn
São Paulo).

Labor poli: Gabinete de Resistência de Materiais da Escola Politécnica de S. Paulo – MOTOYAMA, Shozo & NAGAMINE, Marilda. *Escola Politécnica 110 anos: construindo o futuro*, São Paulo, Escola Politécnica, 2004, p. 145.

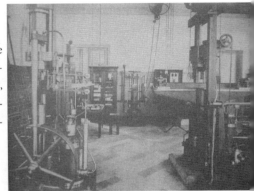

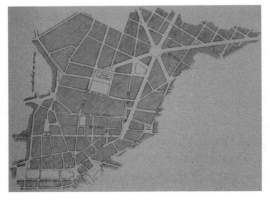

Novas avenidas: projeto de Alexandre
buquerque publicado em SÃO PAULO/
DADÃOS. *As novas avenidas de São Pa
projeto de Alexandre Albuquerque*, São Pa
Casa Varnorden, 1910. – TOLEDO, Bene
Lima de. *Prestes Maia e as origens do u
nismo moderno em São Paulo*, São Paulo,
presa das Artes, 1996, p. 86.

Engenharia e poder

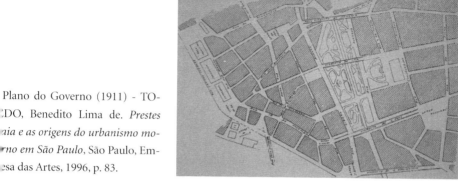

Plano do Governo (1911) - TOLEDO, Benedito Lima de. *Prestes Maia e as origens do urbanismo moderno em São Paulo*, São Paulo, Empresa das Artes, 1996, p. 83.

Melhoramentos de S. Paulo: Projeto Freire-Guilher (Diretoria de Obras Municipais de S. Paulo) – publicado em Freire, Victor da Silva. "Os melhoramentos d S. Paulo" In: *Revista Polytechnica* (n. 33), São Paulo Casa Varnorden, 1911. TOLEDO, Benedito Lima de *Prestes Maia e as origens do urbanismo moderno er São Paulo*, São Paulo, Empresa das Artes, 1996, p. 85.

Esquema plano de avenidas: Francisco Prestes Maia e João Florence de Ulhoa Cintra "Esquema teórico de S. Paulo" apresentado o Plano de Avenidas – In: TOLEDO, Benedito Lima de. *Prestes Maia e as origens do urbanismo moderno em São Paulo*, São Paulo, Empresa das Artes, 1996, p. 160.

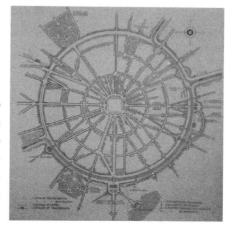

Plano de Avenidas - TOLEDO, Benedito Lima de. *Prestes Maia e as origens do urbanismo moderno em São Paulo*, São Paulo, Empresa das Artes, 1996, p. 125.

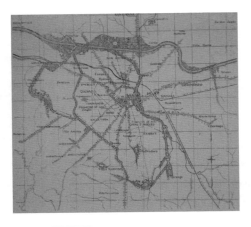

Rodoanel Metropolitano de São Paulo - Folder de divulgação do Rodoanel Metropolitano de São Paulo - Dersa , Desenvolvimento Rodoviário S.A - Governo de São Paulo - Secretaria de Transportes, 1999.

A árvore do urbanismo: a "Árvore do Urbanismo segundo Luis Ignácio de Anhaia Melo" – in: MELO, Luiz Ignácio Romero de Anhaia. *Problemas de Urbanismo: bases para a resolução do problema técnico*. São Paulo, Instituto de Engenharia, 1929, p. 9.

Agradecimentos

Ao finalizar este trabalho, resta-me a tarefa prazerosa, embora um pouco arriscada, de manifestar meu reconhecimento e gratidão às pessoas e instituições que criaram as condições necessárias para a escrita da tese que ora apresento. Prazerosa por ter podido contar com a honra de apoio e estímulo tão qualificados. E arriscada porque não pedi permissão alguma para citar seus nomes, e muitas vezes isso acaba sendo homenagem meio ambígua. Aliás, uma das páginas mais divertidas das correspondências de Mário de Andrade, aparece na carta em que, endereçando-se a Rodrigo de Mello Franco, ele reclama do hábito de jovens escritores lhe dedicarem livros sem comunicação prévia. Logo, como de praxe, isento todos de qualquer responsabilidade pelos meus erros (os riscos são todos meus), e atribuo-lhes parte considerável dos possíveis méritos.

Em primeiro lugar, os professores e colegas da FAU-USP sempre fizeram com que me sentisse em casa. A Fapesp, ao me conceder bolsa de Doutorado por quatro anos, proporcionou-me as condições materiais necessárias à minha tranqüilidade. Além do mais, devo mencionar o excelente trabalho do parecerista, com o qual mantive estimulante e proveitoso diálogo.

Elias Thomé Saliba, meu orientador de mestrado, e Flávio Villaça compuseram a banca de qualificação, me transmitindo confiança e correções que foram muito apreciadas. O mesmo Flávio Villaça, e Maria Cristina Leme, no contexto do programa de pós-graduação da FAU-USP, ministraram cursos essenciais para o tipo de trabalho que quis fazer.

À enorme generosidade do professor Marcel Mendes devo talvez grande parte da compreensão que tenho acerca do Mackenzie. Além disso, o professor, sem me conhecer, prontificou-se a ajudar-me com bibliografia e cedeu-me a sua preciosa coleção de documentos do Instituto de Engenharia de São Paulo.

Janes Jorge, Otacília A. V. Salles, Akemi Sakagushi, com leituras e correções dos manuscritos, e Josianne Cerasoli, que, além de compartilhar seus extensos conhecimentos sobre fontes e bibliografias acerca da história das cidades, cedeu-me listagens de documentos, nunca permitiram que o trabalho perdesse o seu sentido. Todavia, o mais importante mesmo foi poder contar com a amizade deles.

O professor Murillo Marx foi certamente um caso à parte. Orientador deste trabalho, pelo sempre renovado estímulo, generosidade e interesse, tanto quanto pelas idéias que me fizeram redefinir infindáveis vezes os materiais da tese, terei sempre para com ele uma dívida de gratidão impossível de ser quitada. Por fim, nenhuma palavra seria suficiente para descrever a importância de meus pais para a feitura deste trabalho. Cito-os apenas, portanto, contando que se leia na ausência de qualificativos um sentimento incomensurável.

Este livro foi impresso em São Paulo no inverno de 2008 pela Prol gráfica. No texto da obra foi utilizada a fonte minion, em corpo 10 com entrelinha de 14 pontos.